本书得到上海哲学社会科学课题（2008FWY002）、上海市设计学 IV 类高峰学科课题（DB19302）、国家留学基金委课题"海上丝绸之路港口城市研究"支持。

中国书籍学术之光文库

北宋前期南方经济圈形成与文学转型

傅蓉蓉 | 著

中国书籍出版社
China Book Press

图书在版编目（CIP）数据

北宋前期南方经济圈形成与文学转型/傅蓉蓉著.—北京：中国书籍出版社，2020.2
ISBN 978-7-5068-7812-8

Ⅰ.①北… Ⅱ.①傅… Ⅲ.①区域经济发展—关系—古典文学研究—中国—北宋 Ⅳ.①F129.441 ②I206.441

中国版本图书馆 CIP 数据核字（2020）第 029075 号

北宋前期南方经济圈形成与文学转型

傅蓉蓉 著

责任编辑	刘舒婷　李田燕
责任印制	孙马飞　马　芝
封面设计	中联华文
出版发行	中国书籍出版社
地　　址	北京市丰台区三路居路 97 号（邮编：100073）
电　　话	（010）52257143（总编室）　　（010）52257140（发行部）
电子邮箱	eo@chinabp.com.cn
经　　销	全国新华书店
印　　刷	三河市华东印刷有限公司
开　　本	710 毫米×1000 毫米　1/16
字　　数	332 千字
印　　张	18.5
版　　次	2020 年 2 月第 1 版　2020 年 2 月第 1 次印刷
书　　号	ISBN 978-7-5068-7812-8
定　　价	98.00 元

版权所有　翻印必究

目 录
CONTENTS

北宋前期文学与经济发展研究综述（代引） ············· 1

上编
北宋前期南方经济圈形成与宋代文学转型的基础环境

第一章　北宋前期南北经济发展不平衡的缘由 ············· 9
　第一节　自然条件的变迁 ························· 9
　第二节　汴梁为都的经济意义 ····················· 28
　第三节　经济重心南移的社会基础——人口迁徙 ····· 30

第二章　经济圈形成的标志 ························· 33
　第一节　三大经济集群的形成 ····················· 33
　第二节　聚族而居的大家庭格局在南方地区广泛形成 ··· 61
　第三节　南方经济贡献度分析 ····················· 63

中编
南方经济圈的文化影响

第一章　经济重心南移带来的文化心理影响 ············· 69
第二章　南方教育发展状况及其文化影响 ··············· 77
　第一节　南方基础教育状况描述 ··················· 77
　第二节　北方学校制度与北方教育观念 ············· 85

1

第三章　南方书籍印刷与收藏对知识普及的状态及影响 …………… 92
第一节　五代以来南方官方藏书与民间藏书状况 ………………… 92
第二节　杭州书坊、闽地书肆的运作与学术传播 ………………… 94

第四章　南方寺院经济发展对僧人群体的影响 …………………… 96
第一节　南方寺院的发展的经济基础 ……………………………… 96
第二节　南方诗僧的感召力和凝聚力 ……………………………… 98

第五章　文化普及对南方文人群体的影响 ………………………… 110
第一节　南方文人集团的崛起 ……………………………………… 110
第二节　"核心圈"南方文人对宋初主流文化格局变化的影响 … 112
第三节　南方文人集团崛起对统治者及北地文人的心理影响 …… 124
第四节　南方文化因素对词体文学美学风格形成的关键影响 …… 129

下编
经济重心南移与文学转型的互动关系

第一章　宋型诗的初步建构 ………………………………………… 139
第一节　宋初修书与宋型诗新质萌芽之关联 ……………………… 139
第二节　宋初骈文提供的诗学养料 ………………………………… 148

第二章　南方佛教诗学对宋型诗建构的影响 ……………………… 158
第一节　宋初僧人诗学理念与创作中的宋型诗"新质"萌芽 …… 158
第二节　孤山智圆诗学对宋型诗新质建构的影响 ………………… 161
第二节　雪窦重显的"活法"理论及其影响 ……………………… 179

第三章　宋文创作中的"务实"取向 ……………………………… 187

第四章　科举与文学之互动 ………………………………………… 190
第一节　文体之争与文化之争 ……………………………………… 190
第二节　欧阳修与南北文化融合 …………………………………… 194

附录 …………………………………………………………………… 211
主要参考书目 ………………………………………………………… 280
后记 …………………………………………………………………… 287

北宋前期文学与经济发展研究综述
（代引）

宋型文学是指以宋代社会和文化为背景的，以新儒家思想为核心，注重理性，追求博洽，突破传统审美惯性的一种文学类型，与唐型文学形成鲜明的对比。文学类型的迁移变化与唐宋之间社会经济与文化重心的南移有着密不可分的联系。北宋前期百年间南方经济的全方位崛起，以及这种崛起带来的深刻的社会文化心理、价值取向、人文素质的变化是宋型文学建构过程中最不可忽视的一种推动力，详细地分解这种推动力，我们将能够为中国文学中最重要的一次文学转型找到关键性的锁匙。

本书研究所涉的"北宋前期"指宋兴之建隆元年（公元960年）至仁宗嘉祐二年（公元1057年），"南方"地域范围则限于北宋至道三年划定的天下十五路中的江南、两浙、福建以及广南东诸路，这也是传统中原视点中的南方之地。这既是一个经济社会概念，也是一个区域文化概念。

当然，我们并不是只有在这一时期，上述区域的经济发展的状况才可圈可点，自魏晋时期第一次南方大开发之后，整个南方地区的经济基本都处于缓慢上升通道中，在长江下游实际上已经存在着一些经济和文化水准较高的城市，包括扬州和江宁（南京）。如《江南通志》引《元和志》称扬州："扬州之俗号为繁侈"，引《通典》论江宁曰："永嘉之后衣冠萃止文，艺儒术于斯为盛"。然而原本这些城市的个体力量虽强，但不足以成为王朝经济体系的支撑点，因而其整体文化影响力也偏于薄弱。到了北宋前期，随着南方更大区域范围内经济地广泛崛起，老牌发达城市与新兴经济集合体构成的合力不仅使长江南岸及东南沿海成为整个国家新的经济依靠，而且，对于文化建构更能输送全方位的养料，形成多元化作用。

"经济圈形成"是一个动态概念，其表征是区域内部具有比较明显的同质性与群体性，与区域外部有着比较明确的组织和地域。这类经济集群的形成既有自然整合的力量——体现为地域优势互补，又有一定的人为规划——注重产业交叉和区域经济合作。与同时期的北方地区相比，"南方"城市化程度更高，产业类型更先进，相应的带有鲜明地域文化特色的文学人才的产生也开始活跃，并且在唐宋文学转型的枢纽期成了重要推动力。

本书论及的"文学转型"是指唐型文化向宋型文化转变过程中传统诗文中出现的新质，表现在文学流派形成、创作实践及理论批评诸方面。这些新质有的虽自晚唐五代以来开始孕育，但当时尚处萌芽阶段，到北宋前期才逐渐定型，并且直接为稳定而且个性鲜明的新型文学样式产生提供了关键基因组。

在全面论述这一命题前，我们首先必须梳理一下前人的研究成果，以求温故知新。首先从相关文学研究的层面上来看：

在当前的古典文学研究中，将文学的演变与当时某一种社会问题或社会现象关联起来加以考察是一种具有生命力的研究方式。在对北宋前期百年的文学进行探索时，学者们自不例外，他们自觉地以唐宋之际社会转型为背景，将宋初文学置于历史、文化、政治制度等背景下加以探求，发现其生长、发展的内在因子和外部土壤之间的联系。

例如，沈松勤先生的《北宋文人与党争》一书在论及北宋初年文人群体的状况时，对该群体的政见之争与文学创作的互动关系进行了考察，从党争的角度解读文学事件。又如，曾祥波先生2004年5月在《北京大学学报》上的论文《从宋初政治的崇文倾向看宋诗气质的形成》中论证了由于赵宋王朝太宗、真宗重倡崇文之治，在职官制度层面恢复、加强了对知制诰、翰林学士等"内外制"词臣的重视。因此，兴起了宋初诗坛的"白体"之风，使得宋诗呈现出了一种矜持、从容、闲适、成熟的"中年气质"。这也是比较少见的从职官制度层面对宋初诗风的分析。再如，任元彬先生发表于《复旦学报》2004年第二期的论文《宋初诗歌与禅宗》则从晚唐五代以来禅宗思想与文学融合的角度出发，考察其对宋初文人士大夫的人生观念和思维方式的影响，指出他们恬淡宁静的心境追求和感伤低沉的情绪来源于禅宗。

对宋初诗学的体派研究也日趋热烈。就宋初三体——白体、晚唐体和西昆体而言，专门性的论文与著作甚多。其中有代表性者如张海鸥先生发表于《中山大学学报》2006年第六期上的《宋初诗坛"白体"辨》全面论述了"白体诗"的由来、特质和在文坛上流行原因，是较早研究白体诗的专题性论文。关于"晚唐体"，比较有特色的论述当属木斋先生在《宋诗流变》一书中提到的，其长处在于考察了晚唐体与江西诗派及姜夔之间的关系，有所创见。对西昆体的研究，在宋初三体中是最为集中的。远的不论，在20世纪80年代，就有两个《西昆酬唱集》的注本相继问世。注者一为郑再时，一为王仲荦。郑氏注本早在30年代已完成，此时根据油印本重出。王氏注本完成亦较早，作为一名历史学家，他从宋史研究的角度出发，以史证诗，以诗补史，独具慧眼地看到了西昆体诗的史料学价值。这两部书的出版对于后来的研究者提供了不可或缺的文本材料。进入90年代，对于西昆体的研究也得到进一步发展，吴小如先生于《文学评论》1990年2月号上发表的《西昆体评议》首次眼光独到地指出，欧阳修早期作品中有模仿西昆体的痕迹，所以不应在两者之间划出鸿沟；而且作为宋诗开山祖师黄庭坚也"多多少少地继承了西昆体衣钵"。这种评价事实上给了昆体在宋诗发展进程中一个合法的居留身份。

在这一阶段，更为值得重视的是各种关于宋代诗学的著作对于西昆体的评价和论述，他们视角不同，时有新见。如王水照先生主编的《宋代文学通论》第一章"宋诗分体和诗派"中论及西昆文字不长，但它肯定了"西昆体的突然出现，改变了宋诗的复古进程"；同时指出昆体诗人中的大部分人或原为白体诗人，或与晚唐体诗人交往甚密。所论虽不详，却启发人们重新审视宋初宗唐三派之间的诗学渊源。此外，在这一章节中，对于后期的西昆体诗人的创作情况也略有述及，将西昆诗人的考察范畴扩大了，也使这一流派的发展演变显得更为完整。而王运熙先生主编的《中国文学批史》中《宋金元文学批评史》里"杨亿与西昆体"一节中，论者从杨亿"忠清鲠亮"的人格境界切入分析以杨亿为首的昆体诗人何以对李商隐诗情有独钟，指出"禁中唱和"这一背景对西昆体形成"懿""雅""雕章丽句"等风格的影响，并且，由杨亿而及后期昆体诗人晏殊，将昆体诗学思想的流变做一个简单而不失科学的勾勒。21世纪以来学术界不仅在理论上对西昆体的评判有了明显的变化，对昆体诗人的研究也更上一层楼，日本学者池泽滋子完成的《丁谓研究》，运用"知人论世"的传统方法对宋初诗人丁谓进行了全方位的研究，其中丁谓同西昆派诗人关系一节写得鞭辟入理，将丁谓和西昆体的因缘际会和观念分歧解析得淋漓尽致，此书虽非专论西昆，但有此一节，足以为治西昆者澄清一些悬疑。李一飞的《杨亿年谱》则运用了翔实的资料，对于西昆体诗人之翘楚杨亿的生平阅历做了细致勾勒。鉴于西昆派是宋初文学中最重要的诗学流派，上述研究对重新认识宋初诗学的价值有积极的贡献。

对于宋初骈文与散文的研究也有不少论著。曾枣庄先生的《北宋古文运动的曲折过程》《论宋代的四六文》《论宋赋诸体》均有创见。尤其值得重视的是祝尚书先生《北宋"太学体"新论》一文重新考察了太学体的演变过程、文体形态、特征及其在宋代文体发展链条中的位置和作用，以及它与庆历年间急功近利的浮躁士风的关系，令人耳目一新。

其次，由于本课题涉及经济史领域，所以对宋代经济史研究的现状也略做一番盘点。

　　从专门史的角度看，早在20世纪30年代，宋史研究的大家张家驹先生就发表了论文《宋代分路考》，他在五六十年代著有《两宋经济重心的南移》堪称这一领域中的开山之作。戴裔煊先生的《宋代钞盐制度研究》一书则对宋代盐的生产、运销和钞盐制的沿革作了相当深入的论述。70年代以后，我们可以读到李埏先生的《〈水浒传〉中所反映的庄园和矛盾》等文，选择了一个独特的视角，重点研究宋代货币等经济问题。关履权先生《宋代广州的对外贸易》（增订本）则重点关注了宋代广州最为一个重要口岸的对外贸易发展历程。朱家源先生对宋代土地制度素有研究，撰有《谈谈宋代的乡村中户》，与之研究领域相近的还有郦家驹先生，他的代表作有《两宋时期土地所有权的转移》。如果说，上述几位都是活跃于五六十年代，取得重要成就的宋代经济研究前辈学者的话，漆侠先生可以说是20世纪晚期足以成为领军人物的宋代经济史大家。他在80年代出版的《宋代经济史》对宋代农业生产、土地关系、手工业发展、国家专利制度、商业和城市经济、对外贸易、货币及经济思想等重要问题，进行了系统而深入的探索和论述，提出了一系列独到的见解。其中有相当部分的内容涉及宋初经济活动，是本课题研究中可资参考的重要材料。汪圣铎的《两宋财政史》着重于制度的阐释，从宋朝各代财政史的发展沿革、财政收支和财政管理体制三个方面进行论述，也很有参考价值。王曾瑜的《宋朝阶级结构》从宋代乡村户与坊郭户、官户与民户等对称户名中，提出户口分类制度的概念，并通过户口分类，论述宋代的社会阶级。其中关于户口分类的依据等内容可作为借鉴。日本学者斯波义信的《宋代江南经济史研究》灵活运用历史研究传统的实证主义原则及区域经济、广义社会史学等研究手法，对宋代江南社会经济的诸层面进行了系统考察，令人信服地对江南地区的生态演变、农田水利、经济开发、移民定居、城市发展、社会流动、商业交通、户籍税制等方面进行了深入探讨，对本课题研究南方经济圈相当的指导作用。

　　从分业研究的角度来看，郭正中先生的《宋代盐业经济史》和李华瑞先生的《宋代酒的生产和征榷》是两部重要著作，盐业和酒业不仅是宋代手工业的两个重要部门，也是国家重要财政收入来源，并对社会生活有广泛影响，两书史料丰富，论述详备。王菱菱的研究专注于宋代矿业，发表了《宋代矿冶经营方式的变革和演进》等一系列论文。在商业方面，姜锡东的《宋代商业信用研究》是一部别开生面的作品，此书从赊买、贷款、牙人和担保、交引和交引铺、榷货务等诸方面，论证了宋代商业信用从消费领域扩展到生产和流通领域。林文勋的《宋代四川商品经济史研究》和龙登高的《宋代东南市场研究》两书，着重论析了宋时两个重要的地区性市场。刘秋根在《两宋私营高利贷资本》等文的基础上，撰成《中国典当制度史》的专著，对古代一种特殊的金融业，做了系统论述。宋代无疑是中国货币史的重要阶段，前辈学者彭信威的《中国货币史》是少见的质量较高的专史，其中对宋代的货币和货币思想做了较系统介绍。

  综上所述，对于北宋前期社会、文化与文学的分类研究已有许多学者做了大量的工作，但能兼顾文学与经济史，打破学科界限，对这一特殊历史时期进行宏观研究，由大文化着眼，同时完成对文学自身规律探究的著作，尚有缺失。特别需要指出的是，诸多学者习惯于将隶属于物质层面的经济模式、经济制度的变化与精神层面的文学体制、艺术规律和创作审美的转型割裂开来，或仅将经济因素当成文学研究的社会背景中的一端来加以附注，本课题的研究旨在突破这些惯例，更客观地寻找并发现文学创新与社会物质文明发展的共振规律。

上编 01

**北宋前期南方经济圈形成
与宋代文学转型的基础环境**

第一章

北宋前期南北经济发展不平衡的缘由

第一节 自然条件的变迁

宋初南北经济都进入了新一轮的发展，但这种发展的速度是不平衡的，南方似乎突破了常规，进入了一个快速上升通道，逐渐打破了中国传统经济北强南弱的基本格局。在这背后自然条件的变迁是一个基础原因。

程遂营先生说："唐宋是中国社会大变革的时期，这种变革可以从三个方面来概括：一是时间上的演进。经历了隋、唐、五代、北宋，达五百年之久。二是空间上的变化。中国社会的政治、军事、文化重心由关中、伊洛的长安、洛阳，逐渐东移到开封；经济、人口重心则由黄河中下游地区渐次向东南、南方转移。三是在时间、空间变化的大背景下，带来了中国唐宋时期政治、经济、文化、宗教等方面的巨大变迁。"① 这段概括清晰地阐述了由唐到宋数百年间中国社会中"南方"这个地域逐渐由边缘走向中心的过程。这一过程首先开始于自然条件的演变。

如果加以抽象地概括，我们可以说，自汉代以后，中国北方自然环境每况愈下，土地荒漠化程度日趋严重。而且中唐以后，特别是进入五代十国，随着全球气候干冷期的到来，中国北方自然环境日益恶化。广袤的中国北方大地在承载了汉唐两代政治中心和急剧增长的人口之后，逐渐失去了充分的造血能力，开始变得虚弱。荒漠化加剧了所有生活在中国北方的民族的生存危机。有一个鲜明的例证是：古城长安原是八水环绕，可中唐以后除了泾水、渭水，其余六水相继干涸，于是逐渐弱化了作为政治经济中心和文化中心的地位，迁徙和改变生活方式是他们面临危机的几乎唯一的选择。从这些角度看，北方民族向南

---

① 程遂营：《唐宋开封生态环境研究》，中国社会科学出版社 2002 年，P242。

迁徙，某种程度上是气候变异的结果，也是不得已为之。

与此相对，自隋唐以后，中国的南部地区经济逐渐发达，因为自然气候和地势原因，使得南方的水资源要比北方丰富许多，同时温度和其他自然条件也使南方的复种指数要高于北方。同样，由于中国特有的地理环境，又使南部成为大江大河的入海口，江河下游形成的广袤的冲积平原，土地肥沃是农业最佳的地区。这些自然条件都决定了南方适合农业生产，生存环境要比北方优越得多。

我们的具体分析将围绕北宋前期百年之际北方干旱等灾害性气候增多，水资源生短缺，土壤条件退化和北方人口密度居高不下等问题展开，正是这些原因给北方经济的发展带来了巨大的负荷，使之出现滞涨，甚至有所退化。

1. 灾害性气候统计

根据竺可桢先生的研究隋唐五代到北宋初年（约公元600年—到公元1000年），中国大陆的气候逐渐由温暖期向寒冷期过渡，在公元1000年后进入中国近5000年来的第三个寒冷期。① 在这样的气象背景下，我们发现，对于一个传统的农耕社会而言，其影响是无法忽略的。特别是在纬度较高的北方地区，随着气温每下降1℃，农作物的生长期明显拉长15～20天，年降雨量也要相差50～150毫米。② 这样一来，黄河流域的农业经济就受到了明显的打击，产量降低无法避免。

更何况，在过渡期和寒冷期的最初阶段，灾害性气候出现的频率明显加快，而灾及北方者尤甚。

以下列表显示的是北宋前期百年范围内自然灾害的基本情况，当然因为各种灾害的发生时间、次数不同，列表中呈现的统计时间长度也各有差异。

首先，气候温寒过渡时期最容易发生的雪灾和雹灾。

表上1.1.1　据元脱脱等《宋史》"五行"整理

	建隆三年春	962	延、宁二州雪盈尺，沟洫复冰，草木不华。丹州雪二尺
	太平兴国七年三月	982	宣州霜雪害桑稼
雪灾	雍熙二年冬	985	南康军大雨雪，江水冰，胜重载
	端拱元年闰五月	988	郓州风雪伤麦
	淳化三年九月	992	京兆府大雪害苗稼

---

① 竺可桢《中国近五千年来气候变迁初步研究》，《考古学报》1972第1期。
② 张善余《全球变化和中国历史发展》，《华东师大学报》1992第5期。

续表

雪灾	淳化四年二月	993	商州大雪,民多冻死
	咸平四年三月	1001	京师及近畿诸州雪,损桑
	天禧元年十一月	1017	京师大雪,苦寒,人多冻死,路有僵尸,遣中使埋之四郊
	(天禧)二年正月	1018	永州大雪,六昼夜方止,江、溪鱼皆冻死
	庆历三年十二月	1043	大雨雪
	至和元年正月	1054	京师大雪,贫弱之民冻死者甚众
	嘉祐元年正月	1056	甲寅朔,御大庆殿受朝。前一夕,殿庭设仗卫既具,而大雨雪折宫架。是日,帝因感风眩,促礼行而罢。壬午,大雨雪,泥途尽冰。都民寒饿,死者甚众

从上述列表可以清楚地知道：根据粗略统计，从公元962年到公元1056年的95年中各地累计遭受雪灾侵害的地区有12处（其中河南占41.67%,陕西占16.67%）,北方地区总共受灾10处,占83.33%；南方地区仅有2处,占16.67%。

表上1.1.2 据元脱脱等《宋史》"五行"整理

风雹	建隆元年十月	960	临清县雨雹伤稼
	建隆二年七月	961	义川、云岩二县大雨雹
	建隆四年七月	963	海州风雹
	乾德二年四月	964	阳武县雨雹。宋州宁陵县风雨雹伤民田
	乾德二年六月	964	潞州风雹
	乾德二年七月	964	同州合阳县雨雹害稼
	乾德二年八月	964	肤施县风雹霜害民田
	乾德三年四月	965	尉氏、扶沟二县风雹,害民田,桑枣十损七八
	开宝二年	969	风雹害夏苗
	太平兴国二年六月	977	景城县雨雹
	太平兴国二年七月	977	永定县大风雹害稼
	(太平兴国)五年四月	980	冠氏、安丰二县风雹
	(太平兴国)七年五月	982	芜湖县雨雹伤稼
	(太平兴国)八年五月	983	相州风雹害民田
	端拱元年三月	988	霸州大雨雹,杀麦苗
	端拱元年闰五月	988	润州雨雹伤麦
	淳化元年六月	990	许州大风雹,坏军营、民舍千一百五十六区。鱼台县风雹害稼

风雹	至道二年十一月	996	代州风雹伤田稼
	咸平元年九月	998	定州北平等县风雹伤稼
	（咸平）三年四月	1000	京师雨雹，飞禽有殒者
	（咸平）六年四月	1003	京师暴雨雹，如弹丸
	大中祥符三年	1010	京师雨雹
	大中祥符五年八月	1012	京师雨雹
	天禧元年九月	1017	镇戎军彭城寨风雹，害民田八百余亩
	（天圣）六年	1028	京师雨雹

从公元960年到公元1028年的69年中，累计受到风雹灾害的地区有20处（其中受灾最多的仍是河南，受灾共8次，占40%），其次为河北，共4次，占20%），北方地区共遭受风雹灾害19次，占95%；南方地区仅有福建受灾1次，占总量的5%。

其次，旱灾。有研究资料表明，在气候转冷的过程中，干旱发生的概率要远远大于普通年份。在这百余年中，中国北方多次遭到了旱灾的侵扰。

表上1.1.3 据元脱脱等《宋史》"五行"整理

旱灾	建隆二年	962	京师夏旱，冬又旱
	（建隆）三年	963	京师春夏旱。河北大旱，霸州苗皆焦仆。又河南、河中府、孟、泽、濮、郓、齐、济、滑、延、隰、宿等州并春夏不雨
	（建隆）四年	964	京师夏秋旱。又怀州旱
	乾德元年冬	963	京师旱
	（乾德）二年正月	964	京师旱。夏，不雨。是岁，河南府、陕、虢、麟、博、灵州旱，河中府旱甚
	（乾德）四年春	966	京师不雨。江陵府、华州、涟水军旱
	（乾德）五年正月	967	京师旱；秋，复旱
	开宝二年夏至七月	969	京师不雨
	开宝三年春夏	970	京师旱。邠州夏旱
	开宝五年	972	春，京师旱；冬，又旱
	（开宝）六年冬	973	京师旱
	（开宝）七年	974	京师春夏旱；冬又旱。河南府、晋、解州夏旱。滑州秋旱
	（开宝）八年春	975	京师旱。是岁，关中饥，旱甚

续表

旱灾	太平兴国二年正月	977	京师旱
	（太平兴国）三年春夏	978	京师旱
	（太平兴国）四年冬	979	京师旱
	（太平兴国）五年	980	夏，京师旱；秋又旱
	（太平兴国）六年春夏	981	京师旱
	（太平兴国）七年春	982	京师旱。孟、虢、绛、密、瀛、卫、曹、淄州旱
	（太平兴国）九年	984	夏，京师旱。秋，江南大旱
	雍熙二年冬	985	京师旱
	（雍熙）三年冬	986	京师旱
	（雍熙）四年冬	987	京师旱
	端拱二年五月	989	京师旱
	端拱二年秋七月至十一月	989	上忧形于色，蔬食致祷。是岁，河南、莱、登、深、冀、旱甚，民多饥死，诏发仓粟贷之
	淳化元年正月至四月	990	不雨，帝蔬食祈雨。河南、凤翔、大名、京兆府、许、沧、单、汝、干、郑、同等州旱
	（淳化）二年春	991	京师大旱
	（淳化）三年	992	春，京师大旱；冬，复大旱。是岁，河南府、京东西河北河东陕西及亳建淮阳等三十六州军旱
	（淳化）四年夏	993	京师不雨，河南府、许汝亳滑商州旱
	（淳化）五年六月	994	京师旱
	至道元年	995	京师春旱
	（至道）二年春夏	996	京师旱
	咸平元年春夏	998	京畿旱。又江浙、淮南、荆湖四十六军州旱
	（咸平）二年春	999	京师旱甚。又广南西路、江、浙、荆湖及曹、单、岚州、淮阳军旱
	（咸平）三年春	1000	京师旱。江南频年旱
	（咸平）四年	1001	京畿正月至四月不雨
	景德元年	1004	京师夏旱，人多喝死
	（景德）三年夏	1006	京师旱
	大中祥符二年春夏	1009	京师旱。河南府及陕西路、潭、邢州旱
	（大中祥符）三年夏	1010	京师旱。江南诸路、宿州、润州旱
	（大中祥符）八年	1015	京师旱
	（大中祥符）九年秋	1016	京师旱。大名府、澶州、相州旱

续表

旱灾	天禧元年	1017	京师春旱，秋又旱。夏，陕西旱
	（天禧）四年春	1020	利州路旱。夏，京师旱
	（天禧）五年冬	1021	京师旱
	天圣二年春	1024	不雨
	（天圣）五年夏秋	1027	大旱
	（天圣）六年四月	1028	不雨
	明道元年五月	1032	畿县久旱伤苗
	（明道）二年	1033	南方大旱
	景祐三年六月	1036	河北久旱，遣使诣北岳祈雨
	庆历元年九月	1041	丁未朔，遣官祈雨
	（庆历）二年六月	1042	祈雨
	（庆历）三年	1043	遣使诣岳渎祈雨
	（庆历）四年三月	1044	遣内侍两浙、淮南、江南祠庙祈雨
	（庆历）五年二月	1045	诏：天久不雨，令州县决淹狱，又幸大相国寺、会灵观、天清寺、祥源观祈雨
	（庆历）六年四月	1046	遣使祈雨
	（庆历）七年正月	1047	京师不雨
	（庆历）七年二月	1047	遣官岳渎祈雨
	（庆历）七年三月	1047	西太乙宫祈雨
	皇祐元年五月	1049	遣官祈雨
	（皇祐）三年	1051	恩、冀诸州旱。三月，分遣朝臣诣天下名山大川祠庙祈雨

根据统计，自公元961年到公元1051年的91年间，各地旱灾累计发生次数为63次（其中河南竟有44次之多，占总量的69.84%），北方地区累积发生旱灾58次，占92.06%；南方地区仅有5次，占7.94%。

再次，我们来看下虫灾。应当说，这种灾害的起因是比较复杂的，但是气候的干旱则无疑是其中最重要的因素。

表上1.1.4 据元脱脱等《宋史》"五行"整理

蝗灾	建隆元年七月	960	澶州蝗
	（建隆）二年五月	961	范县蝗
	（建隆）三年七月	962	深州蝻虫生
	（建隆）四年六月	963	澶、濮、曹、绛等州有蝗

续表

蝗灾	（建隆）四年七月	964	怀州蝗生
	乾德二年四月	964	相州螟虫食桑
	乾德二年五月	964	昭庆县有蝗，东西四十里，南北二十里。是时，河北、河南、陕西诸州有蝗
	乾德三年七月	965	诸路有蝗
	开宝二年八月	969	冀、磁二州蝗
	太平兴国二年闰七月	977	卫州螟虫生
	太平兴国六年七月	981	河南府、宋州蝗
	太平兴国七年四月	982	北阳县螟虫生，有飞鸟食之尽。滑州螟虫生。是月，大名府、陕州、陈州蝗
	太平兴国七年七月	982	阳谷县螟虫生
	雍熙三年七月	986	鄄城县有蛾、蝗自死
	淳化元年七月	990	淄、澶、濮州、乾宁军有蝗。沧州蝗螟虫食苗。棣州飞蝗自北来，害稼
	（淳化）三年六月	992	京师有蝗起东北，趣至西南，蔽空如云翳日
	（淳化）三年七月	992	真、许、沧、沂、蔡、汝、商、兖、单等州、淮阳军、平定、彭城军蝗，蛾抱草自死
	至道二年六月	996	亳州、宿、密州蝗生，食苗
	至道二年七月	996	长葛、阳翟二县有螟虫食苗。历城、长清等县有蝗
	（至道）三年七月	997	单州螟虫生
	景德二年六月	1005	京东诸州螟虫生
	（景德）三年八月	1006	德、博蝼生
	（景德）四年九月	1007	宛丘、东阿、须城三县蝗
	大中祥符二年五月	1009	雄州螟虫食苗
	（大中祥符）三年六月	1010	开封府尉氏县螟虫生
	（大中祥符）四年六月	1011	祥符县蝗
	（大中祥符）四年七月	1011	河南府及京东蝗生，食苗叶
	（大中祥符）四年八月	1011	开封府祥符、咸平、中牟、陈留、雍丘、封丘六县蝗
	（大中祥符）九年六月	1016	京畿、京东西、河北路蝗螟继生，弥覆郊野，食民田殆尽，入公私庐舍
	（大中祥符）九年七月	1016	过京师，群飞翳空，延至江、淮南，趣河东，及霜寒始。毙

			续表
蝗灾	天禧元年二月	1017	开封府、京东西、河北、河东、陕西、两浙、荆湖百三十州军，蝗蝻复生，多去岁蛰者。和州蝗生卵，如稻粒而细
	天禧元年六月	1017	江、淮大风，多吹蝗入江海，或抱草木僵死
	（天禧）二年四月	1018	江阴军蝻虫生
	天圣五年七月	1027	丙午，邢、洺州蝗。甲寅，赵州蝗
	天圣五年十一月	1027	京兆府旱蝗
	（天圣）六年五月	1028	河北、京东蝗

从上表可知，从公元960年到公元1028年的69年中，中国大地上累计有50个地区遭受虫灾，其中北方占88%，南方占12%。其中反复受灾的地区以河南为最，达到19次，占总量的38%，其次为河北22%，山东16%。

通过以上的种种列表，我们可以得到一个明确的结论，在北宋前期百年，中国北方比南方经历了更为严酷的气候条件和自然生态的考验，连年的灾害对于以农耕为主体的传统社会来说，对生产生活的破坏性不言而喻。灾害的增多固然有自然原因，但也不能排除作为本民族主要生活与经营区域的黄河—秦岭一线，长期以来遭受过度开发破坏了生态平衡这一因素。与之相比，长期以来人口密度较低、社会活跃性程度明显偏弱的南方地区保持了较好的生态平衡，到了这一历史阶段倒是具备了承接经济发展重任的可能性。

2. 水环境状况考察

考察中国北方的水环境，我们可以借助几个样本。

首先，我们关注被华夏文明视作母亲河的黄河。从很大程度上说，黄河流域的经济是中国自汉唐以来经济的主干。而黄河水环境的优劣也直接影响了该流域地区经济的发展速率。

从北宋前期百年的历史来看，黄河似乎狰狞初现，为祸众多，究其原因，欧阳修有过清晰的论述："且河本泥沙，无不淤之理。淤常先下流，下流淤高，水行渐壅，乃决上流之低处，此势之常也。然避高就下，水之本性，故河流已弃之道，自古难复。"①

战国以后，随着铁农具的广泛使用和秦国经济中心向关中迁移，黄河流域与黄土高原的植被开始遭到破坏。由于黄河流域在很长一段时间内一直是中国文明的中心之地，加之以古代中国重农轻牧的现象，黄河流域植被破坏成为长

---

① 宋 李焘《续资治通鉴长编》卷181，文渊阁《四库全书》本。

期、大量的现象。黄土高原开始因受到黄河的侵蚀而被卷走大量的土壤，形成千沟万壑的地表形态。同时，黄河的含沙量之高也逐渐称为全国河流之首。在其中游河口镇至禹门口一段有着黄河干流上最长的连续峡谷——晋陕峡谷，河段内支流绝大部分流经黄土丘陵沟壑区，水土流失严重，是黄河粗泥沙的主要来源，而泥沙聚集的可怕后果在宋初已经产生。它淤塞了河道，导致黄河多次决堤，给两岸的经济发展带来了不可避免的损失①。

如河北，原本该地区特别是中部和东北部是水稻种植大区，然而在唐五代的343年间，河北有41年遭水灾，在北宋168年间，河北水灾的年份更达到七十多年，水稻种植因此由盛转衰，河北农业也不复昔日发达景象。再如河南，宋以前今河南省境内湖泽、陂塘之数不少，黄河两岸周围尤多。由于黄河不断决口、改道，大量泥沙的沉积使这些湖泽、陂塘逐渐被淤没，导致该地区泄洪无门，每每农田被湮，损失惨重。宋前期百年间遭受最重大灾害分别为乾德三年（公元965年）、开宝五年（公元972年）、太平兴国二年（公元977年）、太平兴国八年（公元983年）和淳化二年（公元991年）。

除了黄河淤塞，频出灾祸以外，水资源的日益减少也是一个值得关注的问题。以山西为例，其省境内的湖泊，北朝有16个，唐代有7个，宋代仅有3个。山西的水文变迁确在朝着水资源减少的方向发展。湖泊以越来越快的速度缩小、消失，正是水资源减少较为明显的表现。这一情况使农田灌溉受到影响，土地承载人口的能力因而下降。晋西南原为人口稠密地区，唐代设有11个县，宋代减到7个。② 自唐至宋，山西的人口数量与密度均处于下降趋势。水资源减少还使部分地区的农业从集约经营倒退回粗放经营。宋代的山西除汾河河谷以精耕细作占主导地位之外，其余山区大多是刀耕火种。比起唐代，其耕作方式显然是倒退了。

与北方水资源状况恶化形成鲜明对比的是在南方，特别是长江中下游地区，水资源一直比较丰富，各淡水体的水环境也保持良好状态。

从淡水水体的规模来看，虽然江河湖泊有所迁徙盈缩，但总的来说水资源并未减少，有的地方淡水水体还有所扩大和增加。

以位于宋代人文鼎盛的江西境内的鄱阳湖为例，鄱阳湖地区属中亚热带季风行湿润气候，年平均降雨量在1350～1535毫米，属雨水丰沛的区域。鄱阳湖在古代有过彭蠡湖、彭蠡泽、彭泽、彭湖、扬澜、宫亭湖等多种称谓。《汉书·

---

① 蓝勇：《中国历史地理学》，高等教育出版社，2002年版。
② 宋 欧阳修等：《新唐书》卷39，元脱脱《宋史》卷86，《文渊阁四库全书》本。

地理志》"豫章郡彭泽"条载:"彭蠡泽在西。"还有另一种说法:"彭者大也，蠡者，瓠瓢也。"形容鄱阳湖如大瓢一样。元祐年间都颉著《鄱阳七谈》，详细描述了鄱阳湖的水体变迁和风土人情，其中第二章"言滨湖蒲鱼之利，膏腴七万顷，柔桑蚕茧之盛";第三章"言林麓木植之饶，水草蔬果之衍，鱼鳖禽畜之富"(《容斋随笔》五笔卷六)充分说明了该湖区的经济价值。

这种价值的实现得益于唐末五代至北宋，彭蠡湖迅速向东、向南扩展，迫近鄱阳县城，故而彭蠡湖此后就被称为鄱阳湖。《江西通志》卷七记曰:"鄱阳湖在府城东北一百五十里，即禹贡彭蠡是也。隋以鄱阳山所接，故名鄱阳湖。合受上流诸水，周环数百里。东至饶州府余干县之康郎山，西至新建县荷陂里，南至进贤县北山，北至南康府都昌县南。宋王安石诗'茫茫彭蠡春无地，白浪春风湿天际'。"此则记载出于清人之手，按此推算，鄱阳湖湖面面积近4000平方公里，又考虑到鄱阳湖的湖面面积从明代以来一直在不断缩小这一基本趋势，那么北宋前期，当更胜于此。湖泊水域扩大，再加上这一地区的人们努力兴修水利，鄱阳湖地区在北宋很快成为王朝重要的粮食生产基地。吴曾《能改斋漫录》卷十三记载:"惟本朝东南岁漕米六百万石，以此知本朝取米于东南者为多，然以今日计，去诸路共计六百万石，而江西居三之一，则江西所出为尤多。"在江西承担的200万石漕米中，鄱阳湖区出产了大半。(后文详述)

再看太湖地区。太湖，古称震泽，就其所在位置而言，位于中亚热带和北亚热带的过渡地段，属温暖湿润的季风型气候。终年雨量充沛，年降水量达到了1000~1250毫米。这样的位置对太湖水体的水量丰沛起了一定的保证作用。

在隋唐以前到五代期间，太湖地区的居民为防止洪水侵袭两岸农田，拓宽了江南运河，并修建了吴江塘路，以之为太湖平原的东南沿海屏障。如此一来，太湖面积较原本来说扩大了不少。宋时太湖面积已达2000平方公里，与汉代相比扩大了300~400平方公里。单锷作于北宋中期的《吴中水利书》中记载:"窃观震泽水退数里，清泉乡湖干数里，而其地皆有昔日丘墓、街井、枯木之根在数里之间。信知昔为民田，今为太湖也。太湖即震泽也。以是推之太湖宽广逾于昔时。昔云有'三万六千顷'，自筑吴江岸及诸港渎堙塞积水不泄又不知其愈广几多顷也。"[1] 此可为当时太湖水体面积之写照。

水体的扩大虽吞噬了部分农田村落，但就宏观而言，对流域内部的农业生产仍是利大于弊。因为在吴江塘路的两侧逐渐淤出了大片湖滩，形成湖界，便

---

[1] 宋 单锷《吴中水利书》，《文渊阁四库全书》第576册，上海古籍出版社，2003年，P6。

于人们围湖造田。在这个过程中，人们又开出了许多港汊，形成水网，作为太湖的洪水通道，构成了古娄江、吴淞江、东江"三江排水"的泄洪体系，有利于农业灌溉和农田保护。因而，北宋时期大量土地得到开发。太湖地区成为重要的产粮基地。宋代太湖平原"原田腴沃，常获丰穰"，是我国最富饶的地区之一。

与水环境关系密切的另一个考察对象是水患灾害。约略地统计一下，从公元961年到公元1051年，前后91年的时间里，北宋王朝经历了各地累计有175处遭受了大大小小的区域性水灾。其中影响巨大者达37次。我们注意到，在这175处中，受灾最为频繁的地区集中在河南、河北和山东三地，这也正是我们传统意义中"北方膏腴之地"，比例分别为30.29%、9.71%、12.57%。最主要的受灾原因则是由于雨水带来的黄河决口。由此可见，在这一时期，我们的母亲河——黄河自身的生态维护能力已经相当薄弱，因而即使只是正常的降水量，也可能造成河水的泛滥。这是长期过度的农耕，造成黄河流域大片土地的泥沙流失，河道不堪负荷的结果。与此相较，南方地区在这近百年的时间中遭受到的水灾无论从数量还是强度来说都明显弱于北方。在这些水灾中，北方地区占受灾占总数的72%，南方地区只占28%。由此可见，南方地区农业生产的发展相对来说自然保障比较有利。

表上1.1.5　据元脱脱等《宋史》"五行"整理

水灾	建隆元年十月	960	棣州河决，坏厌次、商河二县居民庐舍、田畴
	（建隆）二年	961	宋州汴河溢。孟州坏堤。襄州汉水涨溢数丈
	（建隆）四年八月	963	齐州河决
	（建隆）四年九月	963	徐州水损田
	乾德二年四月	964	广陵、扬子等县潮水害民田
	乾德二年七月	964	泰山水，坏民庐舍数百区，牛畜死者甚众
	（乾德）三年二月	965	全州大雨水
	（乾德）三年七月	965	蕲州大雨水，坏民庐舍。开封府河决，溢阳武。河中府、孟州并河水涨，孟州坏中氵单军营、民舍数百区。河坏堤岸石，又溢于郓州，坏民田。泰州潮水损盐城县民田。淄州、济州并河溢，害邹平、高苑县民田
	（乾德）四年	966	东阿县河溢，损民田。观城县河决，坏居民庐舍，注大名。又灵河县堤坏，水东注卫南县境及南华城
	（乾德）四年七月	966	荥泽县河南北堤坏

水灾	（乾德）四年八月	966	宿州汴水溢，坏堤。淄州清河水溢，坏高苑县城，溺数百家及邹平县田舍。泗州淮溢。衡州大雨水月余
	（乾德）五年	967	卫州河溢，毁州城，没溺者甚众
	开宝元年七月	968	泰州潮水害稼
	开宝元年八月	968	集州霖雨河涨，坏民庐舍及城壁、公署
	（开宝）二年七月	969	下邑县河决。是岁，青、蔡、宿、淄、宋诸州水，真定、澶、滑、博、洺、齐、颍、蔡、陈、亳、宿、许州水，害秋苗
	（开宝）三年	970	郑、澶、郓、淄、济、虢、蔡、解、徐、岳州水灾，害民田
	（开宝）四年六月	971	汴水决宋州谷熟县济阳镇。又郓州河及汶、清河皆溢，注东阿县及陈空镇，坏仓库、民舍。郑州河决原武县。蔡州淮及白露、舒、汝、庐、颍五水并涨，坏庐舍、民田
	（开宝）四年七月	971	青、齐州水伤田
	（开宝）五年	972	河决澶州濮阳，绛、和、庐、寿诸州大水。六月，河又决开封府阳武县之小刘村。宋州、郑州并汴水决。忠州江水涨二百尺
	（开宝）六年	973	郓州河决杨刘口。怀州河决获嘉县。颍州淮、淠水溢，漂民舍、田畴甚众。七月，历亭县御河决。单州、濮州并大雨水，坏州廨、仓库、军营、民舍。是秋，大名府、宋、亳、淄、青、汝、澶、滑诸州并水伤田
	（开宝）七年四月	974	卫、亳州水。泗州淮水暴涨入城，坏民舍五百家。安阳县河涨，坏居民庐舍百区
	（开宝）八年五月	975	京师大雨水。濮州河决郭龙村
	（开宝）八年六月	975	澶州河决顿丘县。沂州大雨，入城，坏居舍、田苗
	（开宝）九年三月	976	京师大雨水。淄州水害田
	太平兴国二年六月	977	孟州河溢，坏温县堤七十余步，郑州坏荥泽县宁王村堤三十余步，又涨于澶州，坏英公村堤三十步。开封府汴水溢，坏大宁堤，浸害民田。忠州江涨二十五丈。兴州江涨，毁栈道四百余间。管城县焦肇水暴涨，逾京水。濮州大水，害民田凡五千七百四十三顷。颍州颍水涨，坏城门、军营、民舍
	太平兴国二年七月	977	复州蜀、汉江涨，坏城及民田、庐舍。集州江涨，泛嘉川县

续表

水灾	（太平兴国）三年五月	978	怀州河决获嘉县北注。又汴水决宋州宁陵县境
	（太平兴国）三年六月	978	泗州淮涨入南城，汴水又涨一丈，塞州北门
	（太平兴国）三年十月	978	滑州灵河已塞复决
	（太平兴国）四年三月	979	河南府洛水涨七尺，坏民舍。泰州雨水害稼。宋州河决宋城县。卫州河决汲县，坏新场堤
	（太平兴国）四年八月	979	梓州江涨，坏阁道、营舍
	（太平兴国）四年九月	979	澶州河涨。郓州清、汶二水涨，坏东阿县民田。复州沔阳县湖晶涨，坏民舍、田稼
	（太平兴国）五年五月	980	颍州颍水溢，坏堤及民舍。徐州白沟河溢入州城
	（太平兴国）五年七月	980	复州江水涨，毁民舍，堤塘皆坏
	（太平兴国）六年	981	河中府河涨，陷连堤，溢入城，坏军营七所、民舍百余区。鄜、延、宁州并三河水涨，溢入州城：鄜州坏军营，建武指挥使李海及老幼六十三人溺死；延州坏仓库、军民庐舍千六百区；宁州坏州城五百余步，诸军营、军民舍五百二十区
	（太平兴国）七年三月	982	京兆府渭水涨，坏浮梁，溺死五十四人
	（太平兴国）七年四月	982	耀、密、博、卫、常、润诸州水害稼
	（太平兴国）七年六月	982	均州霣水、均水、汉江并涨，坏民舍，人畜死者甚众。又河决临邑县，汉阳军江水涨五丈
	（太平兴国）七年七月	982	大名府御河涨，坏范济口。南剑州江水涨，坏居民舍一百四十余区。京兆府咸阳渭水涨，坏浮梁，工人溺死五十四人
	（太平兴国）七年九月	982	梧州江水涨三丈，入城，坏仓库及民舍
	（太平兴国）七年十月	982	河决怀州武陟县，害民田
	（太平兴国）八年五月	983	河大决滑州房村，径澶、濮、曹、济诸州，浸民田，坏居民庐舍，东南流入淮
	（太平兴国）八年六月	983	陕州河涨，坏浮梁；又永定涧水涨，坏民舍、军营千余区。河南府澍雨，洛水涨五丈余，坏巩县官署、军营、民舍殆尽。谷、洛、伊、瀍四水暴涨，坏京城官署、军营、寺观、祠庙、民舍万余区，溺死者以万计。又坏河清县丰饶务仓库、军营、民舍百余区。雄州易水涨，坏民庐舍。鄜州河水涨，溢入城，坏官寺、民舍四百余区。荆门军长林县山水暴涨，坏民舍五十一区，溺死五十六人
	（太平兴国）八年八月	983	徐州清河涨丈七尺，溢出，塞州三面门以御之

续表

	（太平兴国）八年九月	983	宿州睢水涨，泛民舍六十里。是夏及秋。开封、浚仪、酸枣、阳武、封丘、长垣、中牟、尉氏、襄邑、雍丘等县河水害民田
	（太平兴国）九年七月	984	嘉州江水暴涨，坏官署、民舍，溺者千余人
	（太平兴国）九年八月	984	延州南北两河涨，溢入东西两城，坏官寺、民舍。淄州霖雨，孝妇河涨溢，坏官寺、民田。孟州河涨，坏浮梁，损民田。雅州江水涨九丈，坏民庐舍。新州江涨，入南砦，坏军营
	雍熙二年七月	985	朗江溢，害稼。八月，瀛、莫州大水，损民田
	（雍熙）三年六月	986	寿州大水
	端拱元年二月	988	博州水害民田
	端拱元年五月	988	英州江水涨五丈，坏民田及庐舍数百区
	端拱元年七月	988	磁州漳、滏二水涨
	淳化元年六月	990	吉州大雨，江涨，漂坏民田、庐舍。黄梅县堀口湖水涨，坏民田、庐舍皆尽，江水涨二丈八尺。洪州涨坏州城三十堵、民庐舍二千余区，漂二千余户。孟州河涨
水灾	（淳化）二年四月	991	京兆府河涨，陕州河涨，坏大堤及五龙祠
	（淳化）二年六月乙酉	991	汴水溢于浚仪县，坏连堤，浸民田。上亲临视，督卫士塞之。辛卯，又决于宋城县。博州大霖雨，河涨，坏民庐舍八百七十区。亳州河溢，东流泛民田、庐舍
	（淳化）二年七月	991	齐州明水涨，坏黎济砦城百余堵。许州沙河溢。雄州塘水溢，害民田殆尽。嘉州江涨，溢入州城，毁民舍。复州蜀、汉二江水涨，坏民田、庐舍。泗州招信县大雨，山河涨，漂浸民田、庐舍，死者二十一人
	（淳化）二年八月	991	藤州江水涨十余丈，入州城，坏官署、民田
	（淳化）二年九月	991	邛州蒲江等县山水暴涨，坏民舍七十区，死者七十九人。是秋，荆湖北路江水汪溢，浸田亩甚众
	（淳化）三年七月	992	河南府洛水涨，坏七里、镇国二桥；又山水暴涨，坏丰饶务官舍、民庐，死者二百四十人
	（淳化）三年十月	992	上津县大雨，河水溢，坏民舍，溺者三十七人
	（淳化）四年六月	993	陇城县大雨，牛头河涨二十丈，没溺居人、庐舍
	（淳化）四年九月	993	澶州河涨，冲陷北城，坏居人庐舍、官署、仓库殆尽，民溺死者甚众。梓州玄武县涪河涨二丈五尺，壅下流入州城，坏官私庐舍万余区，溺死者甚众

续表

	（淳化）四年十月	993	澶州河决，水西北流入御河，浸大名府城，知府赵昌言壅城门御之
	至道元年四月甲辰	995	京师大雨，雷电，道上水数尺
	至道元年五月	995	虔州江水涨二丈九尺，坏城流入深八尺，毁城门
	（至道）二年六月	996	河南瀍、涧、洛三水涨，坏镇国桥
	（至道）二年七月	996	建州溪水涨，溢入州城，坏仓库、民舍万余区。郓州河涨，坏连堤四处。宋州汴河决谷熟县。闰七月，陕州河涨。是月，广南诸州并大雨水
	咸平元年七月	998	侍禁、阁门祗候王寿永使彭州回，至凤翔府境，山水暴涨，家属八人溺死。齐州清、黄河泛溢，坏田庐
	（咸平）二年十月	999	漳州山水泛溢，坏民舍千余区，民黄挚等十家溺死
	（咸平）三年三月	1000	梓州江水涨，坏民田
	（咸平）三年五月	1000	河决郓州王陵埽
	（咸平）三年七月	1000	洋州汉水溢，民有溺死者
	（咸平）四年七月	1001	同州洿谷水溢夏阳县，溺死者数十人
水灾	（咸平）五年二月	1002	雄、霸、瀛、莫、深、沧诸州、乾宁军水，坏民田
	（咸平）五年六月	1002	京师大雨，漂坏庐舍，民有压死者。积潦浸道路，自朱雀门东抵宣化门尤甚，皆注惠民河，河复涨，溢军营
	景德元年九月	1004	宋州汴水决，浸民田，坏庐舍。河决澶州横陇埽
	景德二年六月	1005	宁州山水泛溢，坏民舍、军营，多溺死者
	景德三年七月	1006	应天府汴水决，南注亳州，合浪宕渠东入于淮
	景德三年八月	1006	青州山水坏石桥
	景德四年六月	1007	郑州索水涨，高四丈许，漂荥阳县居民四十二户，有溺死者。邓州江水暴涨。南剑州山水泛溢，漂溺居人
	景德四年七月	1007	河溢澶州，坏王八埽
	景德四年八月	1007	横州江涨，坏营舍
	大中祥符元年六月	1008	开封府尉氏县惠民河决
	（大中祥符）二年七月	1009	徐、济、青、淄大水
	（大中祥符）二年八月	1009	凤州大水，漂溺民居
	（大中祥符）二年十月	1009	京畿惠民河决，坏民田
	（大中祥符）三年六月	1010	吉州、临江军并江水泛溢，害民田
	（大中祥符）三年九月	1010	河决河中府白浮梁村
	（大中祥符）四年七月	1011	洪、江、筠、袁州江涨，害民田，坏州城

续表

水灾	（大中祥符）四年八月	1011	河决通利军，大名府御河溢，合流坏府城，害田，人多溺死
	（大中祥符）四年九月	1011	河溢于孟州温县。苏州吴江泛溢，坏庐舍
	（大中祥符）四年十一月	1011	楚、泰州潮水害田，人多溺者
	（大中祥符）五年正月	1012	河决棣州聂家口
	（大中祥符）五年七月	1012	庆州淮安镇山水暴涨，漂溺居民
	（大中祥符）六年六月	1013	保安军积雨河溢，浸城垒，坏庐舍，判官赵震溺死，又兵民溺死凡六百五十人
	（大中祥符）七年六月	1014	泗州水害民田。河南府洛水涨。秦州定西寨有溺死者
	（大中祥符）七年八月	1014	河决澶州
	（大中祥符）七年十月	1014	滨州河溢于安定镇
	（大中祥符）八年七月	1015	坊州大雨河溢，民有溺死者
	（大中祥符）九年六月	1016	秦州独孤谷水坏长道县盐官镇城桥及官廨、民舍二百九十五区，溺死六十七人
	（大中祥符）九年七月	1016	延州洎定平、安远、塞门、栲栳四寨山水泛溢，坏堤、城
	（大中祥符）九年九月	1016	雄、霸州界河泛溢。利州水漂栈阁万二千八百间
	天禧三年六月	1019	河决滑州城西南，漂没公私庐舍，死者甚众，历澶州、濮、郓、济、单至徐州，与清河合，浸城壁，不没者四板
	乾兴元年正月	1022	秀州水灾，民多艰食
	乾兴元年十月己酉夜	1022	沧州盐山、无棣二县海潮溢，坏公私庐舍，溺死者甚众。是岁，京东、淮南路水灾
	天圣初		徐州仍岁水灾
	（天圣）三年十一月	1025	襄州汉水坏民田
	（天圣）四年六月	1026	剑州、邵武军大水，坏官私庐舍七千九百余区，溺死者百五十余人。是月，河南府、郑州大水
	（天圣）四年十月	1026	京山县山水暴涨，漂死者众，县令唐用之溺焉。是岁，汴水溢，决陈留堤，又决京城西贾陂入护龙河，以杀其势
	（天圣）五年三月	1027	襄、颍、许、汝等州水
	（天圣）五年七月	1027	泰州盐官镇大水，民多溺死
	（天圣）六年七月	1028	江宁府、扬、真、润三州江水溢，坏官私庐舍。是月，雄、霸州大水
	（天圣）六年八月	1029	临潼县山水暴涨，民溺死者甚众。是月，河决楚王埂
	（天圣）七年六月	1030	河北大水，坏澶州浮梁

续表

水灾	明道元年四月	1032	大名府冠氏等八县水浸民田
	景祐元年闰六月	1034	泗州淮、汴溢
	景祐元年七月	1034	澶州河决横陇埽
	景祐元年八月	1034	洪州分宁县山水暴发，漂溺居民二百余家，死者三百七十余口
	（景祐）三年六月	1036	虔、吉诸州久雨，江溢，坏城庐，人多溺死
	（景祐）四年六月	1037	杭州大风雨，江潮溢岸，高六尺，坏堤千余丈
	（景祐）四年八月	1037	越州大水，漂溺居民
	宝元元年	1038	建州自正月雨，至四月不止，溪水大涨，入州城，坏民庐舍，溺死者甚众
	康定元年九月	1040	滑州大河泛溢，坏民庐舍
	庆历元年三月	1041	汴流不通
	庆历八年六月	1048	河决澶州商胡埽。是月，恒雨
	庆历八年七月	1048	卫州大雨水，诸军走避，数日绝食。是岁，河北大水
	皇祐元年二月	1049	河北黄、御二河决，并注于干宁军。河朔频年水灾
	皇祐二年	1050	镇定复大水，并边尤被其害
	（皇祐）三年七月	1051	河决馆陶县郭固口
	（皇祐）三年八月	1051	汴河绝流
	（皇祐）四年八月	1052	郴州大水，坏军民庐舍
	嘉祐二年六月	1057	开封府界及京东西、河北水潦害民田。自五月大雨不止，水冒安上门，门关折，坏官私庐舍数万区，城中系□伐渡人
	嘉祐二年七月	1057	京东西、荆湖北路水灾。淮水自夏秋暴涨，环浸泗州城。是岁，诸路江河溢决，河北尤甚，民多流亡

3. 土壤情况分析

与农业生产密切相关的另一重要问题是土壤。土壤条件的改变在农耕社会中直接影响人们劳动生产的效率。当我们审视北宋前期中国的土壤环境时，不得不承认这样一个事实，北方特别是黄土高原地区的土壤环境日益恶化，华北平原的土地沙化现象也十分严重。而该地区一直是人口密度极高的区域，人地矛盾逐渐激化。这导致了作为传统经济强区的黄河流域直接面临可耕土地减少，粮食亩产下降而资源掠夺型生产方式盛行的局面。

与之相比，南方地区由于长期处于半开发状态，人口负载较轻，故而土壤运用和生产方式比较合理，且在长期的劳动生产过程中，人们逐渐结合土壤自身条件摸索出了一套比较合理且富有实效的土地改良手段。所以土壤肥力得到了有效改善，逐渐由榛莽丛生的下乘土地变为膏腴之地。南北土壤的优劣可谓此消彼长。

如以黄土高原为例。历史上，黄土塬是黄土高原最重要的地貌类型，其特点为地形平坦土层深厚，土壤肥沃，是绝佳的农耕土壤。《太平御览》中有"厥土惟黄壤，厥田惟上上"①之语，指其为全国最好的土壤。然而，自唐以还，黄土塬的优势却逐渐衰退。其表征有二：其一，土壤沟壑化程度严重；其二，土壤肥力严重下降。而这两者背后的共同原因是土壤侵蚀化现象的加剧。

土壤侵蚀既是一个自然选择的结果也包含着人为因素。有学者指出黄土高原存在三种基本侵蚀，一是气候侵蚀，二是构造侵蚀，三是人为侵蚀。三者既分散作用，又相互影响。大体说来，处于温暖期的黄土高原风尘堆积少，降水量增多，流水动力增强，构成了气候上的侵蚀。这种气候侵蚀与人为对植被和土层结构的破坏相结合，导致了黄土高原的侵蚀加速。②

由于我国隋唐时期正处于气象学意义上近5000年来的第三个温暖期，对于黄土高原的土层结构而言也进入了侵蚀活跃期，而在这一时期恰恰又是中国历史上的繁盛期，人口增加十分显著。根据《文献通考》卷十"炀帝大业二年，户八百九十万七千五百三十六，口四千六百一万九千九百五十六，此隋之极盛也"和"天宝十四载，管户总八百九十一万九千三百九，应不课户三百五十六万五千五百，应课户五百三十四万九千二百八，管田总五千二百九十一万九千三百九，不课口四千四百七十万九百八十八，课口八百二十万八千二百二十一，唐之极盛也"两则记载，即便经历了隋末农民大起义的战火，数十年间，中国人口数量仍增长了15%，这是一个惊人的增幅。

虽然，这些人口在全国范围内分布，但关中和中原地区作为政治和经济中心，其人口密度自然要高于其他地区。庞大的人口数量自然带来了巨大的物质需求，所以在人口密度越高的地区，垦荒以及植被无节制砍伐的状态越成为常态，而其直接后果令人触目惊心。

先看关中，人对自然的严重掠夺导致了该地区土壤侵蚀度的加剧。黄土层失去了植被根系的固结变得容易流失，而流失的泥沙又经常使黄河河道产生淤塞，发生改道，既毁坏农田，又撕裂了黄土塬，使之表面沟壑纵横，无法耕作。同时，黄土流失还使土地肥力大减，土质急剧下降。加之当时农业科技比较落后，关中

---

① 宋 李昉等：《太平御览》卷164引《尚书·禹贡》，《文渊阁四库全书》本。
② 赵景波、杜鹃、黄春长：《黄土高原侵蚀期研究》，《中国沙漠》2002年8月。

农民尚无施肥意识，所以造成了土地更加贫瘠。这种现象从唐到宋，愈演愈烈。至北宋前期，已经有不少原本面积可观的黄土塬被分割成小块，且土壤质量下降严重。关中地区从"金城千里天府之国"①"三辅南有江汉，北有河渭，汧陇以东，商雒以西，厥田肥饶，所谓陆海"②逐渐转变为"土瘠民贫"。

再看地处中原的华北平原。华北平原的成土母质为粉砂——黏土，此种土质黏性较重，土壤孔隙小，最大的优越性在于蒸发能力弱，不易在土壤表面积聚盐分。然而，受到黄土高原土壤侵蚀的联动作用，华北平原自唐代以来土壤情况也日益恶化。其中主要原因是黄河泥砂淤积造成的不断泛滥使处于黄河中下游的华北平原土壤盐渍化和沙化。频繁改道的黄河使华北平原原本的黏质土逐渐变粗，成为沙质土。③这种土质的比重与渗透速度与前者有很大区别，最易导致盐分累积和土壤有机质含量降低。因此，华北平原的土壤逐渐失去了原有的肥力。

受北方主要农产区土质变差影响所及，粮食单产下降。吴慧认为，唐时一般亩产粟1石，合汉量为亩产3.81石。至宋，一般亩产粟亦1石，因以240步为一亩，固合汉量仅为亩产1.072石。④北方旱地亩产下降状况由此可见一斑。

与北方地区状况相反的是长江中下游地区，由于在历史上长期被视为南方下国，改区域土地没有得到有力地开发，故保持着原生态的植被和土壤环境，在这一时期，随着开发步骤的加快和农业科技手段的提升，土质改善十分明显。

以位于长江三角洲南翼的太湖地区为例，受东南季风影响，气候温暖湿润，光照充足。依据地质构造来看，太湖地区的成土母质主要为下蜀黄土、红土、黄土沉积物、冲积物和湖积物。⑤其中，最主要的是红土。红土的基本特征是重矿物含量高，根据现代研究达到76.3%以上。这种土壤酸性高，容易板结，对于种植业的发展是不利的。但是太湖流域长期以来具有种植水稻的传统，到了唐宋之交，种植历史已经长达近5000年，水稻种植对于土壤肥力的改善作用是巨大的。

在种稻之初，人们必须平整土地，筑圩围田。多次翻动土壤有助于降低其

---

① 汉 司马迁：《史记》"留侯世家"，《文渊阁四库全书》本。
② 汉 司马迁：《史记》"东方朔传"，《文渊阁四库全书》本。
③ 吴忱：《华北平原河道变迁对土壤及土壤盐渍化的影响》，《地理学与国土研究》1999年11月。
④ 吴慧：《中国历代粮食亩产研究》，农业出版社1985年版。
⑤ 徐琪：《论水稻土肥力进化和土壤质量——以太湖地区为例》，《长江流域资源与环境》2001年7月。

板结程度，而围田过程中堆积河道的淤泥加快了土壤熟化。在种植过程中，为了增强土地肥力，人们采用了绿化肥与农家肥结合的施肥方式，这对于提高土壤中有机制的含量意义重大。常年种植水稻，终于在太湖流域培育出了人工改良的水稻土，原来的土壤特性受到不同程度的改变。

土壤优化的结果是显而易见的，首先粮食单产的提高。宋代南方亩产一般为谷4石或米2石，此数合汉量为亩产谷4.288石，比汉时稻的亩产2.777石增长54.4%，比唐时的3.81石（合汉量）增长12.5%，其次，在肥田沃土分布的地方，形成了重要的粮食生产基地。① 宋代两浙路围田所在"皆膏腴之地"，尤其是太湖地区，"地沃而物伙"，成了著名产粮中心。

一升一降之间，农业中心的位置必将发生自然的迁移。

第二节　汴梁为都的经济意义

汴梁位于中国中部，从地理位置上讲，不是一个适合做首都的地方。对比秦汉时期咸阳、长安，这里地处平原中央，无险可守，在受到外来攻击时缺乏天然屏障。而且，城市紧邻黄河岸，时常泛滥的河水给城市安全带来了巨大的威胁。有鉴于此，赵匡胤曾不止一次地想过迁都洛阳或长安。然而，这个想法始终没有付诸实践，其根本原因在于王朝的统治者越来越感觉到京杭大运河有利于漕运，对经济的重要性不言而喻。

北宋时期，曾经广袤富庶的关中平原已经无法在承载庞大国家机器的运转以及依附于这台国家机器而生存的数以万计的人群的生计了，王朝对南方地区的依赖越来越强烈。这一趋势开始于晚唐。《资治通鉴》卷二百三十二记载唐德宗建中二年（公元781年），藩镇与中央爆发冲突，朝廷几乎陷入断粮的危险："关中仓廪竭，禁军或自脱巾，呼于道曰：'拘吾于军，而不给粮，吾罪人也。'上忧之甚，会韩滉运米三万斛至陕，李泌即奏之。上喜，遽至东宫谓太子曰：'米已至陕，吾父子得生矣。'"是时，韩滉为镇江节度使，这3万斛米就是通过运河运往长安的。此事件给我们两点启示：其一，当时的关中地区已经不复往日的物阜民丰，因而仅靠本地区的粮食储备，连禁军的日常饮食都无法维持，所以必须依托来自南方的补给；其二，从江南到长安，旷日持久，而且运道不是太顺畅，一旦断绝，国将不国。

---

① 吴慧：《中国历代粮食亩产研究》，农业出版社，1985年。

这个事件想必会给宋代的开国君主以很深的印象,几十万禁军的日常消耗加上官员及其家庭的物资所须是一个首都必需供应的,而长安似乎已难当此任。因而,一个政治之都建于何处,背后是有经济考虑的。而在这种考虑中,汴梁就跃入了统治者的选择视野。

实际上,在五代时,汴梁就有过作为都城的经历。后晋、后周和后汉都选择了这里。而后周还整治了被长期战争破坏运河,疏浚了从汴口到淮河的一段。尽管,当时南北两地还处于敌对的状态,但从修缮运河这个举动来看,后周是很看重与南方的运输往来的。在此基础上,"至国家膺图受命,以大梁四方所凑,天下之枢,可以临制四海,故卜京邑而定都"①。然而这个选择对习惯了以北方为统治中心和经济支柱的统治者而言需要一个心理适应。《宋史全文》卷二中有这样一则记载:"上生于洛阳,乐其土风,尝有迁都之意。始议西幸,起居郎李符上书陈八难,左右厢都指挥使李怀忠乘间言:'大梁根本安固已久,不可动摇。'上亦弗从。晋王言迁都非便,上曰:'迁河南未已,久当迁长安。'王叩头切谏,上曰:'吾将西迁者无他,欲据山河之胜而去冗兵。循周汉故事以安天下也。'王又言在德不在险。上不答。王出,上顾左右曰:'晋王之言固善,今姑从之,不出百年,天下民力殚矣。'"赵匡胤选中的都城,无洛阳还是长安,都是充满历史与文化渊源的故都,也是传统的北方腹心之地。然而他遭到了来自朝臣和亲贵的普遍否定,这说明,当时的情势下,这种选择缺乏可操作性,不利于长治久安。而太祖最终虽不情愿仍接受了群臣的意见,也说明,他也意识到了问题的实质。

艰难选择的结果无疑给当时的宋王朝带来了明显的收益。当时围绕汴梁形成了一个水运网,黄河可输来自陕西地区的物资,惠民河运送来河南、淮北的粮食,广济河输送京东路一带的物资。而最为关键的运河——京师附近称作汴河的则将来自东南六路的物资运往都城,这是北宋王朝最关键的交通命脉。《宋史·河渠三》中这样说:"汴河,自隋大业初,疏通济渠,引黄河通淮,至唐,改名广济。宋都大梁,以孟州河阴县南为汴首受黄河之口,属于淮、泗。每岁自春及冬,常于河口均调水势,止深六尺,以通行重载为准。岁漕江、淮、湖、浙米数百万,及至东南之产,百物众宝,不可胜计。"这里提及来自南方的物资,仅漕米一项就达数百万,其他货物更不计其数。而根据张方平的说法:"汴河斛斗六百万石,广济河六十二万石,惠民河六十万石。广济河所运,止给太康咸平、尉氏等县军粮而已。惟汴河专运粳米,兼以小麦,此乃大仓蓄积之

---

① 元 脱脱:《宋史·河渠三》,《文渊阁四库全书》本。

实。"① 据此看来，南方地区已经承担起延续国家经济命脉的重要责任了。所以他发出了"然则汴河乃建国之本"的感慨。

汴梁为都，这个选择的本身清晰地告诉我们，时至北宋，中国的经济重心了由北向南的迁移已经势不可挡。

第三节　经济重心南移的社会基础——人口迁徙

在传统农业社会的生产力发展水平下，劳动力数量的充沛与否直接影响了一个区域经济发展的状况。自秦汉以来，中国北方的黄河流域一直是人口高度密集的地区，其间虽有魏晋时期所谓"衣冠南渡"，带来了北方人口包括世族大户一次大规模地向南迁移，"中州士女避乱江左者十六、七"②。根据谭其骧先生研究估计，自东晋初年至南朝宋末，北方南迁之汉民就有近100万，但北方地区的人口数量仍然远超过南方。

然而，变化从唐后期开始露出端倪。晚唐五代，由于长期战争和南北分裂割据的影响，人口的迁移十分频繁且规模巨大，以由北向南迁移为主。迁出的地区遍及黄河流域，迁入地区以江南为主，远及岭南各地。之所以造成这样的迁移，是因为频仍的战祸使百姓的生命和财产安全受到了严重地威胁。

从晚唐到五代，北方的战事一直没有停歇，而且战争的惨烈程度往往令人为之侧目：

（乾宁元年）七月，凤翔李茂贞犯京师，天子出居于华州。

中和元年，代北起军使陈景思发沙陀先所降者，与吐浑、安庆等万人赴京师，行至绛州，沙陀军乱，大掠而还。

（大顺元年）十一月，浚及克用战于阴地，浚军三战三败，浚、建遁归。克用兵大掠晋、绛，至于河中，赤地千里。

乾祐三年十一月 郭允明反，弑隐帝于赵村。丙戌，咸入京师，纵火大掠。

这里罗列的仅仅是《新唐书》梁、唐、周本纪中少而又少的几则战况，然而从中却不难想象身处那个时代，那种环境中的民众无可规避的恐惧和苍凉。

相比之下，烧及南方的战火并不炽烈。以杭州为例，在大动荡中，这个城

---

① 元 脱脱：《宋史·河渠三》引，《文渊阁四库全书》本。
② 唐 房玄龄等：《晋书》"王导传"，《文渊阁四库全书》本。

市只经历了一次较大的兵祸：唐乾符六年（公元879年），黄巢于九月攻陷广州后，十一月率20万人从江西进入浙江，掠余杭，入杭州，旋即离去。安定的环境是南方地区成为人口输入地的基本保证。

同时，北方小朝廷频繁地更迭也使统治者的注意力完全不能集中于经济发展，而南方各国各自为政的割据模式更有利于地域经济的繁荣。

根据史书记载，就维持地方安定局面来说，楚有57年，吴和南唐共85年，吴越86年，闽49年，南汉67年。这使得该区域成为动荡乱世中人们可以安身立命的较有安全感的所在。而各小国的割据者也颇为注重通过休养生息政策维护区域稳定。

如钱镠控制了两浙以后，始有"偃息兵戈，四境粗安耕织"① 的局面出现，辅以减租、赈济等措施，大大促进了农业生产的发展。闽和南汉，唐时还属于农业经济不发达地，到了五代，则有较大的改变。闽在王潮统治时就开始"劝农桑，定租税，交好邻道，保境息民，闽人安之"②。王审知继任后，坚持"轻徭薄敛，与民休息"③ 政策，三十年安定，对地方经济的促进效果明显。南汉的农业虽不及闽，但在刘氏统治时期，也有一定程度的发展，如地处山区的博白县，由于比较安定，农业生产情况稳定，米价每斗仅一二钱④。相比之下，北方各国为备战需要，赋税征收相对酷烈，而且特重军粮军马的征收，百姓负担较沉重。

基于上述理由，我们可以看到，对应的人口迁徙效果非常明显。

下表就是唐天宝年间与宋元丰三年（公元1080年）全国户口的对比：

表上1.3.1　据马端临《文献通考》卷10整理

		唐代				宋代		
北方	河南道	1853561	合计为 5287662 户	占当时全国比例为 59.06%	京畿路	235599	合计 5734577 户	占当时全国比例为 38.22%
	河北道	1487504			京东路	1370800		
	关内道	804090			京西路	651742		
	河东道	630511			河北路	984195		
	淮南道	390583			河东路	450869		
	陇右道	121413			陕西路	962318		
					淮南路	1079054		

---

① 清 吴任臣：《十国春秋》卷78，《文渊阁四库全书》本。
② 宋 司马光：《资治通鉴》卷259，《文渊阁四库全书》本。
③ 宋 薛居正：《旧五代史》卷134，《文渊阁四库全书》本。
④ 清 吴任臣：《十国春秋》卷59，《文渊阁四库全书》本。

续表

	唐代				宋代			
南方	江南道	1736141	合计为 2128295 户	占当时全国比例为 23.77%	两浙路	1830096	合计 6658421 户	占当时全国比例为 40.45%
					江南东路	1073760		
					江南西路	1365533		
	岭南道	392154			福建路	992087		
					广南东路	565534		
					广南西路	242109		
中西部	剑南道	937124	合计为 1537451 户	占当时全国比例为 17.17%	荆湖北路	589302	合计为 3198575 户	占当时全国比例为 21.32%
					荆湖南路	811057		
					成都府路	771533		
	山南道	600327			潼川府路	478171		
					利州路	301991		
					夔州路	246521		
总计户数	8953408				15591573			

依此表可知，在唐代时，北方户口在全国所占的比重要远高于南方，占了全部户口数的59.06%，而南方地区仅占23.77%。这说明，在当时的中国，北方地区的经济发展足以支撑人口的大规模繁衍和生存。但是，到了北宋中期，情况就发生了鲜明的逆转。元丰三年，以总量论，北方地区户口数比唐代增加了446915户，增长幅度为8.45%；而南方地区则增加了3940824，与唐代相比增加了185.16%。这样的巨量增长使宋代的南方地区人口规模首次超过了北方，占全国比重的40.45%，超过了北方地区的38.22%。当然，这其中有因为失去了幽云十六州，北方地区计算户口数的地域面积有所缩小的缘故，但更重要的原因则在于在晚唐五代的混乱局面中，大量的北方农民南迁避乱所致。

劳动力的迁移为南方经济发展带来了助力。户口的增加为社会经济的发展提供了充沛的劳动力及先进的生产技术，是社会经济繁荣的标志。由于南方地区的劳动力主要来自战乱的、先进的北方。在战火中能够逃离他乡异地者多属青壮年人及有资财、有学识、有地位的人。这些人到了南方，为南方带来了人才、资金和技术。自然条件优越的南方，有了充足的劳动力及先进的生产技术，社会经济自然也有了长足的发展。

第二章

经济圈形成的标志

第一节 三大经济集群的形成

随着自然条件的变迁和社会经济基础的变化，北宋前期，南方地区已经形成了王朝的新经济核心，而经济重心南移的重要标志在于新经济圈和经济带的形成。大体说来，我们可以分为泛太湖流域、泛鄱阳湖流域两个经济圈，以及浙、闽、广沿海经济带。当然，这样的划分并非机械的，各经济圈与经济带之间建立的是相互辐射相互影响的关系。

概括地说，在南方的经济圈和经济带内部，商品经济的飞速发展构成了一个最明显的特征。商品性农业呈现高成长性。以桑麻、茶叶、果木、花卉等经济作物为主体的商品性种植业加速扩展，出现了专业茶农、果农、蔗农、蚕户，他们与独立手工业者一道，开始向小商品生产者转化。都市化进程的加速，城镇数量大幅度增加，城市人口膨胀，城市中工商业从业者增多，地域性经济中心城市层出不穷，都市化势头日渐明朗。与此同时，城市格局因古典坊市制的崩溃而有重大改观，城市商业突破地域和时间限制，城市和城镇的分级市场体系建立起来。地方性市场开始分布在经济发达或人烟稠密的乡村地区以及水陆码头和交通孔道沿线。陶瓷业、冶炼业等成为新的经济增长点，海外贸易在经济发展中的地位日益突显。商人群体迅速崛起，越来越多的官僚、地主、士人、农民投入经商活动，随着商人队伍的扩大、商业资本的雄厚，商人阶层的实际地位有所提高，商人的社会影响亦在扩大。与此同时，体现商人意识的牟利观念（所谓"市道"）对传统观念的冲击力日益增强。

在开展具体论述之前，我们首先要界定，何为经济圈？

经济圈或称大城市群、城市群集合、都会区集合，在理论上，其研究源于欧美。1910年美国学者库恩最初提出都市地区的概念，到1915年英国学者帕特里克·格内斯提出组合城市的定义，以及20世纪30年代，英国学者弗塞特提出城镇密集区的概念，迄今为止，国际上比较公认的，也是最先明确提出城市群概念的是法国地理学家戈特曼。1957年法国地理学家戈特曼提出了最初的城市群概念"Megalopolis"。戈特曼把美国东北部沿海地区的城市密集区域用原意为巨大城邦的希腊语Megalopolis来命名，用以说明这一北起波士顿、南至华盛顿，由纽约、普罗维登斯，哈特福德、费城、巴尔的摩等一系列大城市组成的功能性地域。在中文语境中，作为一个热点的地域经济用语——"经济圈"的提法出现于20世纪90年代，特指一定区域范围内的经济组织实体，常为城市群体的集合并在国家经济总量中占有很大比重。其特点表现为内部具有比较明显的同质性与群体性，与外部有着比较明确的组织和地域。这是一个基于自然地理区位和相近相似文化观念的经济集群。这类集群的形成既有自然整合的力量——体现为地域优势互补，又有一定的人为规划——注重产业交叉和区域经济合作。

本于这样的概念，我们可以认定，在北宋前期（公元960年至公元1058年间），跟随着宋王朝统一的步伐，泛太湖流域经济圈和鄱阳湖经济圈已经初具规模，并开始发挥集群效应。

首先，看泛太湖流域。比照经济圈理论的核心概念，认定一个经济圈，首先要看它是否形成了一个经济指数高企的城市群。那么，在北宋前期（此处定义为1058年前），这个"群"中包含哪些城市呢？从大范围看，宋代的泛太湖流域地区，包括苏州（平江府）、常州、镇江、秀州（嘉兴府）、湖州（安吉州）、江阴军（北宋中期废为县）、杭州以及越州（绍兴府）。依照北宋的行政区划，全部包含在两浙路范围内。

这一区域内具有突出特点的城市星罗棋布，且各臻其美。

我们先来看看《宋史·地理志四》中对这一区域的概括性描述（取北宋前期部分）：

平江府，望，吴郡。太平兴国三年，改平江军节度。本苏州……贡葛、蛇床子、白石脂、花席。县六：吴，望。长洲，望。昆山，望。常熟，望。吴江，紧。嘉定，上。

常州，望。毗陵郡，军事。……贡白纻、纱、席。县四：晋陵，望。武进，望。宜兴，望。唐义兴县。太平兴国初改。无锡，望。

江阴军，同下州。熙宁四年，废江阴军为县，隶常州。……县一：江阴，下。

镇江府，望，丹阳郡，镇江军节度，开宝八年改。……贡罗、绫。县三：丹徒，紧。丹阳，紧。金坛。紧。

湖州，上，吴兴郡，景祐元年，升昭庆军节度……贡白纻、漆器。县六：乌程，望。归安，望。太平兴国七年，析乌程地置县。安吉，望。长兴，望。德清，紧。武康。上。太平兴国三年，自杭州来隶。

嘉兴府，本秀州，军事。……贡绫。县四：嘉兴，望。华亭，紧。海盐。上。有盐监，沙腰、芦沥二盐场。崇德，中。

临安府（杭州）贡绫、藤纸。县九：钱塘，望。有盐监。……仁和，望。梁钱江县。太平兴国四年改。……余杭，望。……临安，望。钱镠奏改衣锦军。太平兴国四年，改顺化军，县复旧名。五年，军废。……富阳，紧。于潜，紧。……新城，上。梁改新登。太平兴国四年复。……盐官，上。昌化，中。唐唐山县，太平兴国四年改。有紫溪盐场。

绍兴府（越州），贡越绫、轻庸纱、纸。县八：会稽，望。山阴，望。嵊，望。诸暨，望。有龙泉一银坑。余姚，望。上虞，望。萧山，紧。……新昌，紧。

从以上记述中我们得到的结论有二。首先，泛太湖流域的各个区域物产丰饶，特别是桑蚕业取得长足的发展，因而在上缴国家的贡赋中占主要地位的是丝织品。其次，各区域发展态势强劲，具体表现为户口繁多。在中国的封建社会时期，"小邑犹藏万家室"历来是经济繁荣和社会安定的首要标志。自唐以来，为便于管理就将州县分为"赤、畿、望、紧、上、中、下"七等，前两等为京师及其附近，后五等根据户数多寡而定。望为4000户以上，紧为3000～4000，上为2000～3000，中为1000～2000，下为1000户以下。该区域八个州府（或相当于州府建制的军）共下辖41县，其中"望县"个23，占总数的56.1%；"紧县"10个，占24.4%；其余则上者5，中者2，下者亦仅1。对于一个不算很大的区域而言，其大县比例之高是当时其他地区无法望其项背的。

如果对泛太湖流域诸地做进一步探究，我们发现，该区域中一些个体——州级城市的表现更为抢眼。

如苏州，被定义为"望"，人口繁庶。按范成大《吴郡志》中所载："本朝户主二万七千八百八十九，元丰三年户十九万九千，口三十七万九千皆有奇，号为甚盛。"达到这样的人口规模当然不是一蹴而就，这经历了从唐到宋前期长时间的发展："唐之苏州举今秀州之地在焉，初其为户一万一千八百五十九，天宝之盛至七万六千四百二十一，自钱武肃分苏以为秀州用自屏蔽，其隶苏者吴、长洲，昆山、常熟，又分吴县为吴江，合五邑而已。忠懿王以其国归之有司，国朝与民休息稼穑丰殖，大中祥符四年有户六万六千一百三十九。由祥符至今七十余年间，累圣丕承，仁泽日厚，庞鸿汪洋，何生不育？元丰三年有户一十九万九千八百九十二有丁三十七万九千四百八十七，呜呼盛矣。"① 从朱氏的记述可知从唐到宋尽管行政区域有所变化，但是苏州地区的人口一直处于上升通道中。特别是经过宋初的休养生息，人口膨胀的速度更快，到了北宋前期便形成了这样的状况。

苏州城市之繁荣更令人叹服，如"井邑之富过于唐世，郛郭填溢，楼阁相望，飞杠如虹，栉比棋布"②。这样一个繁荣城市中的人们，其生活常态则是："吴中自昔号繁盛，四郊无旷土，随高下悉为田；人无贵贱，往往皆有常产，以故俗多奢少俭，竞节物好游。"③

又如秀州，"介二大府，旁接三江，擅河海渔盐之利"④，这里所说的大府，是指苏州和杭州。这个介于两大都市间的城市经济和技术上明显受到了前述者的辐射，故"百工众技与苏杭等"⑤。

再如越州，宋大中祥符四年（公元1011年），越州有187180户，丁口329348，比唐天宝年间（公元742—755年）越州拥有90279户增加了一倍以上。

最后如杭州。据《太平寰宇记》《元丰九域志》和《宋史》等记载，杭州全境宋初有"主（户）六万一千六百，客（户）八千八百五十七"⑥，到了北宋中期的元丰（公元1078—1085年）初有"主（户）十六万四千二百九十三，客（户）三万八千一百二十三"⑦。这样说来，在一百多年的时间里，人口数量是之前的2.8倍。由于在杭州所辖九县中，钱塘、仁和系附郭县，其户口包括了杭州城内外的在籍人口。再加上在正常户籍统计外，还有相当数量的非民籍人口，其中包括军队及其家属、僧尼道士以及官属工匠、仆役、奴蜱、妓女、寓居商人、演艺人员等总计户籍外人口也不会少于四五万人。由此推算，到北宋元丰年间，杭州城约有人口40万人左右。这与苏轼所说的"杭州城内生齿不

---

① 宋 朱长文：《吴郡图经续记》卷上，宋元方志丛刊本，北京：中华书局，1990年版。
② 同上。
③ 宋 范成大：《吴郡志》卷1，《文渊阁四库全书》本。
④ 宋 徐硕等：《至元嘉禾志》，宋元方志丛刊本，北京：中华书局，1990年版。
⑤ 同上。
⑥ 明 胡宗宪等：《浙江通志》卷71引，《文渊阁四库全书》本。
⑦ 同上。

可胜数，约计四五十万"的情况基本吻合。

就城市规模而言，早在唐末以及五代的吴越国时期，钱镠就对杭州旧城进行过三次扩建。

第一次是唐昭宗大顺元年（公元890年）"筑新夹城，环包氏山，泊秦望山而回，凡五十余里，皆穿林架险而版筑焉"①。因是依附旧城而修筑，故名"新夹城"。据史料推断，其城当起自吴山东麓，循今中河西岸向北，至天水桥附近折向西北至夹城巷，再折向西南经宝石山东麓，沿西湖东岸及南岸，南过虎跑山，止于六和塔。

第二次是唐昭宗景福二年（公元893年），钱镠"率十三都兵泊役徒二十万余众，新筑罗城，自秦望山由夹城东亘江干，泊钱湖、霍山、范浦，凡七十里"②。其中，钱湖即西湖。新筑罗城开有四门：竹车门（今望江门内望仙桥东南）、南土门（今荐桥门外清泰路建国路口）、北土门（旧菜市门外）和保德门（即范浦所在）。可见，罗城是在夹城基础上的改建，仍与夹城相接。两城合计十门，所谓"凡七十里"，亦指两城之总长而言。两城连接后，外形似腰鼓，因称"腰鼓城"③。

到了后梁开平元年（公元907年），钱镠建立吴越国后，为防止江潮冲击，钱镠于开平四年（公元910年）建立了一条从艮山门到六和塔长达百里的"钱氏捍海石塘"，对杭州城进行了第三次扩建，在石塘附近，"悉起台榭，广郡郭周三十里"④。接着又以凤凰山下隋、唐州城为基础，建造"子城"，作为皇宫所在地。宫门"皆金铺铁叶"⑤，富丽堂皇。至此，吴越都城内有子城，外有夹城和罗城，城分三重，规模备极宏伟。

城市规模的扩张增加了它的人口容纳量，也为城市经济的发展提供了必要的空间资源。同时，也可以佐证这个城市自身的高成长性和活力。而这种成长性本身就是商品经济发展的必要基础。

其次，就一个经济圈而言，其支柱产业在整体经济中所占的比重应当是举足轻重的。依此而言，这个历史时期的泛太湖流域地区也表现出色：最可圈可点的是该地区的传统农业、商品农业、手工业和商业市镇的发展。

其一，先看传统农业发展的状态。唐代中叶以后，长江下游已成为全国的

---

① 宋 钱俨：《吴越备史》卷1，《文渊阁四库全书》本。
② 清 吴任臣：《十国春秋》卷77《吴越》，《文渊阁四库全书》本。
③ 宋 钱俨《吴越备史》卷1，文渊阁《四库全书》本。
④ 宋 薛居正等：《旧五代史》卷133《钱镠传》，中华书局1976年。
⑤ 明 田汝成：《西湖游览志余》卷1"帝王都会"，上海古籍出版社，2018年。

经济重心和重要粮仓。至宋,这种发展趋势进一步加强。其中长三角诸地又占据举足轻重的地位。以稻米为例,苏州一地稻田面积仅三万余顷,而稻米产量竟达七百余万石,东南地区每年"上供"的600万石漕粮,基本由该地提供。宋代太湖地区水稻种植的亩产量极高,通常达3石左右,北宋仁宗庆历年间(公元1041~1048年),范仲淹说:"臣知苏州日,点检簿书,一州之田,系出税者三万四千顷。中稔之利,每亩得米二硕至三硕。"① 皇祐四年(公元1052年)江南荒饥,遂令苏州运米50万斛赈灾。再以苏州税米为例,宋初才18万石,元丰三年(公元1080年)升至35万石。"苏湖熟,天下足"的谚语渐渐流传开去。

要取得丰硕的收获当然离不开投入。泛太湖流域地区历来存在地少人多的问题,用苏轼的话来说:"夫天下之民,偏聚而不均。吴、蜀有可耕之人而无其地,荆、襄有可耕之地而无其人。"② 要维持农业经济的高度发展,关键是对有限土地的合理开发利用。仍以苏州为例,范仲淹在景祐年间(公元1034~1037年)称苏州出税之母340万亩,而另一研究表明,苏州在雍熙(公元984~987年)前后的耕地数至多不会超过140万亩,50年间耕田数增加近1.5倍。这样的增幅得益于当时官员和民众强烈的耕地意识和有效的开发手段。

一是改良农田水利,使已淤之田出,水患之田得到改善。原本太湖流域由于地形地势的影响,农田水患频仍。"大江以南,镇江府以北地势极高。至常州地形渐低,秀州及湖州地形极低,而平江府(苏州)居在最下之处。使岁有一尺之水,则湖州、平江之田,无高下皆满溢。每岁夏潦秋涨,安得无一尺之水乎!"③ 入宋后,大量水利工程的兴修比较明显地改变了这一状况。至和二年(公元1055年),吴郡地区的官员调发民夫15.6万工,疏浚诸泾64、浦44、塘6,筑成至和塘,"田无洿潴,民不病涉",两岸膏腴之地数百万顷都蒙其利。④《吴郡图经续记》(卷中)则记录了景祐年间范仲淹治理苏州时遇到"歉岁",发现是因为松江淤塞,逐邑湖道不通所致。于是力排众议,疏浚河道,最终取得成功的事例。应当说,同类型事件在当时的太湖流域并不罕见。大量水利工程的兴修形成一个完善的排灌体系,有效消除了自然灾害对泛太湖流域经济发展的负面影响。因而保证了土地有效利用。

---

① 明 范惟一编:《范文正奏议》卷上,《文渊阁四库全书》本。
② 宋 苏轼:《御制制科策》;《苏东坡集》后集卷10。
③ 清 徐松:《宋会要辑稿》食货8之31,中华书局2006年版。
④ 宋 范成大:《吴郡志》卷19"水利",《文渊阁四库全书》本。

二是改良土质，使土地效益倍增。根据郑学檬先生的研究，泛太湖流域地区土壤质量的根本性改观出现在宋代。究其因，水稻的大规模种植是关键。①由于长年种植水稻，到了这一时期，在水稻熟化的培育下，原来的土壤特性受到不同程度的改变，形成水稻土所特有的形态、理化和生物特征，更加适合水稻的种植。这个结论得到了现代科学研究的证明。该区域原始土壤——红黄壤，大多质地黏重，结构性差，酸度大，速效养分含量低，具有粘、酸、瘦的特点，经过长时间的耕作和有效的土壤增肥，在北宋早期，泛太湖流域地区的土壤改造为鳝血黄泥土。此土非常肥沃，具有"爽而不漏""深而不陷""软而不烂""肥而不腻"的特征。"爽而不漏"是指水分渗透适量，又有良好的保水能力；"深而不陷"是指耕作层厚，但又不陷脚；"软而不烂"是指土质酥柔，干、湿都好耕，湿时也不黏犁；"肥而不腻"是指土壤储蓄有丰富的养分，能源源不断地供给水稻吸收，又不致引起水稻疯长倒伏。这种水稻土一般能旱涝保收。②

三、良种选用和新型耕作方式的运用。对于一个土地资源稀缺的地区来说，采用良种，促进产量提高和改进传统耕作方式也不失为有效之举，大中祥符四年（公元1011年），因两浙江淮"稍吴郡水田不登"，宋真宗派人赴福建取占城稻33斛，分给两浙等三路，"择民田高仰者莳之，盖早稻也"。后经改良，使其能适应各种水土气候而成为不同品种，太湖流域的六十日稻、赤谷稻、金钗糯等都是占城稻的改良品种。这种品种的水稻不但质地香糯，而且成熟期短，抗倒伏能力强，极大提高了亩产量。

同时，勤劳的泛太湖流域地区农民还根据当时、当地的气候条件，普遍采用稻稻连作的耕作方式提高单位土地的利用率，双季稻种植得到了广泛推行。

双季稻是指同一块稻田中一年之内有两次收成。双季稻的栽培最早开始于秦汉时期的岭南地区。汉杨孚《异物志》记载"交趾稻夏冬又熟，农者一岁再种"。这是岭南地区双季稻的最早记录。长江流域双季稻的最早记载见于西晋。西晋左思《吴都赋》提到"国税再熟之稻"，吴都即现今苏州，证明西晋时期（公元265—316年）苏州一带已有双季稻。

"吴中地沃而物伙，稼则刈麦种禾，一岁再熟，稻有早晚，其名品甚繁。农民随其力之所及，择其土之所宜，以次种焉。惟号箭子者为最，岁供京师。"③

---

① 郑学檬，陈衍德：《略论唐宋时期自然环境的变化对经济重心南移的影响》，《厦门大学学报，》1991年第4期。
② 中科院南京土壤研究所：《土壤知识》，上海人民出版社，1976年版。
③ 宋 朱长文：《吴郡图经续记》卷上，《文渊阁四库全书》本。

范成大《吴郡志》:"再熟稻,一岁两熟。《吴都赋》:'乡贡再熟之稻。'蒋堂《登吴江亭》诗云:'向日草青牛引犊,经秋田熟稻生孙。注云:是年有再熟之稻。'细考之,当在皇祐间。"前人的记载清楚说明了这种新型耕作方式在此区域中的流行程度。

其二,探究该地区的商品农业。在北宋早期,泛太湖流域利用地理区位优势,已经实现了农耕以外,多种经营、合理分工的区域产业结构。

这一时期,南方的丝织业已开始逐渐取代华北平原的传统丝织业,逐渐步入兴盛时期,四川及江南为主要产区。蜀地丝织业的发展,"日输夜积,以衣被天下"。江西的建康仅东织局一处,一年出缎4527匹;隶属于泛太湖流域地区的镇江府,一年造缎5901匹,花色品种繁多。杭州等处,民间丝织业作坊层出不穷。发展速度和取得的成果更是为人瞩目。

泛太湖流域地区因气候原因,多数地区蚕能一年饲育8次。在湖州山乡"以桑蚕为岁计,富室育蚕有至数百箔",湖州安吉人"唯借蚕为生事","以此岁计衣食之给,极有准的"①。蚕桑业逐渐摆脱了对传统种植业的依附,成为一个独立的产业。苏舜钦说:"其(太湖)中山之名见图志者七十有二,惟洞庭山称雄其间,地占三乡,户率三千,环四十里。……皆树桑只甘柚为常产。"②

在蚕桑业迅猛发展的支撑下,丝织业的兴盛成为题中应有之义。很快泛太湖流域成为继京东路和成都府路以外的又一个丝织中心,生活在皇祐年间的李觏曾说:"东南之郡……平原沃土,桑柘甚盛,蚕女勤苦,罔畏饥渴,急莱疾食,如避盗贼,茧簿山立,缫车之声,连甍相闻,非贵非骄,靡不务此,是丝非不多也。"③ 在秀州、常州和苏州,单从其"土贡"的清单上来看,织品就绢、绫、纱、绡、罗、锦等数十个品种。在重要性逐渐显现的"海上丝绸之路"上,太湖地区的出产成为主要的海外贸易商品。实际上在这一时期,从蚕桑到丝织,土地、原料、产品三者已经结合在了一起,形成了商品农业与手工业的结合。

与此同时,茶业、果品业也在发展起来。太湖流域的苏、湖、常、杭等州是茶叶的主要产区,当地名茶颇多。在唐代,茶圣陆羽在《茶经》中提到,当年杭州的天竺、灵隐二寺产茶。该地区最著名的是紫笋茶,以顾渚所出为最名贵,宜兴阳羡次之,宋初还作为贡茶进贡过100斤。

由于气候四季分明,泛太湖流域地区果树品种繁多,有利于发展果木种植

---

① 宋 谈钥:《嘉泰吴兴志》卷20,《文渊阁四库全书》本。
② 宋 苏舜钦:《苏州洞庭山水月禅院记》,《苏学士文集》卷13,四部丛刊本。
③ 宋 李觏:《富国策第三》,《直讲李先生文集》卷16,四部丛刊本。

业。据方志记载，这一地区的水果种类有橘（桔）、柑、橙、香橼、梅、杏、李、石榴、梨、枇杷等。① 其中以苏州洞庭山的柑橘最为著名。洞庭山四面环水，气候湿润为柑橘种植提供了良好的地理环境。洞庭桔"皮细而味美，名被遐迩"②，深得市场青睐。正因如此，洞庭山的柑橘很快形成了种植很快形成了规模效应："万顷湖光里，千家桔熟时"③，范仲淹的诗句形象地说明了当时橘子生产的盛况。柑橘种植的经济利益是巨大的"桔一亩比田一亩利数倍"④，每到成熟时，商人争相收购"争晒已残皮。趁市商船急"⑤，而且按质论价，以每百斤为单位，上品1500文，下品六七百文（见陈诗自注）。根据漆侠先生的考证，上品与一匹绢的价格接近，下品也相当于一匹绸价⑥，如此看来，大规模柑橘种植给太湖流域带来的经济利益实在是惊人的，也难怪农民们趋之若鹜了。这个新兴产业已经与商业形成了紧密的联系。

此外，泛太湖流域地区其他产业，如花鸟养殖、养鱼业也得到了蓬勃发展。因此，朱长文在《吴郡图经续记》卷上中充满自豪地做了这样的描绘："其草则药品之所录，离骚之所咏，布濩于皋泽之间。海苔可食，山蕨可撷，幽兰国香，近出山谷，人多玩焉。……其花则木兰辛夷，著名惟旧，牡丹多品，游人是观。繁丽贵重，盛亚京洛。……其羽族则水有宾鸿，陆有巢翠，鹓鸡鸲鹭，鸡鹊鸥鹈之类巨细参差，无不咸备。……其鳞介则鲦鳄鳠鲤，□闳渐离，乘鲎鼋鼍，蟹螯螺蛤之类怪诡舛错，随时而有。秋风起则鲈鱼肥，楝木华而石首至岂胜言哉。海濒之民以网罟蒲蠃之利而自业者比于农圃焉。又若太湖之怪石，包山之珍茗，千里之紫莼，织席最良，给用四方，皆其所产也。若夫舟航往来，北自京国，南达海徼，衣冠之所萃，聚食货之所丛集，乃江外之一都会也。"

另外，作为一个城市群，没有新兴产业维持其发展后劲也是有缺陷的。在北宋前期，填补这一缺陷的是泛太湖流域地区发达的手工业——以造纸和酿酒为代表。

造纸业兴起于唐代，主要集中在余杭—越州一带。这个地区林木繁茂，古藤众多，而且水源丰富，具备了发展造纸业的基础。《唐六典》卷二十《太府寺》一节中"右藏署令"条称右藏署令所掌的国家宝货中有"杭、婺、衢、越

---

① 宋 楼钥：《嘉泰吴兴志》卷20，《文渊阁四库全书》本。
② 宋 韩彦直：《桔录》，百川学海本。
③ 宋 范仲淹：《苏州十咏·洞庭山》，《范文正公集》卷4，《文渊阁四库全书》本。
④ 宋 叶梦得：《避暑录话》卷4，《文渊阁四库全书》本。
⑤ 宋 陈舜俞：《山中咏桔》，《都官集》卷14，《文渊阁四库全书》本。
⑥ 漆侠：《宋代经济史》，上海人民出版社1987年，P156。

等州上细黄白状纸"，这说明在浙江地区生产的纸张颇受重视与好评。再结合《元和郡县图志》卷二十五记载的余杭县"傍有由拳村，出好藤纸"一语，我们可以知道该地区造纸业的兴盛。

藤纸还得名于文人之手，如皮日休有诗赞曰"宣毫利若风，剡纸光于月"①，李肇《唐国史补》卷下曰"白纸之妙者越之剡藤"，均是为其揄扬之辞。

入宋之后，藤纸得到了更多文人墨客的赞誉。高似孙《剡录》卷七中记载丁谓诗曰"妙制剡溪人，多名锦水春"，欧阳修诗云"诗剡藤莹滑如玻璃"，梅尧臣诗道"巴笺脆蠹不禁久，剡楮薄慢还可怡"，如此种种，足证此种纸张受青睐的程度，也可以看到该地区造纸业在北宋前期已经处于鼎盛期。

酿纸业的发展则得益于泛太湖流域地区粮食生产规模的扩大。充足的粮食供应直接刺激了酿酒业的繁荣。李肇《唐国史补》卷下中提到"乌程之若下"，便是当地酒业中知名者。中晚唐时，乌程酒便成为文人墨客笔下的常客。李贺《拂舞歌辞》云"樽有乌程酒，劝君千万寿，全胜汉武锦楼上，晓望晴寒饮花露"②，罗隐《乌程》诗云"一瓶犹是乌程酒，须对霜风泪泫然"③，羊士谔《忆江南旧游二首》："金罍几醉乌程酒，鹤放闲吟把蟹螯"④。频繁见诸笔墨，可以说明该种酒成了当地的一个标志性特产，也受到了人们广泛欣赏。入宋后，乌程的酿酒业继续保持着发展态势。王安石《送周都官通判湖州》诗云："绿水乌程地，青山顾渚滨。酒醪犹美好，茶荈正芳新。聚泛樽前月，分班焙上春。仁风已及俗，乐事始关身。橘柚供南贡，槐枫望北辰。知君白羽扇，归日未生尘。"⑤诗中罗列了湖州地区的各种名产，而乌程酒是其首荐。秦观《还自广陵四首》中也道："薄茶便当乌程酒，短艇聊充下泽车"亦为旁证。

除了乌程酒外，余杭酒也是本地区的酒中佳品。晚唐时余杭县尉丁仙芝有诗《余杭醉歌赠吴山人》云："十千兑得余杭酒，二月春城长命杯。酒后留君待明月，还将明月送君回。"足见该地之酒名声甚著，且饮酒之风盛行。

其三，随着产品的丰富和产业链的完善，泛太湖流域地区迅速建立起了自己的城镇商业体系。市镇贸易十分繁荣，出现了专门依附于市镇的生存的新的社会阶层。

根据陈国灿先生的研究，镇的出现始于南北朝时期，是统治者用以加强对

---

① 唐 皮日休、陆龟蒙：《松陵集》卷1，明汲古阁刻本。
② 唐 李贺：《昌谷集》卷4，《文渊阁四库全书》本。
③ 唐 罗隐：《罗昭谏集》卷4，《文渊阁四库全书》本。
④ 宋 洪迈编：《万首唐人绝句》卷36，《文渊阁四库全书》本。
⑤ 元 方回：《瀛奎律髓》卷4，《文渊阁四库全书》本。

各地控制的军事戍守据点。从唐代后期起，随著社会经济的发展和人口的聚集，部分戍镇的工商业活动日趋活跃，经济成分不断增长。"赵宋统一全国后，鉴于唐末五代以来藩镇割据的教训，大力收回地方兵权，罢撤各地戍镇，只有部分人口较多、工商业较为发达的镇得以保留。……其性质却发生了根本性的变化，即由军事戍守单元转变为农村经济和社会中心地。"①

北宋前期的太湖流域的市镇大多由草市发展而来，其起点在唐后期，而后逐渐成为地方小市场的中心。杜牧曾指出："凡江淮草市，尽近水际，富室大户，多居其间。"② 很多草市进一步发展便成了商品经济中心——市镇。

依据此说，回看北宋前期的泛太湖流域，我们发现各城市下辖州县都有了自己的"卫星镇"。《元丰九域志》卷五《两浙路》记载，到宋神宗元丰三年（公元1080年），全流域各地城市计有，湖州6个，即乌墩、施渚、梅溪、四安、水口、新市；秀州4个，即青龙、澉浦、广陈、青墩；苏州4个，即木渎、福山、庆安、梅里；常州9个，即横林、奔牛、青城、万岁、望亭、湖㳇、张渚、利城、茶林；江阴1个，即石桥；镇江有5个；即丹徒、大港、丁角、延陵、吕城；越州有6个，即东城、曹娥、纂风、平水、三界、五夫、西兴、鱼浦；杭州6个；即南场、北关、安溪、西溪、保成、长安。这些镇各有职责，而且独立承担远距离县城中心的地区的商业作用。以杭州和越州为例：

表上2.1.1 市镇名取自《元丰九域志》，距离取自《咸淳临安志》卷19

州名	县别	镇名	位置
杭州	钱塘	南场	去县11里
		北关	去县2里
		西溪	去县25里
		安溪	去县55里
	盐官	长安	县北20里
越州	会稽	三界	县东南120里
		东城	县东60里
		曹娥	县东南72里
	萧山	西兴	县西12里
		渔浦	县南35里
	上虞	五夫	县北30里

---

① 陈国灿：《宋代太湖流域市镇发展简论》，《许昌学院学报》2003年22卷3期。
② 唐 杜牧：《上李太尉论劫江贼书》，《樊川文集》卷11，文渊阁《四库全书》本。

从上表可知，这些镇去县城颇远，存在于乡村之中，多数由乡村居民点和草市发展而来。这种变化是建立在自身所在区域的产业发展的基础上的。太湖流域发达的商品农业和手工业和因此产生的频繁商品交换是市镇发展的基础。如上表中的渔浦，是唐宋两代溯富春江水路而上的唯一停靠码头，文仕商贾往来频繁，形成一个古商埠。《嘉泰会稽志》称"渔浦镇在县南三十五里"，设有"渔浦税场""渔浦酒务"等管理集市的机构。熙宁十年（公元1077年），渔浦的商税收入达3240贯191文，由此推想，北宋前期应该情景相类。

根据陈国灿的统计："熙宁十年商税额为例，全流域设有税务的21处市镇，合计税额44053贯，占全流域总税额的15.40%。其中，秀州地区为30%，常州地区为15.4%，湖州地区为12.4%，苏州地区为6.1%。就市镇平均税额而言，全流域为2098贯，不仅高于同期相邻的江南东路（1761贯）和江南西路（1633贯），而且远远超过了北方市镇发达的济河沿岸地区（1189贯）和御河沿岸地区（1075贯），仅次于黄河东流地区（7810贯）。"① 我们可以借此推定，市镇经济的发展已经成为泛太湖流域乡村城镇化进程的主要推动力。

而随着这个进程的展开，该地域内部的民众出现了新的分化。生成了依托市镇生活的群体，他们有的从事商品贸易和服务业，逐渐摆脱了单纯依靠土地维持生计的模式，农副产品、水产品、手工业品的交换深入民间。出现了"农商景（影）从"②的局面。如农产品加工业方面，有糖户、曲户、磨户、油户、屠户、纸户、炉户等；手工业方面，有盐户、机户、铁冶户、窑户、木作户等。这标志着泛太湖流域传统地区以自给自足为特征的自然农业经济正在向与市场紧密相连的以专业化生产和分工为特点的商品经济转变。

鉴于该区域在该时期内城市与经济的发展状况，我们可以判定，一个经济圈或者更准确地说，作为一个传统社会中的经济圈，已经形成，并开始发挥自己的场聚效应。

现在，我们同样将经济圈的概念标准运用到鄱阳湖流域，可以发现，尽管地理区位不同，产业状况不同，但在这一时期，该区域的城市集群也已经颇具规模，经济总量也有长足地发展。

在北宋前期，江西属于江南路（按元丰年间的拆分，则江州、饶州、信州、南康军和婺源县属于江南东路，其余属江南西路，此处因为仅涉及北宋前期，

---

① 陈国灿：《宋代太湖流域市镇发展简论》，《许昌学院学报》2003年第3期。
② 唐 刘允文：《苏州新开常熟塘碑铭》，清 董诰等《钦定全唐文》卷713，上海：上海古籍出版社1990年版。

所以不加区分）是南方地区发展非常迅速的一个区域。《宋史·地理志》对于江南路有一段颇为精辟的概括："江南东、西路，盖《禹贡》扬州之域，当牵牛、须女之分。东限七闽，西略夏口，南抵大庾，北际大江。川泽沃衍，有水物之饶。永嘉东迁，衣冠多所萃止，其后文物颇盛。而茗荈、冶铸、金帛、秔稻之利，岁给县官用度，盖半天下之入焉。其俗性悍而急，丧葬或不中礼，尤好争讼，其气尚使然也。"其中透露出的经济信息有二：其一，物产丰富，产业领域宽泛；其二，对国家的经济贡献作用显著。在北宋前期，这两点已经明确地显现出来了，尤其以鄱阳湖流域为表现最为突出。当然，鄱阳湖面积广大，江西94%的面积在其流域范围内，而我们论述的核心经济区仅限于其中最贴近鄱阳湖的城市群——南昌、九江、抚州和上饶等，它们环湖而生，构成了一个经济圈，其余地区的发展也受到该经济圈影响力的广泛波及。

依照经济圈理论，我们先来看核心圈的城市发展状况。

首先，南昌。南昌府古称豫章，宋时属洪州，为其州治，依《宋史·地理志四》云（下称志云），洪州下领七县："南昌，望。……新建，望。太平兴国六年置县。奉新，望。唐新吴县，南唐改。丰城，望。分宁，望。武宁，紧。靖安，中。南唐改。"另外，还有一个进贤镇，人口密度大，经济发展度高，在崇宁二年（公元1103年）升为县。就人口数量来看，据《太平寰宇记》所载，洪州宋初共103478户，人口比较繁庶，到元丰三年达到（公元1080年）256234户（《元丰九域志》记，以下元丰数据均出于此），增幅达到2.48倍。

南昌府因为在南唐保大十年（公元952年）被定为南都，因而城市地域比较广阔，依《江西通志》卷五"城池"所云："宋洪州城（南昌府城）周三十一里，门十六。南曰：抚州缭，而西转曰：宫步、寺步、柴步、井步、章江、仓步、观步、洪乔、广恩。北郭十门皆滨江缭，而东转曰：琉璃、坛头、故丰、广丰、望云五门皆平陆。"作为一个中心城市，恢宏的城市规模为其成为人口和商业导入区提供了明确的可能性。而且，南昌处于多水交汇的水网中心，赣江、抚河、锦江等河流纵横境内，使之有条件成为一个重要的商贸流通城市。在北宋前期人们的心目中，这个观念已经形成"豫章古郡，通楚要津，万灵所宗，百宝攸集"①，这是徐铉心中的南昌；"豫章南国一都会"②，这是杨亿的评价；"豫章都会冠全吴"③，宋庠亦如是说。

---

① 宋 徐铉：《洪州延庆寺碑铭》，《骑省集》卷26，《文渊阁四库全书》本。
② 宋 杨亿：《董给事知洪州》，《武夷新集》卷2，《文渊阁四库全书》本。
③ 宋 宋庠：《送紫微夏舍人徙治洪州》，《元宪集》卷11，《文渊阁四库全书》本。

其次，九江。九江宋时为江州州治，志云："县五：德化，望。唐浔阳县，南唐改。德安，紧。瑞昌，中。湖口，中。彭泽。中。"从属县等级我们即可知道，江州不是一个人口密集的地区。《太平寰宇记》称宋初，其地人口仅24364户，然而到了元丰年间，户数增至95384户，增幅达3.91倍。九江之所以能成为环鄱阳湖经济圈中的一个重要城市是因为其比较独特的地理环境、人文渊薮和产业结构。

江州是南唐道德教化之地，当时名浔阳郡，后将郡名浔阳为德化。明嘉靖年间的《九江府志》称："九江自陶（渊明）、谢（灵运）以来，儒风绵绵，相续不绝；高人闲士，蝉联不绝。"其地处赣、鄂、湘、皖四省交界处，襟江带湖，背倚庐山，是兵家必争的军事重镇，而且自古以来，就是舟车辐辏，商贾云集的通都大邑。"浔阳陆通五岭北道长江遂行岷汉亦一都会也。"①

同时，非常值得重视的是，九江地处江南古陆成矿带与长江中下游成矿带交汇地段，矿产资源非常丰富，在北宋前期已经成为全国知名的矿业区。而且，在它治下的新昌县中的一个镇在宋真宗景德年间因为生产优质的青白瓷被赐名为景德镇。发达的非农产业的形成奠定了九江在这个经济圈内不可动摇的地位。

再次，抚州。古名临川，是农桑富庶之地，江南鱼米之乡。其州领县五："临川，望。……崇仁，望。……宜黄，望。开宝三年，升宜黄场为县。……金溪，紧。开宝五年，升金溪场为县。……乐安。"该地区是传统的农业区，宋初人口数量就比较大达61279户（《太平寰宇记》），元丰年间增至155836户，增幅达2.54倍。"其民乐于耕桑以自足，故牛马牧于山谷者不收；五谷之积于郊野者不垣，而晏然不知枹鼓之警发召之役也。"② 尤其值得注意的是该地区商品农业非常发达，南丰蜜橘是著名的贡橘，历史可追溯到唐开元以前，广昌白莲始种于唐高宗仪凤年间，到了北宋前期种植技术更为成熟，产量更丰。

最后，上饶。宋属信州，名广信府，为其州治，志云信州所辖："县六：上饶，望。玉山，望。弋阳，望。……景德元年，废宝丰县为镇，康定中复，庆历三年又废。贵溪，望。铅山，中。开宝八年平江南，以铅山直属京，后还隶。永丰，中。"宋初人口40685户，元丰年间达到132617户，增幅有3.26倍。州城"旧基周围七里五十步，高二丈一尺址，广二丈有奇，崇广如制。皇祐二年水圮，州守张公实修筑，中为子城，围一里二百八十三步，高二丈五尺"，也是

---

① 清（作者未详）：《江西通志》卷4引晋《地道记》，《文渊阁四库全书》本。
② 清（作者未详）：《江西通志》卷26引曾巩《拟岘台记》。

一座规模颇大的城市。不仅如此，该城非常繁华，人称："市井阗溢，货贿流衍。"① 这座城市的繁荣也建筑在新产业的成熟与发展上。信州自然资源丰富，德兴、铅山矿的银、铜、铅矿开采在北宋前期为城市的蜕变带来了巨大的活力。

规模化的城市群和庞大的人口依托的是经济圈形成的标志。而产业规模的扩大和经济总量的提升则构成了经济圈的核心价值。对于鄱阳湖经济圈而言，其产业特点可以概括为发达的传统农业与商品农业联手发展，矿冶业和手工业蓬勃兴起。

传统农业方面，鄱阳湖流域属于亚热带季风区，气候湿润温和，雨量充沛，四季分明，春秋短，夏冬长，平原面积较广，也有一定的丘陵地貌存在。从总体上来说还是比较适合农耕生产的。当地农民按照不同的地形种植不同农作物，平原植水稻，丘陵种粟和荞麦，务使地尽其用。因而该地区很快成为国家重要的粮食生产基地。每年由江西调往全国的粮食数量非常可观："本朝东南岁漕米六百万石，以此知本朝取米于东南者为多。然以今日计，诸路共计六百万石，而江西居三之一，则江西所出为尤多。"②

鄱阳湖区农业经济的发展得益于水利兴修和山地开发。就水利看，北宋前期，鄱阳湖区各州县的官员在任内都非常注意水利系统的兴修和维护。如《宋史》卷四二六记程师孟"知洪州，积石为江堤，浚章沟，揭北闸，以节水升降，后无水患"。《江西通志》卷十四记曰"（南昌府）丰城官塘自唐永徽间始迁县治即筑堤，由张家埠至宝气亭阳灵观周回十余里，宋天圣间知县事毛洵、邹严、张宿创筑石堤备至，明道二年县令徐绍龄始成之，堤凡三级，级高一丈袤一百五十丈"。尽管工程难度较大，经历了几位县令才告完成，但地方官重视水利的态度体现得更为突出。另外，"宋明道二年何嗣昌以寺丞知龙泉县事，县之禾蜀旧有梅陂，溉田二百余顷，岁久湮废，景祐初嗣昌修复之"③ 可见维护辖区内水利设施的完好成了当时官员的一项必要工作。

从山地开发论，鄱阳湖地区人多地少，状况不改变将严重制约农业生产的规模提升，因而在北宋前期，鄱阳湖区的农民开始创新土地利用方式，开垦梯田。其中比较突出者当属抚州。王安石在《抚州通判厅见山阁记》中描述道："又况抚之为州，山耕而水莳，牧牛马用虎豹为地。"虽不详尽，却可见当时的

---

① 章杰《郡守题名记》，《江西通志》卷26引，《文渊阁四库全书》本。
② 宋 吴曾《能改斋漫录》卷13，《文渊阁四库全书》本第850册，上海：上海古籍出版社2003年，P762。
③ 清（作者未详）《江西通志》卷15，《文渊阁四库全书》本。

农民开山筑田已成当地常态。

　　传统农业的发展带来的直接结果是粮食的丰足，因而鄱阳湖区的农民可以转而投身商品农业。该地区主要种植的经济作物主要有茶、柑橘和苎麻、葛麻。

　　就茶叶的生产来说，鄱阳湖流域为红土地质，非常适合茶叶的生产。根据《宋史·食货志》记载茶叶的主要产地"江南则宣、歙、江、池、饶、信、洪、抚、筠、袁十州，广德、兴国、临江、建昌、南康五军"，其中鄱阳湖流域占了江、饶、信、洪、抚、筠、袁七州和临江、建昌、南康三军。各产地皆有名茶：如洪州的分宁双井，《续茶经》引欧阳修《归田录》云："洪州双井白芽渐盛近岁。制作尤精，囊以红纱不过一二两，以常茶十数斤养之。用辟暑湿之气，其品遂出日注，上遂为草茶第一。"他如饶州仙芝、信州小龙凤团茶等，不一而足。不仅如此，鄱阳湖区的茶叶产量也非常可观，按《食货志》记载的"岁课江南千二十七万余斤"，以鄱阳湖区得大半产地计算，每岁出产不会少于600万斤。

　　鄱阳湖区的柑橘生产可以媲美太湖流域，其中最知名者当属"金橘"。韩彦直《橘录》引欧阳修《归田录》云："其香清味美，置之樽俎间，光彩灼烁如金弹丸，诚珍果也。都人初不甚贵，其后因温成皇后好食之，由是价重京师。"

　　在北宋前期，棉花的种植在国内尚不普及，植苎麻、葛麻用以纺织成为人们的基本选择。鄱阳湖流域的丘陵地带麻的种植非常普遍，因而在当地"土贡"中屡见白纻及葛。如洪州"贡葛"，吉州"贡纻布、葛"，袁州"贡纻布"，抚州"贡葛"，赣州"贡白纻"。①

　　除了传统农业和商品农业以外，鄱阳湖流域经济圈的新兴产业当属矿冶业和陶瓷业。

　　鄱阳湖流域矿产蕴藏非常丰富，在唐代已经有许多资源被发现并得到了利用。如《元和郡县志》记，鄱阳县永平监每岁铸钱7000贯；乐平县东140里有银山，每岁出银十余万两，收税山银7000两，均属例证。到了宋代，随着冶炼技术的发展，这种开发逐步走向深入和兴盛。

　　以下列表显示的是鄱阳湖经济圈内主要的矿产资源：

---

① 元 脱脱《宋史·地理志》4，《文渊阁四库全书》本。

表上 2.1.2 据《太平寰宇记》《元丰九域志》《宋史·地理志》《宋会要辑稿》整理

矿产名	分布区
金	德兴、鄱阳、贵溪、南康、金溪、宜黄、瑞金、袁州
银	德兴、上饶、铅山、弋阳、贵溪、赣县、于都、瑞金、大庾、南丰、南城、
铜	德兴、铅山、弋阳、大庾、南康、瑞金、南丰、庐陵、上饶、
铁	余干、鄱阳、德兴、乐丰、铅山、弋阳、上饶、玉山、贵溪、分宜、安福、万安、吉水、庐陵、太和、永新、新建、进贤、德安、德化、上犹、抚州、东山场、虔州
锡	宁都、会昌、南康、大庾、上犹
铅	铅山、大庾、宁都

其中，鄱阳湖区占有的优势资源为银、铜、铅。

德兴的银场是当时国内最大的银场，该银矿在隋朝大业年间（公元605—616年）被张蒙发现，唐高宗总章二年（公元669年）州刺史、郡守窦俨奏立银冶，获准。自唐至宋时期，断断续续开采达一百七十余年，年产白银十万余两。到了北宋前期产量有了大规模提高。其原因可能是因为发展了唐代开始采用的"吹灰法"。

铜矿资源在江西非常丰富，其中铅山场为流域内产量最大的铜矿，北宋初年产铜达38万斤。其他产量在万斤以上的有弋阳、庐陵、上饶等。

产铅量最大的矿坑也在铅山，乾道初年（公元1165年），产量已达115267斤。

矿冶业的发展对铸钱业产生了直接影响。北宋太平兴国六年（公元981年），张齐贤为江南西路转运副使，"齐贤至官，询知饶、信、虔州土产铜、铁、铅、锡之所，推求前代铸法，取饶州永平监所铸以为定式，岁铸五十万贯"①。这样的铸造量没有稳定的产量做支撑是无法完成的。

矿冶业的发展对区域内部的直接影响是随着其发展，一些原本规模较小的"场"升格为县，取得了相对更重要的政治地位。这一变化始自五代。如铅山县，南唐保大中析弋阳等县所属乡置。"盖其初本置铅场，借以收利，至是升为县也。"德兴县，属饶州，也因产银置场，至南唐升元间改为县。至宋，获得升级的矿区有分宜和进贤。

至于陶瓷业的发展，当然就要说到江洲治下的景德镇了。该镇从唐代开始生产瓷器，柳宗元《代人进瓷器状》云"右件瓷器等，并艺精埏埴，制合规模，禀至德之陶蒸，自无苦窳，合太和以融结，克保坚贞，且无瓦釜之鸣"，便是赞

---

① 元 脱脱等：《宋史》"张齐贤传"，《文渊阁四库全书》本。

美饶州（唐时该镇属浮梁县，为饶州治下）瓷器的工艺精湛。

考其陶瓷业的发展因由，主要是因为该地盛产瓷石、高岭土和煤炭，具备了开设瓷窑的先天条件。自五代时期开始该地瓷器生产的规模已经蔚为可观了。同时，随着瓷器生产的迅速发展，外来移民也迅速增多，移民中除大批来自都昌、乐平、丰城的瓷业工以外，还有大批来自南昌一带的船民和码头工，来自徽州地区的非瓷商户。

景德镇瓷器造型优美、品种繁多、装饰丰富、风格独特，以"白如玉，明如镜，薄如纸，声如磬"的独特风格蜚声海内外。景德镇窑产品以民间生活日用品为大宗，饮餐具酒具最多见。装饰多为刻花、划花和印花，兼有镂雕、塑贴。刻、划、印花装饰近于定窑风格，又有自己的特色。定窑刻、划花以细腻飘逸见长，景德镇窑刻、划花则于简练流动中见功力。器物上奔跃的孩童、飞动的花草、翻滚的波浪，无不具有清新活泼之美。

瓷的品种以青白瓷为主，独具一格，享有盛誉。青白瓷胎质洁白细腻，胎薄坚致，釉色介于青、白二色之间，青中闪白，白中泛青，釉质清澈似湖水，莹润如玉，习称"影青"。因为该地青白瓷的烧造工艺得到了宋真宗的赞誉，且因器物底部有"景德年制"的字样，被赐名为景德镇，成为南方民窑中最具代表性的窑口。

尽管就发展规模和影响力来说，鄱阳湖经济圈与泛太湖流域经济圈相比，规模和内在质量有所不如，但其成规模的大型城市的出现和传统农业以外多产业的全面发展已经昭示着该区域具有一定的商品经济基础，对于北宋前期的南方地区而言仍不失为一个重要的经济体。

如果说，经济圈的确定注重的是区域内城市发展的场聚效应的话，那么浙闽广沿海经济带的确定是以沿海口岸为龙头，注重在海外贸易带动下的产业辐射。

北宋前期的东南和南部沿海地区，在经历了多年割据小朝廷的发展，重归大一统后，经济取得了令人瞩目的发展，逐渐成为王朝经济体系中不可或缺的重要部分。在其整个经济成长过程中，口岸经济的优势越来越突出。

所谓口岸经济，是以口岸为核心，直接或间接依托口岸而存在和发展的跨行业、跨地域、多层次的复合型经济。学术界普遍认为它具有四个方面的特性：

（1）涉外性。口岸是国家对外开放的门户，是连接国内、国际市场的交汇点。涉外性是口岸经济的本质属性。

（2）关联性。口岸经济与国家经济的整体关联性很强，涉及的行业领域和地域范围极广，本地、腹地以及国外的有关经济活动，都可纳入口岸经济的范畴。

（3）牵动性。口岸经济发达，对本地和腹地的工农业生产、交通、仓储等一系列行业的发展会起到极大的牵动作用，能够成为带动经济发展的重要增长点；反之，口岸经济发展滞后，也将会对经济发展产生极大的制约作用。

（4）层次性。口岸经济是以口岸为基点向外辐射而形成的，依经济活动与口岸本身的相关性，我们可以将口岸经济分为三个层次：第一层次，为口岸经济的核心，即口岸本身的经济活动；第二层次，即直接与口岸相关的"临港产业"，主要指依托口岸优势而发展起来的的生产经营活动；第三层次，即间接与口岸相关的外向型经济，主要指依托口岸的进出口功能而存在和发展生产经营活动。

那么，在北宋前期的中国，有哪些城市具备这样的口岸经济特征呢？对于农业经济为主导的北宋王朝而言，这样的口岸主要集中在东海和南海附近。其中最有代表性的当属隶属于两浙路的明州、温州、广南东路的广州和福建路的泉州。这些城市具有一个共同点便是都属于天然良港，且自秦汉开始就有了航海和口岸交换贸易。到了北宋前期，这个传统得到了以国家政策为导向的继续发扬。

我们顺着海岸线依次来看。明州是著名的港口城市，淳化三年（公元992年）明州置市舶司，这标志着该城市口岸地位的确立："南则闽广，北则高句丽，日本为主，兼及南洋诸国，商舶往来，物货丰衍。"对外贸易对于明州的经济发展起到了支柱作用。《宝庆四明志》卷六很清楚地说明了这一点："照得本府，僻处海滨，全靠海舶住泊，有司资回税之利，居民有贸易之饶。"

随着贸易重要性的提升，明州的政治地位也进一步加强，浙东路级机构就设置在了该地。口岸经济的繁荣带来了明州人口的增加和城城区范围的扩大。根据《浙江通志》卷七十二的引述："宋《太平寰宇记》明州户主一万八百七十八，客一万六千八百三十；《元丰九域志》奉化郡主五万七千八百七十四，客五万七千三百三十四。"这两部书的成书时间分别在太宗年间和神宗元丰间（内容迄于元丰三年，即公元1080年），其间相隔八十余年，而明州户口数增加了316%，这样的增幅可以充分说明该地区经济在北宋前期经历了飞跃式地发展，所以才能支撑人口的急剧扩容。特别值得注意的是，在这个增长过程中主户与客户的增速几乎同步。这说明当时的明州口岸吸纳了为数众多的无地农民和外来者，他们依附着这个城市生活。这一时期，其城区除城内四厢外，又在城外增设甬东厢和府西厢，成为一个名副其实的东南大城。

从贸易货品的种类和档次看，明州口岸与北宋前期其他的口岸相比毫无逊色。它主要承担着和高丽、日本的市舶贸易，也间或与占城以及其它诸蕃有往

来,基本状况如下:

(高丽)细色:银子、人参、麝香、红花、茯苓、蜡 粗色:大布、小布、毛丝布、䌷、松子、松花、栗、枣肉、榛子、榧子、杏仁、细辛、山茱萸、白附子、芜荑、甘草、防风、牛膝、白术、远志、茯苓、姜黄、香油、紫菜、螺头、螺钿、皮角、翎毛、虎皮、漆、青器、铜器、双瞰刀、席、合箪。

(日本)细色:金子、砂金、珠子、药珠、水银、鹿茸、茯苓;粗色:硫黄、螺头、合箪、松板、杉板、罗板。

(海南占城西平泉广州船)细色:麝香、笺香、沉香、丁香、檀香、山西香、龙涎香、降真香、茴香、没药、胡椒、槟榔、荜澄、茄紫、矿画、黄蜡、□鱼皮;粗色:暂香、速香香、脂生香、粗香、黄熟香、鸡骨香、斩锉香、青桂头香、藿香、鞋面香、乌里香、断白香、包袋香、水盘头、红豆、荜拨、良姜、益智子、缩砂、蓬莪术、三赖子、海桐皮、桂皮、大腹子、丁香皮、桂花、姜黄、黄芦、木鳖子、茱萸、香柿、磕藤子、琼菜、相思子、大风油、京皮、石兰皮、兽皮、苎麻、生苎布、木锦布、吉布吉贝、花驴鞭、钗藤、白藤、赤藤、藤棒、藤篾、宓木、射木、苏木、椰子、花梨木、水牛皮、牛角螺、壳蚜螺、条铁、生铁。

(外化蕃船)细色:银子、鬼谷珠、朱砂、珊瑚、琥珀、玳瑁、象牙、沉香、笺香、丁香、龙涎香、苏合香、黄熟香、檀香、阿香、乌里香、金颜香、上生香、天竺香、安息香木香、亚湿香、速香、乳香、降真香、麝香、加路香、茴香、脑子、木札脑、白笃耨、黑笃耨、蔷薇水、白豆蔻、芦荟、没药、没石子、槟榔、胡椒、鹏砂、阿魏、腽肭脐、藤黄、紫矿、犀角、葫芦瓢、红花蜡;粗色:生香、修割香、香缠札、粗香、暂香、香头、斩锉香、香脂、杂香、卢甘、石宓、木射、木茶、木苏、木射、檀木、椰子、赤藤、白藤、皮角、□皮、丝箪。(《宝庆四明志》卷五)

从上述罗列的货品看,大到金银等贵金属,珊瑚琥珀、玳瑁象牙等奢侈品,次及各种香料、名贵木材、各种药材,下至牛皮棉布、诸色果品都随着商船汇集明州,可见当时贸易的活跃程度。

温州在北宋初也成了东南沿海的重要港口城市,所谓"一片繁华海上头,从来唤作小杭州"①。应该说,温州地区的自然条件不算优越,其地多山,土壤

---

① 弘治:《温州府志》卷22词翰四,载杨蟠永嘉诗《天一阁藏明代方志选刊》,上海古籍书店,1982年版。

贫瘠，它的繁荣完全得益于贸易的发展。程俱以为，"永嘉闽粤之交，其俗剽悍以啬，其货纤靡，其人多贾，其士风任气而矜节"① 充分说明了该区域是以贸易为主导产业的。

温州的海外贸易开始于唐代。木宫泰彦《中日交通史》记载唐中期："中国大商人如李林德、李延信、张支信、李处（人）、崔铎等人都自建海舶，以船主身份多次来往于日本和浙江的明州、温州和台州之间。"到了宋代，由温州港出海参与海外贸易者人数甚众，这些贸易客中的一些人还有机会发挥经济交流之外的作用。如温州商人周伫，咸平元年（公元998年）随船赴高丽经商，后被高丽留下，"初授礼宾省注簿。不数月除拾遗，遂掌制诰"，最后官至礼部尚书②。这位商人的遭遇虽有其特殊性，但从中我们不难看出当时的温州海商在对外贸易体系中已经拥有了较高的地位，因而容易被关注。

另外，广州和泉州在晚唐五代的乱世中获得了一份难得的幸运：没有像中原大城那样反复成为征服者的标的物，而是获得了割据势力的庇护，得到了安稳和发展。

广州，其发展最初得益于晚唐的动乱。"是时，天下已乱，中朝士人以岭外最远，可以避地，多游焉。唐世名臣谪死南方者往往有子孙，或当时仕宦遭乱不得还者，皆客岭表。"③ 就以广东南雄一地来看，唐宋之交，迁入的大氏族就有：大塘平林孔族、乌迳山下叶族、珠玑巷罗族以及古城、新田的李族，百顺麦族，上朔彭族，延村冯族、横水陈族。这些氏族或为传统名门望族如孔族，为孔氏家族南迁岭南者，唐元和年间，山东曲阜孔子第38代孙孔戣任岭南节度使，在任四年，惠政颇多；孔戣的第三子温宪，随父南来，后因避朱温乱，在南雄择地卜居于大塘平林村，成为岭南孔氏始祖；或为"当代"权贵，如叶族，唐末，崖州都督叶浚，任满北归，至南雄，闻黄巢乱起，遂率家避居乌迳七星树下。叶浚本是浙江处州人，他带来了江浙文化，在乌迳开基创业。他有三个儿子。长子雨物务农，在山下垌垦荒造田，勤耕苦作。次子雨济经商，利用乌迳邻近赣南、闽南的地理优势，贩运营销，生意兴隆。三子雨时出仕南汉，为千夫长，保境安民。于是，叶氏一族，农兴商旺，世代相传，子孙繁衍，富甲一方。

大量的人口迁入同时带来的是中原先进技术和充足劳动力，这使得岭南的

---

① 宋 程俱：《席益差知温州》，《北山小集》卷22，《文渊阁四库全书》本。
② 朝鲜 郑麟趾：《高丽史》第三册"周伫传"，日本国书刊行会，1909年版。
③ 宋 欧阳修等：《新五代史》"南汉世家"，《文渊阁四库全书》本。

经济和文化得到了加速推进，作为岭南重镇的广州也因此得到了长足的发展。当五代时，广州系于南汉版图，刘氏家族在此地经营约67年，其间虽有宫廷之中骨肉相残，后宫宦官用事以及任用巫师等动摇国本之行为，也不免各割据势力间相互征伐的祸乱，但总体而言，直至开宝四年（公元971年），南汉国除，大体维持了一个安定的局面。

这种安定，最大的好处在于维护了"海上丝绸之路"的正常流转，并使广州作为南海口岸的地位得以加强。在唐时，借助政府开放的贸易政策，广州依靠自己的区位地域优势已经成为海路通商贸易的重要起点，随着原历史本悠久和商贸基础深厚的陆上丝绸之路被战乱切断，海路在外贸中的意义更得以凸现。唐人贾耽在《皇华四达记》里就记载，唐代"海上丝绸之路"航线有两条：一条是从广州起航到日本，另一条是从广州起航经南海、印度洋沿岸到达红海地区。后者又称为"广州通海夷道"，是当时从广州出海直到波斯湾、东非和欧洲的"海上丝绸之路"，全长14000公里，是16世纪前世界上最长的远洋航线，标志着广州港口在"海上丝绸之路"的首要地位。当时的广州，享有"雄藩夷之宝货，冠吴越之繁华"的盛誉。李肇《唐国史补》卷下中，"南海舶外国船也，每岁至安南、广州、师子国。舶最大梯而上下，数丈皆积宝货，至则本道奏报，郡邑为之喧"足证当时盛况。到了五代，这种繁华在延续的基础上变得更璀璨。因而，开宝四年（公元971年）二月南汉灭后，宋廷立即于六月壬申"置市舶司于广州"①。《宋史》简略记述了置司后的情况称："凡大食、古逻、阇婆、占城、勃泥、麻逸、三佛齐诸蕃并通货易，以金银、缗钱、铅锡、杂色帛、瓷器，市香药、犀象、珊瑚、琥珀、珠琲、镔铁、鼍皮、玳瑁、玛瑙、车渠、水精、蕃布、乌㮕檀、苏木等物。"（食货下八）市舶司的作用类似于海关，以"抽解""博买"为国家抽取商船的赋税。这一机构的建立足以证明广州口岸对于北宋经济的重要性已经不容忽视。可以作为佐证的是当时掌握岭南地区重要行政权力——一路财计、刺举官吏、劝课农桑的岭南道转运司也设在广州。《宋史》记"淳化二年，诏广州市舶，除榷货外，他货之良者止市其半"之后，对广州市舶的收入情况做了如下说明："大抵海舶至，十先征其一，价值酌蕃货轻重而差给之。岁约获五十余万斤、条、株、颗。"足见当时海上贸易之繁荣。据《玉海》卷一八六记载："海舶岁入象犀、珠宝、香药之类，皇祐中五十三万有余。"值得一提的是，当时从广州最主要进口货物是乳香（一种药材），约占全部进口量的98%，故乳香又称为"广东香"。而由广州进口的外国药则称为

---

① 宋 李焘《续资治通鉴长编》卷12，上海古籍出版社1986年。

"海药"或"广药"。香药一项在北宋前期的政府财政体系中承担的作用非常巨大。因为这一时期,政府习惯采用"三说法"或"四说法"与辽和西夏开展边境贸易。"三说法"一般是用现钱、盐、香药搭配支付,"一分支现钱,一分折犀象杂货,一分折茶"①,香药占33%。"四说法"是用现钱、盐、茶、香药四种东西搭配支付,搭配比例是"以一百千为率,在京支见(现)钱三十千,香药象牙十五千,在外支盐十五千,茶四十千"(《宋会要辑稿》食货卷三六),香药占15%。真宗景德二年(公元1005年),"出内帑香药二十万贯",到河北与契丹"博籴"②。由此可见,舶货收入在当时起到了较为重要的作用。当时出口货物是金、铅、锡、什色帛、瓷器、铜钱等。

泉州,在晚唐的战火中,与广州一样,处于游离的位置。统治闽地的王氏家族原为参与讨伐黄巢起义军的一支军阀部队,后来不堪上司王绪猜忌,取而代之。因为军纪严明,受到了泉州当地百姓拥戴,而后王潮、王审知兄弟及审知后人相继主政闽地,卒为南唐所灭。其间55年,王氏家族为闽地的安定与繁荣提供了一定的保障。与广州一样,闽地也成为中原人士避祸之地:"审知虽起盗贼,而为人俭约,好礼下士。王淡,唐相溥之子;杨沂,唐相涉从弟;徐寅,唐时知名进士,皆依审知仕宦。又建学四门,以教闽士之秀者。"③ 不但如此,在经营闽地过程中,统治者还颇注意"招来海中蛮夷商贾",繁荣经济。此时,在泉州刺史王延彬的引导下,泉州商人开始参与海外贸易,"每发蛮舶,无失坠者",逐渐地,泉州口岸的重要性甚至可以媲美广州,成为又一著名对外贸易港口,并且为后来泉州港成为宋王朝最大贸易港奠定了坚实基础。以泉州为出发点的海上航线,伸向东亚、西亚、南亚及东非诸国,并与欧洲建立了贸易联系,成为沟通中外贸易的桥梁,这就使泉州在中国的商业体系中占有重要地位,各地输出海外的货物要运到泉州才容易出口。

口岸的地位既然确立,我们再来看它们与区域经济的关联性。

在区域经济学中有一个概念,称为增长极。其主要通过极化效应和扩散效应影响与带动区域经济。极化效应指增长极对周围地区的资源产生吸引力而使周围地区的劳动力、资金等要素资源流向增长极。极化效应由于迅速扩大极点的经济实力和人口规模,形成极点的规模效应和自我发展能力,促进增长极的发展。一个地区增长极的形成发展之初,增长极的极化效应大于扩散效应,表

---

① 宋 沈括:《梦溪笔谈》卷11,《文渊阁四库全书》本。
② 清 徐松:《宋会要辑稿》食货36之5,上海古籍出版社,2014年版。
③ 宋 欧阳修等:《新五代史·闽世家》,《文渊阁四库全书》本。

现为增长极的快速发展；当增长极中生产要素的规模达到一定程度，扩散效应增强，表现为增长极发挥辐射带动作用，推动周围地区经济发展。应当说各口岸贸易作为增长极的效应，在此时已经非常明显了。

其一，作为直接关联的船舶制造业。生活在两宋之交的吕颐浩在《论舟楫之利》时说："南方木性与水相宜，故海舟以福建船为上，广东、西船次之，温、明州船又次之。"① 这说明时人心目中对当代船舶制造业已经有了清晰的层次定位。从两宋之交往前追溯，我们可以看到在北宋前期，这些口岸城市以及受他们辐射的区域造船业的繁荣已露端倪，在海外贸易的带动下，船舶制造业在国内很快成为重要产业。虽然与北宋后期和南宋的情况相比，有所不如，但较之前代，规模扩展是不言而喻的。

从官营船场的产量来看，根据《文献通考》卷二十五计算："诸州岁造运船，至道末三千三百三十七艘，天禧末减四百二十一，虔州六百五，吉州五百二十五，明州一百七十七，婺州一百三，温州一百二十五，台州一百二十六，楚州八十七，潭州二百八十，鼎州二百四十一，凤翔斜谷六百，嘉州四十五"。据此可知到宋真宗末年，纲船年产量为2916艘，其中江西的虔州（后改名赣州）、吉州计1175艘，所占比重最大。拥有官营船场的州数达到11个，而其中尤以江南路、两浙路为多，即使不属此两路，也大抵在长江南岸。例外者只有属淮南路的楚州和陕西路的凤翔府。之所以形成如此格局，最关键的原因在沿海经济带对船舶的需要。可为佐证的是受明州口岸的辐射影响，早在端拱二年（公元989年），台州郡守张蔚就在当地建了船场，利用台州丰富的林木资源来建造船舶。

众多的船场成为北宋造船技术的提升的基础。明州在宋中期的元丰元年（公元1078年），就造出两艘万料（约600吨）神舟。这样的成就并非凭空取得，它是北宋前期百余年间经验和技术累积的结果。

值得一提的是，造船业的兴盛还对冶炼业的发展起到了一定需求引导作用。因为造船除木材外，另一重要原材料就是铁钉。根据施德操《北窗炙輠录》记载，大约一艘七百料的船需要铁钉200斤，依此推断，船舶业对冶炼业的产业依赖必然是强烈的。

其二，受到辐射效应的商品农业和手工业。应当说，这更不局限于口岸本身，而波及整个口岸相邻区域。

以广东言，当时可谓多业并举，百工争辉。宋人蔡襄的《荔枝谱》记载，

---

① 宋 吕颐浩：《论舟楫之利》，《忠穆集》卷2，《文渊阁四库全书》本。

由于荔枝"红盐法"的出现,商人得以把荔枝、龙眼等果品加工成果干或果脯。"载以栲箱,束以黄白藤",远销国内外。这个行业的兴起,一端依托的是广东地区传统的果木业,另一端则连接着海外贸易的兴盛。

同样,刺绣行业作为一个古老的行当,在广东地区早已发展成熟,唐苏鹗《新阳杂编》载,唐永贞元年,广东南海贡奇女眉娘,能于一尺绢上绣《法华经》七卷。这标志着广绣达到的最高艺术造诣。这种色彩鲜明、形象生动传神、构图清晰而著称的手工艺术品也是贸易中的宠儿。尽管,粤绣在海外市场盛行的局面要到明代才出现,但宋初广州港的繁荣无疑对这个行业的发展起到了推动作用。

以茶叶生产来说,福建建安和浙江温州依托港口优势,产业升级态势明显。宋代闽北的建安县北苑是宋朝的皇家御茶园,这里制造腊茶的技术是宋代第一流的,所生产的龙凤团茶是文人学士梦寐以求的珍品,由于腊茶在全国的影响,使各地的商人都来到闽北购茶,建茶也因而畅销全国市场。而且由于质量好,品种佳,闽茶价格颇高。根据《宋会要辑稿·食货》二九之一二、一三、一四记载,闽茶的价格,泉州并建、剑州供般的乳每斤286文足,白乳238文,头金244文足,腊面209文足,头骨178文足,次骨116文足,末骨74文,山挺、山茶47文。单此一项,收入就很可观了。对整个浙江地区而言,温州茶不算上品。唐人卢仝曾说"温州无好茶"①,但温州茶有个特点:"采摘近夏不宜早,炒做宜熟不宜生。如法可贮二三年狱佳,愈能消宿食、醒酒,此为最者。"② 这种特性最大的好处在于便于长途贩运而气味不走,长期贮存而口感更好,较之其他茶种更适合海外贸易之用。所以,温州茶的种植面积和产量得到了大幅提升。故而,到了北宋前期,温州茶亦被列入土贡,与其它浙江产茶名区如睦州、湖州、杭州等一起成为向朝廷交纳实物贡赋的地区。③

此外,由于口岸的独特优势,有一些手工业产品专门为海外生产,广阔的海外市场带动了这些产业欣欣向荣。其中,最具典型意义、影响最大的是制瓷业。外销瓷主要的生产区域有二,浙西与闽南,分别对应温州和泉州两大口岸。

前者以龙泉窑为代表。从历史发展来看,浙江的陶瓷业发展由来已久,早在唐代,越窑青瓷已经名满天下。到了五代,浙江一带属于吴越国的钱氏王朝统治,越窑开始为吴越宫廷烧造秘色瓷。秘色瓷起于晚唐,据宋人赵德麟《侯

---

① 明 胡宗宪等:《浙江通志》卷107,《文渊阁四库全书》本。
② 同上。
③ 清 李琬等:《乾隆温州府志·瓯乘补》卷1,同治四年刻本。

鲭录》及曾慥《南斋漫录》的解释"吴越秘色窑，越州烧进，为贡奉之物，臣庶不得用，故云秘色"除了自用以外，由于钱氏王朝一直奉行与中原修好的策略，于是瓷器成了重要的"贡品"。《宋史》云（吴越钱氏）"太平兴国三年三月来朝，俶进……越器五万事，金扣越器百五事"。《宋会要》"太平兴国三年四月二日朝，俶进……瓷器五万事，金扣瓷器百五事"[1]。太平兴国三年（公元978年），相隔仅一月，当时贡奉给北宋太宗的秘色瓷器数量达十万多件，如此巨大数量的贡瓷对于吴越国而言应该是不小的负担，而这样庞大的生产量也是越州窑所无力承担的。因此，浙江的制瓷中心开始发生了转移。

转移的目标是位于浙西南的龙泉。龙泉境内山岭连绵，森林茂密，瓷土矿藏资源极为丰富，又居于瓯江上游，不仅具备充足的原料、燃料和水资源，还有便利的水路运输，自然条件得天独厚。早在三国两晋时期，当地的老百姓便利用当地优越的自然地理条件，吸取瓯窑、婺州窑等周边窑场的制瓷技术与经验，开始烧制青瓷，但当时烧制的青瓷非常粗糙，窑业规模也不大。越窑技术的传入，彻底改变了龙泉陶瓷生产的局面。转移的直接证明是龙泉窑也烧过"秘色瓷"，宋人庄绰《鸡肋编》记载："处州龙泉县多佳树，地名豫章，以木而著……又出青瓷器，谓之'秘色'，钱氏所贡，盖取于此。"

北宋前期，龙泉窑进入了高速发展时期，这一时期的代表性器物就是淡青釉瓷器。这种淡青釉瓷器，器形规整，釉面均匀光洁，透着淡淡的青色，有些还经过刻画修饰，与粗糙的早期龙泉青瓷相比显然有了明显的层次提升。即便是日常所用的青瓷也能做到胎色灰白，釉色艾绿，釉质薄匀晶莹，且多以刻花、篦点或篦划装饰技法，表现波浪、蕉叶、团花、缠枝花、流云、婴戏等纹样，也有塑贴纹饰。造型端庄，制作工整，器底旋削平滑。

龙泉窑的发展不仅对于当地经济的贡献具有双重性，即有效转化了当地的劳动力，并在北宋需求量日益增长的陶瓷用品领域占据了相当的市场份额；同时也成为当地海外贸易中的热销产品。龙泉溪位于瓯江上游，水运畅通，烧制成的龙泉青瓷通过水运直抵温州港口。优越的地理位置为龙泉窑青瓷的出口提供了理想的条件。

后者，以晋江的磁灶为代表。在这一带，考古学家发现了许多宋代陶瓷窑的遗址，它的产量远远超过当地所能消费的水平，其产品每每在海外诸国发现，说明这些陶窑主要是为海外生产的。它的生产规模相当可观。《西山杂志·窑前》记窑前村即五代闽时，王延彬治泉州，命航运使李建兴"建窑为陶工之役，

---

[1] 元 脱脱等：《宋史》卷480列传世家二，《文渊阁四库全书》本。

以充蛮舶交易","涂沙街在其东南，便于海运"。

晋江磁灶镇早在唐以前即为外销瓷的生产基地。《西山杂志·前铺》云："唐开元时林銮航舟远运，采集磁灶之瓷器，陈列大埔之前。"大埔即前铺。该书的"磁灶"条又云："隋唐以后，施工艺，釉彩青绿，青瓷各色……故磁灶是陶瓷而得名者。"磁灶还发现不少宋瓷窑址，《晋江县志》卷一舆地志记载说该地生产的小钵子、缸、瓮之属"甚饶足，并过洋（指外销）"。德化窑以生产白釉瓷驰名中外，属瓷器之上品，"质滑腻似乳，宛似象牙。釉水莹厚，与瓷体密贴，光色如绢"。

叶文程先生指出，福建外销瓷器生产，因为其销路极大，"商人为了谋求利润，势必尽量设法投合消费者的爱好和要求，以广其销售数额"①，从而形成外销瓷本身具有和普通瓷器不同的自身特点，专为海外贸易生产的商品为满足市场需求，特别是在外观设计上独到之处甚为明显。虽然叶先生所举例子多为元明时期的事，但可以肯定这种注重国外市场适应性的制作趋势，始自五代，发展于两宋。

其三，新兴产业——冶炼业。自东晋后，华东一部分炼铁技术工人迁到广州，冶铁技术的传入开始发展广州冶铁业，出现大规模的铸铁作坊。唐末南汉时广州冶炼技术已有较高水平，能铸造铜像、铁塔、铁柱等。在海外贸易的促进下，冶炼行业得到了进一步的发展。出口商品中的金、锡类产品多出于本地工匠之手。至于铜的冶炼，更是兴隆。北宋前期大量以铜铸钱，但由于海外贸易的发展，大量的铜钱流落到周边国家，造成缺铜，北宋朝廷在国内实行"铜禁"，铜的价值就显得至关重要。皇祐时期，韶州铜产量达全国总产量的80%②，而韶州的岑水为第一大场，当时在全国都是著名的。宋人余靖在《韶州新置永通监记》中云"郡国产铜和市之数，惟韶为多"③。"岑水场出产银铜，庆历七年置"，"始饶之张潜博通方技，得变铁为铜之法，使其子甲诣阙献其说。朝廷始行其法于铅山，及饶之兴利、韶之涔水、潭之永兴，皆其法也"④。由此，"韶州涔水场以卤水浸铜之地，会百万斤铁，浸炼二十万铜，且二广三十八郡皆有所输……"⑤ 可见岑水场是由于冶炼技术发明而获得发展的。

---

① 叶文程：《中国古外销瓷研究论文集》"宋元时期外销东南亚陶瓷初探"，北京：紫禁城出版社，1988年版，P88。
② 黄志辉：《粤北古代的矿业》一文，载《广东史志》1994年02期。
③ 宋 余靖：《武溪集》卷5，《文渊阁四库全书》本。
④ 宋 王象之：《舆地纪胜》卷90古迹岑水场条引《长沙志》，《文渊阁四库全书》本。
⑤ 宋 张端义：《贵耳集》卷3，《文渊阁四库全书》本。

除了铜以外，金银等贵金属的冶炼在北宋前期的岭南地区也得到了很大发展。这发展直承南汉而来。

南汉的金、银产量甚为惊人，观南汉各朝宫殿建设穷极奢华，耗费金银无数，即可见其大概。《十国春秋》载"大有七年年春口月，帝刘龚作殿于内宫，曰昭阳殿，殿用金为仰阳，银为地面、檐楹榱楠皆傅白金，殿下设水渠，浸以珍珠，又琢水精琥珀为日月"，后主刘鋹"踵父之奢纵，立万政殿，饰一柱，凡用银三千两，又以银为殿衣，间以云母，无名之费，日有千万"。如果没有巨额的金、银产量做支撑，又如何可能建筑这金碧辉煌的奢华大殿？

至北宋前期，就"金"而言，其开发与冶炼直承前代而来。《新唐书·地理志》载，贡金之州凡六十四，其中岭南道有二十七州，分别是广四会、连连山、康、新、勤、恩、崖、琼、振、淡、万安等，占全国产地州府的15%，是重要的金产地。其中最有代表性的当属南恩州阳江县磨峒场。《宋会要辑稿·食货》载"南恩州阳江县磨峒场，天圣四年置，熙宁十年罢"，同书又载"天圣六年，三司使范雍言'恩州阳江县出产金货，虑不切尽公收买，已牒本路转运司选差职官往彼监当。'诏令三司铃辖，不得骚扰。广南东路转运司言恩州磨峒等处产金，自天圣五年十月至今年二年，共买四百八十余两，支价钱四千二百八十余贯。既而客旅在京入便钱往。三司言商客便钱入恩州，皆于淘金人户处偷买金货与贩，侵夺官中课利。请令在京都榷货务及荆湖江淮南路诸州军，今后不许客人入便钱往恩州。从之"。当时不到半年时间产金多两，数量较可观。

北宋前期的银冶炼业发展始宋太宗以后。表现为银场迭兴，数量不断增长。此时增加的银场主要集中在广南东路的韶、英二州。两州银矿业开始显现出勃兴之势。宋真宗还特地于大中祥符二年（公元1009年）"遣使分诣河东、江浙、广南路银铜坑冶，抚视役夫，悯其劳"①。宋仁宗景祐二年（公元1035年）起，诏令广东"每年以钱十万"市银上贡②，这等于每年至少贡银十万两，没有充足的产量做后盾根本无法保证完成。

就冶炼业而言，北宋前期的福建较广东也不逊色。该地区可以生产灌钢、生铁、铜和银，而且采用的都是当时最先进的生产方式。比如，福建的高炉一次可炼生铁上万斤，这一技术发明后，使中国的生铁产量骤增，遥遥领先于世界各国。再据《宋会要辑稿》的记载，当时福建的矿场和广东一样也使

---

① 宋 李焘：《续资治通鉴长编》卷71，北京：中华书局1979年版。
② 宋 李焘：《续资治通鉴长编》卷117，北京：中华书局1979年版。

用了胆水浸铜法，这是一种廉价生产铜的方法。在山区含有硫酸铜的溪水里，丢入铁器，过一段时期后，铁会将硫酸铜里的铜置换出来，生成硫酸铁与铜，于是，铁器变成了铜器。这些都说明宋朝福建的矿冶技术是处于其时代的较高水平。

随着口岸的繁荣以及极化效应的增强，原本在人们意识中处于边缘位置的沿海城市开始改变自己在传统经济中的无足轻重的地位。

两个经济圈、一个经济带的初步形成和高度成长以夺目的方式宣告了南方地区在经历了长时间的休养生息和独立发展后，开始成为王朝的经济重心。概括言之，以长江流域和珠江流域为主要区域的南方经济呈现了持续发展繁荣的景象。水稻种植面积扩大，产量大大提高，新型双季稻种植面积开始广为分布，主要集中在浙、闽及两广地区。各地商品农业均有长足发展而且以丝织业发展最快，成就最显著。以港口为核心的海外贸易以及与之相关联的新产业成为推动经济增长的新动力。

第二节　聚族而居的大家庭格局在南方地区广泛形成

中国式大家庭格局定型于东汉末年到魏晋时期，其特征为"千丁共籍""百户合室"。大家庭内部的"室"日常生活中仍以自身为活动单位，而在对外时以一个大姓豪族为主，这是一种具有广泛影响力为人所艳羡的家庭族模式。唐代以前，这种家庭模式在中国的北方地区大量存在。根据黎小龙先生考察十三史中所记载的义门（大家庭之美称）共 222 家，其中，北方 119 家，南方 75 家。其中隋唐时代受到旌表的 46 家中，北方 40 家，南方 6 家。但是到了宋代，情况有所改变，在受旌表的 57 家义门中，北方 36 家，南方 21 家。① 虽然从单纯数量上来说南方仍不及北方，但增长幅度至为可观。吕思勉先生说："聚居之风，古代北盛于南，近世南盛于北。"② 这种变化的起点就在宋代。

产生变化的原因，究其根本原因固在于一些北方氏族在永嘉南迁后在南方地区落地生根而其原本的家族文化观念没有改变，更为紧要的是南方经济的急速发展为大家庭的存在和延续提供了经济保障。因而，我们可以将北宋前期南方大家庭的数量的增加视为经济重心南移的标志之一。

---

① 黎小龙：《义门大家庭的分布和宗教文化的区域特征》，《历史研究》1998 年第 2 期。
② 吕思勉：《中国制度史》，上海：上海教育出版社 1985 年版，P395。

北宋前期，南方地区有哪些著名的大家庭呢？考虑到所谓"义门"必须累世而同居，所以我们将考察的视野拓宽到晚唐五代，由此延及宋世者与自北宋前期始而及于后世者，一并计入。其中著名者：

江州陈氏：义门在德安县西北六十里，即陈氏故里。自唐至宋凡十八世同居，至三千七百余口。又有义门书堂在县西北东佳山下，唐时陈衮于其居左二十里建书堂，聚书数十万卷以资学者，子弟弱冠悉令就学。（《清一统志》卷二百四十四）

洪州胡氏：世聚居至数百口，构学舍于华林山别墅，聚书万卷，大设厨廪，以延四方游学之士。南唐李煜时尝授寺丞，雍熙二年诏旌其门。（《宋史》卷四五六）

浦江郑氏：癸酉江南左副都指挥使朱文忠率兵攻浦江县下之县之感德乡，有郑氏者自宋聚族同居至元中旌表为义门，复其家至是家众避兵山谷间，文忠访得之，悉送还家禁兵士无侵犯。（《资治通鉴后编》卷一百七十八）

池州方氏：八世同爨，家属七百口，居室六百区。每旦鸣鼓，会食尝出稻五千（斛），赈贷贫民。景德二年转运使冯亮以闻诏旌其门。（《宋史》卷四五六）

会稽裘氏：平水云门之间有裘氏自齐梁以来七百余年无异爨，子弟或为士，或为农，乡党称其行。大中祥符四年州县奏旌其门闾，是时裘氏义居已十有九世，阖门三百口。（《会稽志》卷十三）

建昌洪氏：建昌县义门洪氏本以累世义居，嫠妇守节，尝蒙太宗皇帝赐以宸翰，宠以官资，旌表门闾，蠲除徭役。（《江西通志》卷一百四十五）

会稽刘氏：刘氏义门，《嘉泰会稽志》熙宁十年赵清献为守，得上虞刘承诏十世聚族闻于朝，旌表门闾。（《浙江通志》，卷四十五）

其他还有江州许氏："八世同居长幼七百八十一口太平兴国七年旌其门闾"；"信州李琳十五世同居"；"信州俞隽八世同居"；"温州陈俨江陵褚彦逢五世同居"，可称层出不穷。

这些累世同居的大家庭都存在于经济较发达的南方鱼米之乡，可以得知，没有坚实的经济基础是无法维系其存在的。因为对于一个大家庭来说，人口众多，安排好每个人的衣食是一项艰巨的工作。以著名的陈氏家族为例，《宋史》记："十三世同居，长幼七百口，不畜仆妾，上下姻睦，人无间言。每食必群坐广堂，未成人者别为一席，有犬百余亦置一槽共食，一犬不至群犬亦皆不食。"（卷四五六）这是无数儒家知识分子向往的雍熙敦睦的家庭生活场景。而在这个场面背后是陈家"常苦食不足",需要依靠朝廷免征赋税和贷给粮食来弥补。尽管如此,我们通过陈家聚书数十万和建书堂资学者的行为判定其家族仍属具有相当财力的殷实之家。再如,洪州的胡仲尧家"淳化中州境旱歉,仲尧发廪减市直以赈饥民,又以私财造南津桥,太宗嘉之",足见蓄积之丰盈。池州方纲则能独立出五千斛稻谷赈灾,也非泛泛之辈。

而从客观上来说,大家庭的聚族而居的方式对于农耕生产也颇有裨益。唐宋之交,南方经济在发展过程中对于劳动力的需求是非常迫切的。尽管可以招揽佃户以解决生产中人力资源与生产规模之间的矛盾,但这毕竟不如在血缘关系维系下的兄弟、父子来得更可靠,更便捷。大多数大家庭都是靠依托土地为生产资料,由家长率领子孙合作生产,统一消费的模式来存续的。因而,我们可以说大家庭数量的增长是南方经济发展的产物,其一定程度上也推动了经济的发展。

第三节　南方经济贡献度分析

从经济贡献的角度来审视经济重心南移的确立,可以从两个角度:一是粮食产量,二是赋税。以下试分论之。

首先,确定经济重心南移的标准在于南方地区的粮食产量在全国范围内绝对数值和相对数值的高企。在此,我们取一个特别醒目的年份,天禧五年(公元1021年)。根据《文献通考》卷四记载"天禧五年垦田五百二十四万七千五百八十四顷三十二亩",这是宋代耕地最多的一个年份。然而可惜的是,我们无法找到确切数据,表明天下各道当时分别占有多少耕地,所以无从据此推断这一时点南北两方的粮食产量之比。然而,要说明此问题,我们可以借助一些合理推断。在《文献通考》的同一卷中我们找到了熙宁十年(公元1077年)的全国各道的耕地分布状况,并以此做个同比推断:

表上3.1　据马端临《文献通考》整理

宋代熙宁十年		耕地（顷）	小计	占当时全国比例
北方	开封府界	113848.31	2405317.27	52.10%
	京东路	267185.61		
	京西路	212835.26		
	河北路	279066.56		
	陕府西路	447103.60		
	河东路	111706.60		
	淮南路	973571.33		
南方	两浙路	363441.98	1388049.82	30.07%
	江南东路	429448.78		
	江南西路	452231.46		
	福建路	110919.90		
	广南东路	31455.90		
	广南西路	551.8		
中西部	荆湖南路	332040.55	823181.48	17.83%
	荆湖北路	259885.07		
	成都路	216127.77		
	梓州路	0		
	利州路	12880.89		
	夔州路	2247.20		
总计耕地数（顷）		4616,549		100%

依据熙宁数据推算，当时北方地区占有全国耕地总量的52.01%，南方占有30.07%，假设南北方两地耕地保有比例基本不变，则天禧五年（公元1021年）全国耕地5247500.32顷，按照上述比例计算，北方耕地约为2734056顷，南方耕地约为1577757顷。

在上文中，我们引用过吴慧考订北宋时期南北亩产的数据，依北方一亩收1石，南方一亩收4石计算，可以得出北方的粮食收成约为27340.56万石，南方的约为63110.28万石，南北之间的不平衡一望可知。

作为一个人口大国，当时的基础产业——农业的发展状况直接影响到国计民生。而南方地区能以较少的耕地面积产出较大的效益，对整个王朝经济起到的支撑作用不言自明。以漕粮为例，太平兴国初年（公元976年）每年从两浙北运米约400万石，六年米、粟、菽漕运总额为552万石，至道元年（公元995年）汴河漕运米580万石。咸平以后，漕运量从450万石到六七百万石不等，其中以大中祥符年间最高，达 700 万石。大量粮食北调说明了南方发达的农业已经成为国家机器平稳运转不可或缺的组成部分。

其次，相关赋税的征收情况。

(1) 茶课。根据《文献通考》卷四记载："至道末岁收……茶四十九万余斤……天禧末所收茶增一百一十七万八千余斤。"根据茶每斤 150 钱的单位换算①，得出是年两税中茶课，得钱 250.02 万贯。而据《宋史·食货志》记载：茶课所及，"在江南则宣歙江池饶信洪抚筠袁十州广德兴国临江建昌南康五军，两浙则杭苏明越婺处温台湖常衢睦十二州……福建则建剑二州岁如山场输租折税总为岁课，江南千二十七万余斤，两浙百二十七万九千余斤……"按照茶与钱的折算比率，则南方地区共税茶课 179.13 万贯，占总比重的 71.64%。

尽管在天禧赋税总量中，茶属小宗，但却是关系到整个国家的经济安全与政治安全，因为它牵涉到茶马交易。为增加军队的机动性，保持在对契丹和西夏的局部战争中不落下风，自宋初起，朝廷就向北方游牧民族购买马匹。曾经尝试过多种交易方式，如以钱易马，但这很快被证明是行不通的。根据综合平衡计算马价，平均每匹约 30 贯钱，以每年买马 25000 匹计算，耗资 75 万贯，非国家财力所能负担。同时这种方式导致铜钱大量流往宋朝统治以外地区，导致钱荒，影响货币流通与市场繁荣。更为重要的是，"戎人得钱，悉销铸为（兵）器"，这就等于为对方输送武器，增强了他们的进攻能力，在军事上造成极大的危害，所以不能以铜钱买马。

然后，以绢买马。太宗、真宗时，宋中央政府二税收入的绸绢每年不足 200 万匹，一个比较可靠的数字仍出于天禧五年（公元 1021 年）"至道末岁收……绢一百六十二万五千余疋，絁绸二十七万三千余疋……天禧末绢减一万余疋，絁绸减九万二千余疋"，总计则为 179.6 万匹，以每匹值一贯计，三十匹绢买一匹马，绢贱马贵。平均每年买马 2.5 万匹，则中央财政绢的支出几乎占全年二税收入的 41.75%。这也将严重影响国家的正常开支。

最后，以茶易马。这是诸物资中最佳选择。对宋而言，茶货源充足，北宋前期还在广东、广西开辟了很多新茶园。如广东的南雄、循州，广西的静江府及融、浔、宾、昭等州。而且牧民又喜爱喝茶，认为这对健康有利，所以以茶易马是中央财政最佳方案。因而，我们说东南茶课对国家经济利益和军事利益的维护起到了重要作用。

(2) 矿冶所得。根据《宋史·食货志》记载，宋初全国"坑冶凡金、银、

---

① 据方行：《中国封建地租与商品经济》，《中国经济史研究》2002 年第 2 期。

铜、铁、铅、锡，监冶场务二百有一"，其中产量最可观的是铜、铅、银三种矿产，而出产这些矿石的矿坑集中于今江西、福建、广东三省境内。如铜，韶州岑水场（今广东翁源县北）、巾子场合计年产一千两百八十多万斤，占全国总收入量的88%，按铜两百五十钱一斤计，得钱三百二十多万贯。银，产量较高的有南剑州将乐县安福场，以及信州（今江西上饶）德。后者一地，在北宋天禧五年（公元1021年）就产银高达八十八万三千余两。银的比价，在真宗年间一两为两百钱，得钱17.66万贯。而据杜文玉先生研究，这一年，全国矿业税收入不过257.7万贯，在此中，南方的贡献可想而知①。

当然，限于资料，我们未能对其它税种中南方的贡献做出详尽论述，但是就现有所得论，对北宋前期整个王朝的经济总量来说，南方区域的贡献已经占据了相当可观的比重。这也可以作为经济重心南移的一项考虑标准。

综上所述，在自然条件变迁的影响下，南方区域相对优势的变化，整体上财富和人口的增长所导致的区域经济圈的形成，不仅仅影响了区域内发展进程，而且必然对整个王朝的政治社会结构和文化心理产生综合性影响。

---

① 杜文玉：《唐宋经济势力比较研究》，《中国经济史研究》，1998年第4期。

中编 02

南方经济圈的文化影响

第一章

经济重心南移带来的文化心理影响

著名学者钱穆曾说:"各地文化精神之不同,究其根源,最先还是由于自然环境有分别,而影响其生活方式,再由生活方式影响到文化精神。"① 当一个区域的经济状况发生了明显的改变后,该区域的文化一定会在相当程度上受其影响,发生变化。这种变化的中间媒介是作为文化核心的"人"心态和审美取向上的变化。通过这个媒介,变化渗透文化领域的各角落。首当其冲发生变化的就是文学。所以说,从经济角度出发寻找文学转型的推动力无疑是有说服力的途径。这也是我们之所以说很多关于经济圈和经济带的话题的缘由。

从某种意义上来说这里并不是在探讨一个纯粹的经济概念,经济对于区域文化有着鲜明的辐射意义,没有文化内涵的经济圈只能徒具其表。对于宋王朝而言,南方地区分属列国,原本都属敌对势力,是被摒弃于主流文化之外的。尽管南方亦多才士,但在宋兴之初,对于根植于北方文化传统的政坛与文坛主导者来说,难免仍然以从属、漠视之眼光待之。不过值得关注的是,随着区域经济的长足发展和南方人口的大量增加,这种眼光在近百年的时间内逐渐产生了变化——由冷转热。来自南方地区的文人群体日益渴望在社会政治领域和文化领域中增加自己权重系数,他们的文化主张和艺术实践也日益受到公众的关注,并产生广泛的影响。最终,这一区域的文人群体成功地获得了主流身份。一个文化领域中的"南方重心"在潜移默化中成长起来。时人评论说:"宋受天命,然后七闽二浙与江之西东,冠带诗书,翕然大肆,人才之盛,遂甲于天下。"② 可谓语中肯綮。

以包孕吴越的太湖流域为例,根据经济基础决定上层建筑这个普遍真理,区域文化取决于区域的经济结构,而区域的经济结构和生产力布局又与自然资源的空间组合特点以及自然环境条件直接相关。太湖流域在成为一个经济强区,

---

① 钱穆:《中国文化史导论》"前言",商务印书馆1994年版。
② 宋 洪迈:《容斋随笔》四笔卷5,《文渊阁四库全书》本。

鱼米之乡以后，文化氛围有了极大的改善。吴兴"其民足于鱼稻莲浦之利，寡求而不争，则知好学"①，吴郡"师儒之说，始于邦，达于乡，至于室，莫不有学"②，这与旧俗所谓"其俗信鬼神，好淫祀，父子或异居，大抵然也。其人并习战号为天下精兵"③ 形成鲜明的反差。一时之间，尚学好文成为太湖流域的精神主流。为了标榜这种精神有所从来，积淀深厚，嘉祐年间吴县进士朱长文做过这样的追溯："泰伯逊天下，季札辞一国，德之所化远矣。更历两汉，习俗清美。昔吴太守糜豹出行，属城问功曹唐景风俗所尚，景曰处家无不孝之子，立朝无不忠之臣，文为儒宗，武为将帅。时人以为善言。陆机诗云：山泽多藏育，土风清且嘉。泰伯导仁风，仲雍扬其波。岂不然哉。盖朱买臣、陆机、顾野王之徒显名于历代，而人尚文。支遁、道生、慧响之俦，唱法于群山，而人佞佛，故吴人多儒学，喜施舍盖有所由来也。"尽管这种追溯颇为悠远，而且从历史状况来看，说服力不是很够，但从此中，我们可以充分地理解太湖流域的文人为提高本区域的文化地位的良苦用心。④ 欧阳修《六一诗话》中记曰："吴僧赞宁国初为僧录，颇读儒书，博览强记，亦自能撰述而辞辩纵横，人莫能屈。时有安鸿渐者，文辞隽敏，尤好嘲咏，尝衔行遇赞宁与数僧相随，鸿渐指而嘲曰：'郑都官不爱之徒，时时作队'，赞宁应声答曰：'秦始皇未坑之辈，往往成群'，时皆善其捷对。鸿渐所道乃郑谷诗云：'爱僧不爱紫衣僧'也。"这则颇为有趣的故事也反映出吴地学风隆盛，僧侣亦有学，且不乏捷才。

其实，在北宋前期以尚文崇学为地域文化特点的不独太湖流域。江西、福建的许多地方都是如此，甚至连一直被目为文化荒蛮之地的广东地区，此时也颇受文风浸染。

福建。《宋史·地理志》称："民安土乐业，川原浸灌，田畴膏沃，无凶年之忧。向学喜讲诵，好为文辞。"其中大体说出了人们对福建地区的总体看法：生活安乐，好学善文。这种特质地形成很明显是在福建经济得到迅速发展以后逐渐形成的。《福建通志》卷九十九引《建安府志》云："五代乱离，江北士大夫豪商巨贾多逃难于此，故备五方之俗，处市井者尚侈而好浮居，田里者勤身而乐业。"虽说的是建安一府之事，然庶几可概括整个福建在五代以后的发展状况。大量的南迁移民带来了资金、技术和新的习俗，带动了福建这个原本僻处

---

① 宋 谈玥：《嘉泰吴兴志》卷20《风俗》，《文渊阁四库全书》本。
② 宋 张伯玉：《吴郡州学六经阁记》；宋 吕祖谦编《宋文鉴》卷79，《文渊阁四库全书》本。
③ 宋 范成大：《吴郡志》卷2 风俗载《隋志》语，《文渊阁四库全书》本。
④ 宋 朱长文：《吴郡图经续记》卷上，《文渊阁四库全书》本。

海疆的南方地区的繁荣和发展，更为此地带来了中原文化的因子，落地生根，自此，福建逐渐摆脱了文化上的边缘地位，开始自具面目。向学之风在八闽大地上蔓延开来。

北宋后期的福建文人黄公度在《学记》中说"莆田文物之邦，自常衮入闽之后，延礼英俊，儒风大振，僻在南隅，而习俗好尚有东州齐鲁遗风"；张阐《赵都官契雪录序》曰"泉之为郡，风俗淳厚，其人乐善，素号佛国。曹修睦《建学表》云：地推多士素习诗书"，都很清楚地说明了在经济发展之后福建各地的学风大振，文化气象焕然一新。

（2）江西。《江西通志》卷二十六引《宋史·地理志》云："永嘉东迁，衣冠多所萃止，其后文物颇盛，而茗荈、冶铸、金帛、粳稻之利，岁给县官用，度盖半天下之入焉。其俗性悍而急，丧葬或不中礼，尤好争讼其气尚使之然。"这段论述告诉我们江西走上发展之路始于魏晋衣冠南渡之后，其地产业丰富，在整个国家的经济体系中所占地位非常重要，而该地之人最鲜明的特点是性格峻急，易于人争执。黄庭坚在《江西道院赋》中称"吴楚之君好勇故，其民乐斗而轻死，江汉之俗尚鬼，故其民尊巫而淫祀"。这种好勇斗狠的风气源出吴楚文化，然而却逐渐在文化发展进程中被尚文之风所取代。《吉州郡志》说"唐颜真卿从事吉州，铿訇大节，诵慕无穷。至欧阳修一代大儒，开宋三百年文章之盛，士相继起者必以通经学古为高，以救时行道为贤，以犯颜敢谏为忠，家诵诗书，人怀慷慨，文章节义遂甲天下"，将颜真卿——欧阳修作为吉州文人的表率和开启文风的标杆，比较准确地勾勒了从中唐到北宋前期文化发展的脉络。自此，尚文之风在江西大地上弥漫开来："临川灵谷铜陵诸峰环列于屏障，其俗风流儒雅，喜事而尚气，有晏元献、王文公为之乡人，故其人乐读书而好文词"[1]；"（饶州府）多俊秀喜儒以名节相高"[2]；"（九江）高人闲士，蝉联不绝"[3]；有宋一代，江西文风不衰，究其元始，当形成于宋前期百年间。

（3）广东。这个地区在历史上给人的印象就是一片荒蛮。《隋书·地理志》云："岭南二十余郡，土皆下湿，号为瘴疠。"庶几可以代表人们数百年来不易之看法。然而在这一时期，岭南在中国文化版图中的重要性也得到了提升，随处可闻琅琅书声："番禺大府，节制五岭，秦汉以来号为都会。俗杂五方海舶，贸易商贾辐辏，富饶寖不逮古，而文风日张，虽蕉荔桃榔之墟，弦诵相闻，挟

---

[1] 宋 谢逸：《文集序》，《江西通志》转引，《文渊阁四库全书》本。
[2] 清（作者不详）：《江西通志》卷26引《黄庭坚集》，《文渊阁四库全书》本。
[3] 清（作者不详）：《江西通志》卷26引余靖《崇胜寺记》，《文渊阁四库全书》本。

策登名与中州等。"① 这里描述的是广州口岸在繁荣的海外贸易催生下的浩荡学风;"(南雄)操翰以取青紫比比相属"②,作为广东最早发展教育的地区,南雄虽非名州却人才辈出;"潮人虽小民亦知礼义,又云海滨邹鲁是潮阳"③;"始潮人未知学,命进士赵德为之师,自是潮之士皆笃于文行,延及齐民,至于今号称易治"④,说明潮州地区在有识之士引领下已经成为岭南文化重镇。

文风学风的蔓延给为南方文化人烙上了鲜明的印记,他们虽个性经历不同,但几乎留给世人的共同印象——好学、博通、文采风流。

以《宋史》列传中收录的这一时期重要的南方文化人考察对象,我们可以发现其考语中最常见的就是对其学养和文才的认同。

表中1.1 据脱脱《宋史》"列传"整理

陈恕	洪州南昌人	折节读书……恕颇涉史传,多识典故
魏羽者	歙州婺源人	少能属文……涉猎史传,好言事
刘昌言	泉州南安人	少笃学,文词靡丽
张洎	滁州全椒人	文采清丽,博览道释书
何蒙	洪州人	少精《春秋左氏传》
慎知礼	衢州信安人	知礼幼好学
王钦若	临江军新喻人	深达道教,多所建明,领校道书,凡增六百余卷
丁谓	苏州长洲人	文字累数千百言……善谈笑,尤喜为诗,至于图画、博弈、音律,无不洞晓
夏竦	江州德安人	好学,自经史、百家、阴阳、律历,外至佛老之书,无不通晓,为文章,典雅藻丽
刘沆	吉州永新人	
吴育	建安人	少奇颖博学
郑戬	苏州吴县人	早孤力学
苏绅	泉州晋江人	州将盛度以文学自负,见其文,大惊,自以为不及,由是知名
叶清臣	苏州长洲人	幼敏异,好学善属文
杨徽之	建州浦城人	善谈论,多识典故……酷好吟咏
杨澈	建州建阳人	幼聪警,七岁读《春秋左氏传》,即晓大义
吕文仲	歙州新安人	富词学,器韵淹雅

---

① 明 郭裴:《广东通志》卷51引 余靖志,《文渊阁四库全书》本。
② 同前,引洪迈语。
③ 同前,引陈尧佐语。
④ 同前,引苏轼语。

续表

潘慎修	泉州莆田县人	风度蕴藉、涉文史，多读道书，善清谈
杜镐	常州无锡人	博闻强记
查道	歙州休宁人	好学，嗜弈棋，深信内典
曹修古	建州建安人	
蒋堂	常州宜兴人	好学，工文辞
郎简	杭州临安人	幼孤贫，借书录之，多至成诵
张若谷	南剑沙县人	
胡则	婺州永康人	
杜杞	常州无锡人	性强记，博览书传，通阴阳数术之学
杜植	常州无锡人	以文雅知名
徐的	建州建安人	
李虚己	建州建安人	喜为诗
陈从易	泉州晋江人	好学强记
杨大雅	家钱塘	素好学、日诵数万言，虽饮食不释卷
袁抗	洪州南昌人	藏书至万卷，江西士大夫家鲜及也
齐廓	越州会稽人	
齐唐	越州会稽人	博览强记
杨亿	建州浦城人	文格雄健，才思敏捷博览强记，尤长典章制度
谢泌	歙州歙人	好方外之学
陈世卿	南剑人	
杜衍	越州山阴人	苦志厉操，尤笃于学
晏殊	抚州临川人	文章赡丽，应用不穷，尤工诗，娴雅有情思，晚岁笃学不倦
章得象	世居泉州	长而好学
曾公亮	泉州晋江人	明练文法
陈升之	建州建阳人	
吴充	建州浦城人	
范仲淹	苏州吴县人	少有志操……泛通《六经》长于《易》
赵抃	衢州西安人	
钱惟演	钱塘人	文辞清丽名与杨亿、刘筠相上下、于书无所不读，家储文籍侔秘府
钱易	钱塘人	才学赡敏过人，数千百言，援笔立就
胡宿	常州晋陵人	学通天人之奥
欧阳修	庐陵人	为文天才自然丰约中度，好古嗜学
刘敞	临江新喻人	学问渊博，自佛老、卜筮、天文、方药、山经、地志，皆究知大略

从上表可知，北宋前期，活跃在政治文化领域的浙、苏、闽、赣、粤籍文人约50位，其中仅9人在列传中没有留下关于他们好学、能文、善吟咏之类的评判，仅占18%，好学尚文已经成为南方区域文化精神中最清晰的一个特征。

其次，海洋文明的辐射，主要体现在福建与广东地区。所谓海洋文明是人类历史上主要因特有的海洋文化而在经济发展、社会制度、思想、精神和艺术领域等方面领先于人类发展的社会文化。所以，它必须具备两个要素，一是领先性，二是海洋意识，两者缺一不可。这是一种融合进取心态与包容意识的文明样式。

对于中国这样一个传统社会架构和主流文化理念特别稳固的农耕国家而言，海洋文明的影响只能是局部的、阶段性的。可以说，北宋前期，随着南方口岸经济的崛起，与口岸伴生的海洋文明意识恰到好处地进入了需要确立区域文化自信的南方文人群体的意识中，从而带来了其主体精神的高扬以及一系列文化建设的动力和文学观念上的新变。

其中，特别值得我们重视的是海洋文明背景下的福建地区的风俗迁移。民俗在很大程度上代表了一个区域的底层文化意识。当我们审视北宋前期福建的民俗时，可以清晰地看到它因为海洋意识而带来的发展变化。最明显的就是福建民俗的融合性。

从历史发展的角度看，基于地域和民族分布的原因，福建民俗长期以来多元共存。该地区原始土著居民——闽越族在秦汉之前有着自成体系的民俗，秦汉以后，闽越族与汉族逐渐融合。唐朝人丁儒在《归闲诗二十韵》（其二）对唐前期闽南地区民族融合的情况做过这样的描述："漳北遥开郡，泉南久罢屯。归寻初旅寓，喜作旧乡邻。……土音今听惯，民俗始知淳。……相访朝和夕，浑忘越与秦。……呼童多种植，长是此方人。"① 闽越族的部分习俗成为历史遗迹，还有部分民俗却沉淀传承下来，成为福建民俗的重要组成部分。五代时，闽北多为江北避乱之民，所以"备五方之俗"②，闽西也"由唐历宋，风声气习，颇类中州"③。福建民俗中无论是生产习俗、生活习俗，还是人生礼仪、岁时节庆，以及民间信仰和崇拜等，都与中国传统民俗一脉相承。此外，作为畲族的主要聚居地，畲族具有浓郁民族风格的习俗也进入了福建民俗中。同时，

---

① 清 康熙《漳州府志》卷29《艺文》，《文渊阁四库全书》本。
② 明 黄仲昭：《八闽通志》卷3《地理》，《文渊阁四库全书》本。
③ 陈一新：《赡学田碑》转引民国黄恺元等《长汀县志》卷17《礼俗志》，生活·读书·新知三联书店，1993年版。

在这一时期，随着泉州口岸的繁荣，大批阿拉伯人、波斯人到泉州经商，其中一部分人定居泉州。他们信仰伊斯兰教，保留本民族的传统习俗。这些外来民族虽然后来基本上与汉族融合，但一些特殊习俗却保留下来，成为福建民俗的一部分。因此，在福建的民俗文化中体现出了多民族、多地区、多国别融合与杂糅的特色。

这种融合的意义不仅局限于民俗层面，推而广之，对于整个福建文化，其影响也值得重视。正是这种兼收并蓄的观念广泛存在，才使得福建地区的文人群体在审美取向的多样化和文学观念的包容性上表现出一种异乎寻常的宽阔气度，推动了宋初文学的流派更迭与创作风格新变。

另外，宋代随着南方商品经济的高度发达，物质迅速丰富起来，这导致了人们生活和艺术两方面品位的提高，形成了精工细致而不失华美的趣味。

宋初70年间，社会审美心态由简约转而变为华丽。此于丁谓的一封奏疏中便见端倪：

> 俭以制用，有国之彝典；奢则不逊，庶民之大防。国家抚育黎元，务厚风俗，而辇毂之下，尘肆相望，竞造金箔，用求厚利。况山泽之宝，所得难致，傥纵销镕，实为虚费。今约天下所用，岁不下十万两，惜此上币，弃于下民。虽王者居尊，不贵难得之货；而有司守职，须条革弊之方。自今金银箔线、贴金、销金、泥金、间金、蹙金、金线、金装贴什器土木玩用之物，并请禁断，非命妇不得用为首饰。冶工所用器，悉送上官。①

丁谓的建议看似有点小题大做，其实正说明了当其时社会上奢化的风气已经到了颇为严重的地步。宋初提倡的简朴早就被抛在脑后。其实，民间的风气自宫廷中来。《宋史·舆服志·宝》记载，雍熙三年（公元986年），宋太宗将宋初使用的八枚玉玺全部销毁，改用黄金制造。理由是玉与石是同类，只有黄金才是真宝。崇尚黄金制品，显然是因为它具有醒目而华丽的外表，是财富和地位的象征。这是一种立刻就能炫人眼目的美。

如果我们将考察眼光下放到社会更基础层面，甚至能发现连最普通的饮食中都可以查看到这种精致和丰富。《六一诗话》"梅圣俞尝于范希文席上《赋河豚鱼》诗云：'春洲生荻芽，春岸飞杨花，河豚当是时，贵不数鱼鰕。'河豚常出于春暮，群游水上，食絮而肥，南人多与荻芽为羹，云最美。故知诗者，谓

---

① 宋 丁谓：《上真宗乞禁销金》，宋赵汝愚辑《国朝诸臣奏议》卷98，明弘治三年华燧会通馆铜活字印本。

秪破题两句,已道尽河豚好处",说明江南有食河豚的习俗。此鱼剧毒而味美,烹调手法要求极为细致,而依梅诗看,显然,食河豚已经成为一种应令食俗,广受推崇。《诗话总龟》卷二十一录杨蟠《莼菜诗》云:"休说江东春水寒,到来且觅鉴湖船。鹤生嫩顶浮新紫,龙脱香髯带旧涎。玉割鲈鱼迎刃滑,香炊稻饭落匙圆,归期不待秋风起,漉酒调羹任我年。"诗虽不算高明,但却着实将莼菜的色香和它的美味反映得淋漓尽致。而欧阳修的《送慧勤归余杭》则可谓对南方(主要为杭州地区)饮食文化的集中概括:"南方精饮食,菌笋鄙羔羊。饭以玉粒粳,调之甘露浆,一馔费千金,百品罗成行。"寥寥几句,却道尽了南方饮食的奢华和精美,非亲历者不能书。

对于整个文化体系而言,饮食文化属于最基础的层面,但是它却是一个地方经济发展状况的缩影。"食不厌精,脍不厌细"的背后依托的是物质的丰裕。而饮食作为日常生活中必不可少的一项,它的表现方式也会直接影响人的心理感受,促进他们的趣味转化。

不独服饰、器物和饮食,这一时期的绘画也是如此。宋初盛行院体画延续了五代乃至汉唐风气,追求"形似",不过,更为突出着色艳丽和描摹细致。画家的用意也就在于使受众得到直接而鲜明的印象,强调明艳。以当时由西蜀入宋的花鸟画大家黄筌为例。黄氏宋时任太子左赞善大夫。他的作品多描绘宫廷中的异卉珍禽,画鸟羽毛丰满,画花秾丽工致,勾勒精细,几乎不见笔迹,而以轻色染成。沈括《梦溪笔谈》说他"妙在傅色,用笔极精细,几不见墨迹,但经五彩布成,谓之写生",其绘画格调"勾勒填彩,旨趣浓艳",成为宋初翰林图画院取舍作品的程序,即后称为"院体"者。可见时代的审美风气在每种艺术样式上都会留下自己的烙印。

随着社会文化风气的迁移,文化审美情趣也发生了变化。宋初的浅近平淡和清瘦野逸已不适应人们普遍趣尚,所以变革是一个必然选择。关于这一点,宋人早有认识,吴处厚《青箱杂记》卷五:"文章虽出于心术,而实有两等,有山林草野之文,有朝廷台阁之文。山林草野之文,则其气枯槁憔悴,乃道不得行、著书立言之所尚也。朝廷台阁之文,则其气温润丰缛,乃得位于时、演纶视草者之所尚也。故本朝杨大年、宋宣献、宋莒公、胡武平所撰制诏,皆婉美淳厚,过于前世燕、许、常、杨远甚。"吴氏认为,文章有两种审美规范,显然前者不再适应人们的口味,逐渐让位于后者。这就好比一个来自蓬门柴扉的游人忽遇琼楼玉宇,目眩神迷是可以想见的。所谓文学作品的"陌生化"正是由审美心理求新求变带动起来的。

第二章

南方教育发展状况及其文化影响

在我们看来，南方文化影响力要在整个宋型文化建构过程中发挥作用首先得益于南方地区教育的发展。官学和私学的双重振兴不仅带来了南方学术风气的变化，而且人才辈出，虎踞龙盘。

第一节　南方基础教育状况描述

在这一时期，有一个事件意义深远。北宋初期，福建莆田县一位名叫方仪的学人，间关万里，抵阙上书，要求在莆田县设立县学。这一行为震动了朝廷上下的官员，在传统儒学鼎盛区域之外的南方海疆，这种行为本身具有破天荒的意义。从国家文化主流的需求层面来说，用规范的思想教化新归入版图的区域的民众对稳定统治当然有着积极的作用，而从地区文化意识的角度评判，方仪之举显然标志着南方文人群体渴望赢得朝廷的关注，并希望通过整体文化素质的提振做好进入核心文化圈，取得话语权的准备。

北宋朝廷面对这一义举，其反应是微妙的、耐人寻味的。在莆田建学校，官方表示了适度的支持，同时也声称钱财不够。方仪听说后，毫不犹豫地拿出家产弥补建校经费。他以他的义行证明了自己的真诚。我们无法确知经费不足后面的真实性，但我们至少可以知道，在这一事件面前，南方士人表现出了志在必得的勇气。

在此事件的带动下，宋代福建修学的浪潮开始，各县纷纷建立县学，而南剑州的学者们，更是自行建立了比县学更为高级的州学。他们的行动都在官府之前。当北宋的统治者终于想到在全国推广州县学时，福建的州县学早已相当普及，而南剑州的州学已经建立二十多年了。

至于其他地区，虽然没有像福建那样为建学校而发生轰轰烈烈的事件，但其学校建设的速度和规模丝毫不逊色于福建。如广东地区，宋建隆三年（公元

962年），孔闰在平林村创办孔林书院，雄州负笈求学者众，耕读之风兴起。这也可以说明，在这一时期，岭南地区开始主动追求与中原主流文化的接轨。

又，景德三年（公元1006年），知州胡牧在韶州府建立州学，这是广东历史上比较早的官学，到了庆历四年（公元1044年），南雄州州学也建立起来了，改变了此前岭南地区只有一所孔林书院的局面。学术活动得到了更多的官方保证。

对泛太湖流域地区来说，就官学论，景祐元年（公元1034年），范仲淹出镇苏州，即在南园之隅设立府学，并聘请了在湖州声名远播的教育家胡瑗"首当师席"。《宋元学案·高平学案·高平家学》里称："文正守苏州，首建郡学，聘胡安定瑗为师。安定立学规良密，生徒数百，自是苏学为诸郡倡。"此外，各地县学也蓬勃发展起来。以昆山县学为例，该学校虽建于唐大历九年，但历经战乱，残破不堪。用王禹偁比较尖锐的话来说，该县曾经"而庠序或缺，儒素弗兴，实仓廪而礼节未知，既富庶而教化不至"①，宋兴后，经捐资修缮，始现端正气象。

关于泛太湖流域地区包括整个浙江的州县学，在北宋前期可说已经全面开花。详见下表：

表中 2.1.1 　《浙江通志》卷二十五到卷二十七，学校秩序依卷次

学校名	宋代新（重）建年份	公元年	修建（或迁移重修）人	备注：宋以前修建年份
富阳县儒学	景祐二年	1035	知县陈执礼	唐武德七年（624）
余杭县儒学	景德三年	1006	知县章得一	
临安县儒学	咸平三年	1000		
嘉兴府儒学	太平兴国二年	977	知州安德裕	唐开元二十七年（739）
	大中祥符二年	1009	知州耿肱（迁）	
海盐县儒学	太平兴国中（初建）		主簿摄县事石知一	
	景德二年	1005	知县翁纬移县南（重建）	
湖州府儒学	宝元二年	1039	知州滕宗谅（改建）	唐以前建，武德中徙
德清县儒学	大中祥符三年	1010	知县刘洞	
武康县儒学	天圣中		知县何湜（迁）	
宁波府儒学	天禧二年	1018	知州李夷庚（迁）	唐开元二十六年始治州学（738）
鄞县儒学	庆历中		知县王安石	唐元和九年建（814）
慈溪县儒学	雍熙元年	984	知县李昭文	

---

① 宋 范成大：《吴郡志》卷四学校，《文渊阁四库全书》本。

续表

学校名	宋代新（重）建年份	公元年	修建（或迁移重修）人	备注：宋以前修建年份
金华府儒学	宋初			
	庆历间		知州关咏（迁）	
东阳县儒学	庆历间建			
义乌县儒学	庆历九年	1048	知县毛维瞻（迁）	
浦江县儒学	皇祐六年	1054	知县杨洙	
龙游县儒学	庆历间			
严州府儒学	雍熙二年	985	知州田锡（迁）	
	景祐中		知州范仲淹（建堂宇斋庑）	
	嘉祐中		知州赵抃置田养士	

江西地区的官学发展同样生机盎然。

表中2.1.2　《江西通志》学校秩序依卷次

学校名	宋代新（重）建年份	公元年	修建（或迁移重修）人	备注：宋以前修建年份
南昌府儒学	雍熙间 景祐二年	1035	漕使杨缄 知州赵概	晋太康中 唐光启十三年徙学于城北
奉新县儒学	咸平元年	998	县令徐用和	
袁州府儒学	景德三年	1006	州守杨侃奉诏增修	
新淦县儒学				唐贞观十四年建
新喻县儒学				唐大历八年改为学
吉安府儒学				
庐陵县儒学	庆历四年	1044		
泰和县儒学	咸平中		县令范应辰改建	
吉水县儒学	天圣间 庆元间		县令张浦建 县令林半千修	
永新县儒学	庆历四年	1044		
抚州府儒学	庆历四年	1044	州守马寻即庙后建学	
临川县儒学	咸平初		县令陈从易始建	
崇仁县儒学	庆历三年	1043		
宜黄县儒学	皇祐初		县令李祥建	
金溪县儒学	皇祐初		县令刘佐建	
建昌府儒学	太平兴国四年	979		

续表

学校名	宋代新（重）建年份	公元年	修建（或迁移重修）人	备注：宋以前修建年份
南丰县儒学	庆历间		县令周彀建	
广信府儒学	景德三年	1006	知府事杨举正迁于城东	
贵溪县儒学	庆历四年	1044		
饶州府儒学	庆历间		州守张谭成	
余干县儒学	嘉祐二年	1057	县令江璞迁南隅	唐开元二年县令顾锡以水患迁县左元和元年李德裕重修
都昌县儒学				唐咸通中县令陈升建
瑞昌县儒学	庆历间			
彭泽县儒学	庆历间			
大庚县儒学	庆历间			
南康县儒学	景祐初		县令陈升之改建	
赣州府儒学	庆历间			
赣县儒学	皇祐初		县令王希始建	
雩都县儒学	天圣间 景祐间		县令陈希亮建 县令陈橐徙于城北	
信丰县儒学	景德中		县令方恬始建	
兴国县儒学	太平兴国七年	982		
安远县儒学	庆历四年	1044		

　　从府学和县学的发展状况看，北宋前期百年间南方地区之所以人才辈出，究其原因在于基础教育的发展。学子们很容易得到系统化的知识补充，也加强了南方地区文化观念中重学尚思风气地形成。

　　除官学以外，北宋前期百年南方地区的以书院为代表的私学发展也有一定发展。这种发展直承晚唐五代而来，逐渐演变发展并形成规模。

　　以限定区域范围论，从晚唐到宋初，南方地区建立的书院如下：

表中 2.1.3　据《江西通志》《广东通志》《福建通志》《浙江通志》《明统一志》《宋史》整理

晚唐至北宋前期南方书院			
书院名称	创建所在地区	创建年代	创建者
草堂书院	福建福鼎	唐	林嵩读书处
欧阳詹书堂	福建福平山	唐	欧阳詹与林蕴兄弟肄业于此

续表

晚唐至北宋前期南方书院			
书院名称	创建所在地区	创建年代	创建者
闻读书院	福建福清	唐	陈灿读书处
蓝田书院	福建古田	南唐	余仁椿
鳌峰书院	福建建阳	唐	熊秘
东井书堂	福建莆田	唐	不详
梁山书院	福建漳浦	唐	潘存实读书处
松洲书院	福建漳州	唐	陈珦与士民讲学处
天衢书院	广东连县	唐	邑人黄捐肄业之所
孔林书院	广东南雄	唐	孙振玉
尊韩书院	广东阳山	唐	韩愈读书于此,后人建书院
涵晖书院	广东英德	宋景德年间	王仲达
茅山书院	江苏金坛	宋天圣二年	侯遗
雷塘书院	江西安义	至道年间	洪文抚
李渤书堂	江西德安	唐长庆中	李渤
东佳书院	江西德安	唐	陈衮
樱桃书院	江西分宁	太平兴国年间	黄中理
芝台书院	江西分宁	太平兴国年间	黄中理
濂山书院	江西分宜	庆历初年	周敦颐
华林书院	江西奉新	南唐	胡珰
梧桐书院	江西奉新罗坊镇	南唐	罗靖、罗简讲道之所
桂岩书院	江西高安	唐	幸南容
光禄书院	江西吉安	唐开宝二年修	刘玉
景星书院	江西景德镇	唐长庆中	李渤
慈竹书院	江西乐安	太宗朝	乐史
白鹿洞书院	江西庐山白鹿洞	唐	李渤、李涉读书处
盱江书院	江西南城	宋景祐、宝元间	李觏
匡山书院	江西泰和	南唐	罗韬
飞麟家塾	江西新建	唐	程天器
秀溪书院	江西新建	太平兴国四年	邓晏
香溪书院	江西新建	太平兴国四年	邓武
皇寮书院	江西永丰	唐	刘庆霖
丽正书院	浙江会稽	唐开元十一年	不详

续表

晚唐至北宋前期南方书院			
书院名称	创建所在地区	创建年代	创建者
龙山书院	浙江建德	景祐二年	范仲淹
钓台书院	浙江建德	景祐中	范仲淹
九峰书院	浙江龙游	唐	徐安贞读书处
青山书院	浙江寿昌	唐	翁洮读书处
缨溪书院	浙江象山	唐大中四年	杨宏正
万卷堂	浙江新昌	天禧年间	石待旦

这些书院大多集中在原先文化不够发达而经济逐渐繁荣起来，且士人数量急剧膨胀的地区。而就其功能来看，从早期的藏书楼逐渐发展为以传道授业为主的私立学校。在上面罗列的39所书院中，能够承担教学功能的就有23所，占全部书院总额的58.97%，其中建于入宋后的10所全部用于日常教学。

一般来说书院的藏书比较丰富，为学生提供了广泛汲取知识的可能，另一方面，任教书院的往往是学有专精的宿儒，他们通过比较宽松而自由的氛围向学生传授知识，有助于教学相长。因而书院教学是对官学体系的一个必要补充。

对于教育体系的建构而言，除了学校本身的建立以外，教学内容和教育者理念是更为重要的一个层面。我们注意到，在这一时期的泛太湖流域地区出现了宋代乃至中国教育史上最重要的教学方法："苏湖教法"，其首创者就是胡瑗。对于这种教学方法的研究与评判，学界多有论述，兹不详述。但有一点值得强调的是这个本于书院的教法在此后成为国家最高学府——太学的规范。来自太湖流域的文化理念踏入了此时南方地区和南方人还未不能真正获得公平对待北宋朝廷。胡瑗首倡的"明体达用"的思想，实际上针对了宋代以前的教育脱离现实生活，以取仕为培养目标，已不能适应社会发展的要求问题，其实质就是实行据"分斋教学"。《安定言行录》中记载，学中故有经义斋、治事斋。经义斋者，择疏通有器局者居之；治事斋者，人各治一事，又兼一事，如边防、水利之类。《宋元学案·安定学案》中也记载，"立经义、治事二斋。经义，则选择其心性疏通、有器局、可任大事者，使之讲明'六经'。治事，则一人各治一事，又兼摄一事，如治民以安其生，讲武以御其寇，堰水以利田，算历以明数是也"。也就是说，胡瑗把学校的教学组织分为经义和治事两斋。经义斋讲授经学，学生要学习六经六义，通晓儒家经典；治事斋（又称治道斋），分治民、讲武、堰水、历算等科，并且"一人各治一事，又兼摄一事"，即要求学生每人可选一门主科，还要兼学一门或几门副科。这样一来，学生具备了担当实际事务的能力,并非只会临案挥洒,做经典的传声筒。这样的教学方法适应了飞速发展的太湖流域地区人才多样性的需求,更为宋王朝树立了一根科举之外的教学标杆。清末易甲南在《经义治事两斋论》一文中对分斋教学做了中肯的评论:"夫隋唐以来,仕进多尚文辞,苟趋功利,实学之不明久矣。安定先生起而正之,鄙词章记诵之功,而以经义之讨论养其德;薄寻行数墨之士,而以治事之干济扩其才。既有以深之于根抵,使其学切而不浮,复有以练之于材,能使其实而可用。"

同时,我们还注意到胡瑗执教不拘泥于经义,他保持着敏锐的社会触觉,注重将现实事例引入教学中,增强学生理论联系实际的能力。《麈史》卷一中说:"安定胡翼之皇祐至和间国子直讲,朝廷命主太学,时千余士。日讲《易》,余执经在诸生列。先生每引当世之事明之。至'小畜'以谓畜止也,以刚止君也。已乃言及中令赵公相艺祖曰,上令择一谏臣,中令具名以闻,上却之弗用。异日又问,中令复上前札子,亦却之。如此者三,仍碎其奏,掷于地,中令辄怀归。他日复问,中令仍补所碎札子呈于上,上乃大悟,卒用其人。"此则轶事为作者亲历,娓娓道来,当日课堂情形历历在目。《易经》的讲授最容易走向"玄而又玄"的境地,而胡瑗能将义理与现实相联系,使学生明道更明为臣处事之道,这不能不说是一则极具经典意义的"案例"教学,其贯穿的仍是安定先生"明体达用"的理论。

如果,我们跳出对胡瑗教育方法本身优越性和先进性的探讨。单就事件的象征性而言,对北宋王朝的各阶层来说仍然意义非凡。我们回过头来看宋初的文化政策以及与这些政策相关的文化事件,不难发现,南方文人群体(当然包括生活于太湖流域的部分)受到的无形压力是何等巨大。且不说科举取士中南北解额的不公平性,两者存在巨大反差:"今东南州军,进士取解者二三千人之处,只解二三十人,是百人取一人。西北州军取解至多处不过百人,而所解至十余人,是十人取一人。"① 单就名相寇准所谓"(晏)殊江外人也"② 和"又为北地夺得一状元"的偏狭计较的言辞中,南方文人的处境可见一斑。然而胡瑗的被认可形成了南方文化的一次成功突围,尽管此前,长三角区域养成的著名文人范仲淹等已经取得了相当的文化话语权,但"苏湖教法"的推广不啻投入主流文化旋涡中的一块巨石,它昭示着南方文人群体开始有机会并有能力在国家教育和行政体制内践行带有明显地域特色的思想理念,这对推动南北文化

---

① 宋 马端临:《文献通考》卷32,《文渊阁四库全书》本。
② 元 脱脱等:《宋史》晏殊传,《文渊阁四库全书》本。

由对峙走向融合意义深远。

其次，我们来看作为浙江学术代表的永嘉学派的前期创始人——被称为"皇祐三先生"的王开祖、林石和丁昌期在北宋前期的教学活动和学术成就。

王开祖（公元1035—1068年），字景山。先世避五代南唐战乱，自福建迁居瑞安，后其父王鲁娶温州军刘起的女儿，再迁居永嘉城内。青年时曾去天台县学从时任县令的新昌石牧之学，皇祐五年（公元1053年）中进士，历任秘书省校书郎、丽水县主簿。后辞官归里，在永嘉城内东山之麓讲学授徒，从者数百人。后人在他讲学遗址建东山书院，为温州最早的书院。逝后，其门人记录他讲课内容成《儒志编》一书，时人尊称为儒志先生。南宋学者陈谦认为王开祖是永嘉道学的开创者："当庆历、皇祐间，宋兴未百年，经术道微，伊洛先生未作，景山独能研精覃思，发明经蕴，倡鸣'道学'二字，著之话言。此永嘉理学开山祖也。"[①] 永嘉学者许及之在《儒志编·序》中也说："永嘉之学，言宗师者，首推王贤良焉。"王开祖在永嘉学术史上开山的地位，基本是能确立。

林石（公元1004—1101年），字介夫，居瑞安塘岙（今属塘下镇），世称塘岙先生。少从仙居管师常游，二人均专心研究《春秋》，并坚持用《春秋》教授生徒，自己也绝意仕进。周行己说他与程颐、吕大临、袭原齐名，"都行古道，被尊为世宗师"。

丁昌期与林石同时，字逢辰，归隐永嘉东郊后，建醉经堂讲学授徒，世称经行先生，刘安节曾从他学习。

王开祖、林石、丁昌期三人的学术思想基本一致，都注重历史研究，强调理论、实践并举。特别是王开祖，倡导"学者国之大本，教者国之大务"，与当时著名学者胡瑗、陈襄相呼应。从其目前仅存的《儒志编》一书来看，王氏治学尤其讲究务实变通，关注民生庶务。这既反映了温州商业经济的发展对学术观念的影响，更开了后世永嘉学派注重实践理性观念的先河。如其论及商山四皓时指出"四老避秦于商山，义不辱于乱世者也。汉作而天下归之，加礼不能屈善从其志矣"肯定了他们作为隐士的高洁志趣，同时又认为四皓后来在汉高祖欲易太子时出仕，是因为"嗣子天下之大本，一摇则天下乱矣。天下之民方出诸水火而又驱之于涂潦，忍坐视而不救乎"，其用意显然在于稳定国家政治局势，免得生灵涂炭。王氏在肯定四皓"可谓达乎义，非孑孑者也"的同时也体现了自己主张顺应时世，讲究变通的政治理念。较之普通儒者固守先圣章句，以执拗为气节的思想显然更有见地。

[①] 宋 王开祖：《儒志编》附录"学业传"，明弘治十二年（1499）汪循刻本。

次如，王氏在谈及"玄鸟生商"这一为人们津津乐道的圣贤事迹时，其论颇堪玩味："或问，诗曰天命玄鸟降而生商，果其然乎？曰是不然也。盖契之生日，乙鸟至尔。所谓履帝武者，履高辛之迹而行事尔，果曰其然，不几于怪乎？"他果断地否认了历来流传的神异色彩浓重的传说，而选择了一个相对更平实的说法。究其用心，当然是基于儒家"子不语怪力乱神"的信条，更是因为论者本人奉行的务实与理性的原则。

又如，王氏论诗，往往不追逐对经义的阐发，也不循前人多用的"美刺讽喻"的套路，而专喜谈及《诗经》文本含义与民生的关联。"圣人之治天下，天时莫重焉，生民之本也。时之授于人，天下之大务也。故废时者受上刑。古者时令莫若豳诗之备也。文武之上世世享天泽者，先是具也。故有司歌之以贡于上，上之人润泽以布乎天下，天下有不足于衣食者吾不信也。"这段文字专就顺应"天时"，尊重自然规律而发，《豳诗》不过是论者所采纳以印证其说的一个例子。我们很难说，王氏得诗之本义，但我们可以确定，其读诗论诗，目的在于关注民生，找到对改善现实问题有帮助的理论依据。尽管我们不能说王氏已掌握了"六经注我"的宋学精髓，但至少，他开始了这样的探索。

第二节 北方学校制度与北方教育观念

北方官学建立较晚而私学相对不发达。这对于人才养成的作用无疑是负面的。作为中原传统人文渊薮之地，到了北宋前期，尽管仍然发挥着文化重镇的作用，但从教育的角度看，颇显后继乏力。

以下我们仍然从官学和私学两个层面来审视北方的教育体系。因为宋代幽云十六州长期落于辽人之手，所以我们的考察重点落在今天的河南、山东、山西、陕西和河北的部分地区。

北方州县学状况一览表：

表中2.2.1 据《山西通志》《山东通志》《陕西通志》《河南通志》整理

	学校名	地址	宋及宋以前建造情况
河南	开封府儒学	旧在府治东南隅	宋国子监
	通许县儒学	在县治东北	宋咸平间建
	太康县儒学	在县治东北	始建于汉

续表

	学校名	地址	宋及宋以前建造情况
河南	封邱县儒学	在县治东南	唐武德年间
	归德府儒学	旧在府治东	即宋南京国子监
	荥泽县儒学	旧在县治东	隋大业三年建
	陕州儒学	旧在州治东北隅	唐开元间建后废
山东	兖州府儒学	在府治北旧在府治东南	唐兖海观察使刘莒创建屡经更置皆为州学
	尼山书院	在县东南六十里尼山之上	宋庆历间建
	武定府儒学	在府治东南本武定州学	宋祥符间建
	泰安府儒学	在府治东本泰安州学	宋开宝间建
	东平州儒学	在州治东北	宋景祐间沂国公王曾创建于城内西南
山西	太原府儒学	在府治东	宋太平兴国四年徙州于城东南隅建孔子庙景祐中并州牧李若谷首即庙建学庆历初明镐又建礼堂于殿北皇祐五年韩魏公琦知并州辟地建学自为记
	榆次县儒学	在县治西	宋咸平二年知县龚父肇建
	曲沃县儒学	儒学在县治西旧在治东	南宋庆历四年知县宋琚建
	翼城县儒学	在县治西门内旧在治南	后唐长兴三年建为浍所浸宋天圣八年文潞公彦博令翼城改建
	潞安府儒学	李唐以来已有之	明昌间节度李晏重修
	长子县儒学	汉唐暨宋初在公廨外之西偏尉幕之南规模湫隘	
	介休县儒学	在东南隅旧在县治东	肇建于唐咸亨三年元初
	闻喜县儒学	在城东北隅	宋咸平四年知县慈释回新庙猊植古柏县尉李记曰"桐乡我夫子之庙，环垣步二百四十有五，中树大柏"二十有一
	绛县儒学	在县治东南隅	后唐长兴三年知县靳平建
	乡宁县儒学	在县治西	宋皇祐三年知县刘舒建
	永和县儒学	在县治东南旧在城东门外	唐贞观二年建
陕西	西安府学		宋景祐二年侍郎范雍奏："昨知永兴军前资寄住官员颇多子弟辈不务肯构，惟恣轻薄盖由别无学校励业之所致到任后奏建府学。"
	临潼县学	旧在县城	北宋咸平中知县赵恪改建
	礼泉县学	初在旧县治东	南宋皇祐间殿中丞薛周创建

续表

	学校名	地址	宋及宋以前建造情况
陕西	凤翔府学	旧在府治东一里许	宋庆历中建
	岐山县学	在县治东	唐武德四年建宋雍熙中重修
	扶风县学	在县治东	唐大历二年县尉袁弁建宋皇祐元年知县王宗元修
	汉中府学	在府治西南	宋庆历中建学于城外
	褒城县学	倚于江岸	宋庆历间
	洋县学	建于城东	唐天宝时
	宁羌州学	旧在州城羊鹿坪	宋庆历中建
	略阳县学	旧在县治西北隅	宋庆历中
	同州州学	在州治西南	宋庆历中
	邠州州学	旧在州治东南隅	宋庆历中

从上表可知，北方地区在北宋前期（以嘉祐二年即公元1057年为限）四个北方大省所有的官学数量简单相加，数目仅为36个，尚不足浙江与江西两省的学校数量，而该区域面积则倍于南方两省。所以从总量来说，北方官学的发展滞后了。

接下来再看私学，北方地区的书院数量无法与南方相提并论，北方四省外带河北地区从晚唐到北宋前期仅建有书院11所，且具有公开教学功能的不过4所。详见下表：

表2.2.2 据《山西通志》《山东通志》《陕西通志》《河南通志》《畿辅通志》整理

晚唐至北宋前期北方书院			
书院名称	创建所在地区	创建年代	创建者
窦氏书院	北京昌平	后周显德二年（955年）	窦禹钧
谏议书院	北京昌平	唐	刘菁建
西溪书院	河北真定府	唐	隐士姚敬遁之所
嵩阳书院	河南登封	五代后周建，至道三年（997年）赐名太室书院，景祐二年（1035年）更名为嵩阳书院	
太乙书院	河南登封太室山下	后周显德二年（954年）	不详
龙门书院	河南洛阳	后唐	张谊讲学处
泰山书院	山东泰安	景祐四年（1037年）初称通道堂学舍，康定元年（1040年）称为泰山书院	孙复
徂徕书院	山东泰安	庆历四年（1045年）之前	石介

续表

晚唐至北宋前期北方书院			
书院名称	创建所在地区	创建年代	创建者
嘉岭书院	陕西肤施	康定二年（1041年）	范仲淹
瀛洲书院	陕西蓝田	唐	李元通
书楼	河北贵乡	后梁	罗绍威

书院作为宋代教育体系中一个重要的补充因子，其意义不言而喻。它为教育普及提供了可能性，也在一定程度上给了广大学子以选择教育者和教育内容的自由。对于北方地区而言，这一环节的薄弱无疑对人才养成带来的不利影响逐渐在文化领域中显现出来。

如果我们从教学内容上来考察北宋前期的北方学校教育，可以清楚地看到，在整个教学过程中，最核心的理念是对道统的尊重和强化。

在北方教育体系中拥有最高声望的是与"苏湖教法"的确立者胡瑗并称宋初三先生的另两位：孙复与石介。因而了解他们的思理脉络便可大体了解在北中国学者在文化传播过程中的主流思潮。

孙复（公元992—1057年），晋州平阳人，家贫，且试进士不第，生活甚为窘迫。魏泰《东轩笔录》中曾有这样一则轶事："范文正公在睢阳掌学，有孙秀才者索游。上谒文正，赠钱一千。明年孙生复道睢阳谒文正，又赠十千。因问何为汲汲于道路？孙秀才戚然动色曰：'老母无以养，若日得百钱则甘旨足矣'，文正曰：'吾观子辞气非乞客也，二年仆仆所得几何？而废学多矣。吾今补子为学职，月可得三千以供养，子能安于为学乎？'孙生再拜，大喜。于是授以《春秋》而孙生笃学不舍昼夜，行复修谨，文正甚爱之。明年文正去睢阳，孙亦辞归。后十年，闻泰山下有孙明复先生以《春秋》教授学者，道德高迈，朝廷召至太学，乃昔日索游孙秀才也。文正叹曰：'贫之为累亦大矣。倘因循索米至老，则虽人有如孙明复者，犹将汩没而不见也。'"故事的写作用意当在揄扬范仲淹的爱才之心和巨眼识人，但从中我们也可以清楚地知道孙复的生计艰难。当然这样的处境并没有改变孙复笃志儒学，弘扬道统的信念。

石介（公元1005—1045年），兖州奉符（今山东泰安）人。曾居徂徕山（泰安城东南）下，时人尊称徂徕先生。26岁时，举进士，历任郓州观察推官、南京留守推官等职，后为国子监直讲、太子中允、直集贤院。他的一生充满悲剧性。跻身仕途之后，"言不谐俗，行思矫世。一时众口嫉善，谣诼其后，视之如寇仇，弃之如土梗。进不容其列于朝，退不容其息于野，生不容其达于时，死不容其安于土。虽以杜（衍）韩（琦）欧阳（修）诸君子力为推刬，而卒抑郁以终其身，何其甚也"① 其身后褒贬毁誉，众口不一。

孙复与石介交谊极深。自视甚高的石介在孙复面前执弟子礼。欧阳修在《孙明复先生墓志铭》里写道："孔给事道辅为人刚直严重，不妄与人。闻先生之风就见之，介执杖屡侍左右，先生坐则立，升降拜则扶之，及其往谢也亦然。鲁人既素高此两人，由是始识师弟子之礼。"孙复、石介二人几乎成为当时北方学界顶礼膜拜的对象。

不过，耐人寻味的是，孙复在太学时，与胡瑗的相处却不太融洽。《宋史·孙复传》记曰："复与胡瑗不合，在太学常相避。瑗治经不如复而教养诸生过之。"从此语中可知，两者之间存在分歧，个中关键即在于教学理念的差异。

从本质渊源上论，实际上宋初三先生本无差异。他们都有感于隋唐以来，儒学不振，杂说流行，立志加以振兴，并发展出一套具有生命力的，对巩固皇权和稳定人心有直接效用的儒家伦理思想。但是胡瑗与孙复、石介二人的方法不一。胡瑗希望通过培养学生的实践能力，在现实政治和社会治理中体验儒家之道，而孙复、石介两人则极端注重从维护道统的角度出发，阐扬"正统论"的理念，借此匡正人心。

这种差异，我们从孙复、石介二人的言论中可以清晰地看到。孙复在《儒辱》一文中写道："儒者之辱始于战国，杨朱、墨翟乱之于前，申不害、韩非杂之于后。汉魏而下则又甚焉。佛老之徒横乎中国，彼以死生祸福虚无报应为事，千万其端绐我生民。绝灭仁义以塞天下之耳，屏弃礼乐以涂天下之目。天下之人愚众贤寡惧其死生祸福报应，人之若彼也，莫不争举而竞趋之。观其相与为群，纷纷扰扰，周乎天下，于是其教与儒齐驱并驾峙而为三，吁可怪也……圣人不生，怪乱不平。故扬墨起而孟子辟之，申韩出而扬雄距之，佛老盛而韩文公排之，微三子则天下之人胥而为夷狄矣。惜夫三子道有余而志不克就，力足去而用不克施，若使其志克就，其用克施，则芟夷蕴崇绝其根本矣。"② 这番话说得慷慨激昂，很明确地将儒家思想以外的所有思潮都视为异端，着力排斥之，并且排列出了从孟子到韩愈的所谓儒学道统，"一文化""一道德"的意味极其明显。

至于石介，持论之严可谓有过之而无不及。其《与士建中秀才书》中指出："方今正道缺坏，圣经隳离，淫文繁声放于天下，佛老妖怪诞妄之教，杨墨汗漫

---

① 清 徐肇显：《重刻徂徕先生集序》，《徂徕集》20卷，光绪十年（1884）济南尚志书院据潍县张氏所藏明人影钞重雕。
② 宋 孙复：《孙明复小集》，《文渊阁四库全书》本。

不经之言，肆行于天地间。天子不禁，周公孔子之道，孟轲、扬雄之文危若缀旒之几绝。"① 石介甚至希望通过王权的力量来达到重建思想正统的目的。

应当说，即便北宋前期需要整理自晚唐五代以来失坠的道德体系，重建符合王朝发展的理论系统，然而孙复、石介二人的言论仍然属于过分偏执，缺乏文化包容性。这种观念的形成很大程度上基于两人的社会历史观。孙复、石介二人都向往上古"三王之道"与"三王之制"，力图以古救世。石介在《原乱》一文中写道："古圣人为之制，所以治天下垂万世也。而不可易，易则乱矣。后世不能由之而又易之，以非制有不乱乎？夫乱如是，何为则可止也？曰不反其始，其乱不止。"他将一切制度变化都视为产生混乱的根源。由此认定非复三代制度不能恢复社会秩序，这是一种比较典型的复古主义历史发展观，源出文化保守主义，带有明显的农耕文明印记。

孙复的《春秋尊王发微》则借助阐释"春秋学"，向学生传播同样历史观。此书开宗明义："孔子之作《春秋》也，以天下无王而作也，非为隐公而作也。然则《春秋》之始于隐公者非他，以平王之所终也。何者？昔者幽王遇祸，平王东迁，平既不王，周道绝矣。观夫东迁之后，周室微弱，诸侯强大，朝觐之礼不修，贡赋之职不奉，号令之无所束，赏罚之无所加，坏法易纪者有之，变礼乱乐者有之，弑君戕父者有之，攘国窃号者有之，征伐四出，荡然莫禁。天下之政，中国之事皆诸侯分裂之。平王庸暗，历孝逾惠，莫能中兴，播荡陵迟逮隐而死。夫生犹有可待也，死则何所为哉。"很明显，孙复借讲《春秋》来确立国家与王道不可动摇的权威性，同时明确显示了他希望回到上古时代社会建制和存在模式中的强烈愿望。因而，在孙复看来，春秋中的记述全部是圣人用以指斥乱臣贼子以及不合理社会规范的。这种笺释经典的方式显然是"六经注我"的代表。对于该书的矫枉过正，前人多有指摘："孙复以为举国之众皆可诛，非矣。三晋有国半天下，若皆可诛，刀锯不亦滥乎。颖川常秩曰：'孙复之于春秋，动辄有罪，盖商鞅之法耳。弃灰于道者诛，步过六尺者罚，其不即人心远矣'。王回以是尚秩此善议复者。"② 当然，我们从探究作者用心的角度出发，必须承认，孙复非常急迫地讨伐一切不合于三代礼制的行为，目的在于在知识阶层心目中强调一个文化中心与思想正统。在当时的历史背景下，特别是在化解宋王朝"澶渊之盟"后思想界普遍存在的信仰危机以及改变遭受异族侵凌后的文化不自信有着其特殊价值。

---

① 宋 石介：《徂徕集》卷14，《文渊阁四库全书》本。
② 宋 李明复：《春秋集义》卷48，《文渊阁四库全书》本。

关于这一点，石介或许说得更明白："夫天处乎上，地处乎下，居天地之中者曰中国。居天地之偏者曰四夷，四夷外也，中国内也。天地为之平内外所以限也。夫中国者，君臣所自立也，礼乐所自作也衣冠所自出也……"① 追往昔是为了求自信，有自信方可立正统，正统序而后有规范，规范明确则社会上下各安其分，太平可得。

依孙复与石介的思路，他们习惯于从历史经验总结出发推演出国家治理的方法，这种推演的根基则在于新不如故的保守主义立场。

如果加以对比，我们发现，胡瑗似乎更倾向从"变"的角度出发思考同类问题。他的《周易口义》发题中明确表示："先生曰：夫易者伏羲、文王、周公、孔子所以垂万世之大法三才变易之书也。"在讲《易经》时，安定也以现实为例加以发明（前文已述），足见他在文化思想上更自由，并且多少包含了一些南方商业文明萌生后带来的活泼因子，师古而不泥古。方法论的不同或许正是孙复、胡瑗二人存在龃龉的关键原因。

以孙复与石介为代表的北方学者，其保守主义的学术思想对于从学者而言存在一定的非正面影响。至少，使他们与他们的师长一样宽容性不够，这充分表现在了他们的文学观念和审美心态上。反映在其本身创作中，也与"太学体"的艰深拗涩颇有关联。

---

① 宋 石介：《中国论》，《徂徕集》卷10，《文渊阁四库全书》本。

第三章

南方书籍印刷与收藏对知识普及的状态及影响

第一节 五代以来南方官方藏书与民间藏书状况

五代时期，南方诸国藏书甚丰，以致入宋伊始，王朝的文化建设便建立在尽收南方图书的基础上。太祖建隆年间，昭文馆、史馆、集贤院三馆藏书仅一万三千余卷。宋太祖与太宗鉴于此种状况，特别注重收集各割据诸侯国的典籍。平蜀，派右拾遗孙逢吉前往，收得图书1.3万卷。开宝八年（公元975年）灭南唐，得书二万余卷。吴越归附，得图籍。这些所得初步充实了宋王朝的秘阁典藏。故淳化三年九月，太宗幸新秘阁，面对"群书齐整"的状况不禁喜形于色，谓侍臣曰："丧乱以来，经籍散失，周孔之教将坠于地。朕即位之后，多方收拾，抄写购募，今方及数万卷，千古治乱之道并在其中矣。"[①]

当然这样的成果，并没有使统治者感到满足。对于江南民间藏书的丰富，宋太宗心知肚明更向往已久。作为一个经济发展态势迅猛的区域，自五代以来，南方诸地藏书家辈出，学风隆盛，民间藏书不论数量质量均可敌国。因而，太宗在至道元年（公元995年）六月，派内品监秘阁三馆书籍裴愈"使江南两浙诸州，寻访图书。如愿进纳入官优给价值，如不愿进纳者就所在差能书吏借本抄写，即时给还，仍赍御书石本所在分赐之。愈还，凡得古书六十余卷，名画四十五轴，古琴九，王羲之怀素等墨迹共八本，藏于秘阁"[②]。从求书的方式我们可以知道，这征集的图书和字画全部来自于民间。这一事例充分显示了南方地区书籍的储量丰富，这也为南方学风隆盛，文人辈出的状况做一个不可缺少的注脚。

---

① 宋 程俱：《麟台故事》卷1，《文渊阁四库全书》本。
② 同上。

书籍的搜罗，离不开藏书家的功绩。范凤书先生在《中国私人藏书史》中说，宋代藏书万卷以上的大藏书家计有214人，其中人数最多的是江西，54人，其次为浙江32人，福建21人。虽然，这些藏书家多生活于南宋时期，但即使在北宋前期，南方地区名闻遐迩的藏书家也不乏其人。以浙江为例，声名最著者当属钱惟演和楼郁。钱氏作为吴越旧王孙，家学渊源，《宋史》本传称其"家储文籍侔秘府"，足见储书之多。以其经历论，多次参与编撰类书，且为"西昆派"领军人物，足见学养积淀之深厚。楼郁字子文"自奉化徙鄞……庆历中教授郡学，一时英俊皆在席下，登进士，调庐江主簿，自以禄不及亲绝意仕进，以大理评事终于家，有遗集三十卷"，在浙江文人中他不是很引人注目的一位。但是他极好读书，家藏万卷书中抄录者过半，是一位勤勉的藏书家。

再以江西为例。宋前期百余年，该区域知名的藏书家就有胡仲尧、刘式、陈奘、欧阳修和温革。

胡仲尧，"洪州奉新人，累世聚居至数百口，构学舍于华林山别墅，聚书万卷，大设厨廪，以延四方游学之士。南唐李煜时尝授寺丞，雍熙二年诏旌其门闾"。①

刘式，字叔度，清江人，南唐时举三传出身，宋平江南入京，历官大理寺丞、工部员外郎等，《方舆胜览》卷二十一因朱熹《刘氏墨庄记》云："刘清之五世祖工部府君仕太宗朝佐邦计者十余年，既没而家无余赀，独有图书数千卷，夫人陈氏指以语诸子曰此乃父所谓墨庄也。"值得一提的是，刘氏家族藏书的传统自此承传了下去，至南宋，经历了五代。而以书为"墨庄"的观念充分展示了这位藏书家以学问求生存，求发展的心态。

陈奘，星子人。"博学敦行义，大中祥符间登进士，两为节度推官再作剧邑（一为郡）贰，后典蕲、黄二州，所在有政绩官至太子宾客。"② 陈氏藏书甚富，名闻当时，另建别墅，延揽四方学士共同讨论切磋。

欧阳修为北宋著名文学家，一生著述丰富。至其中年，藏书多至万卷，金石遗文一千卷。

温革，石城人。一生虽无大建树，但酷好藏书。凡国子监所有的书只要市面上有购，必悉数购回。其家藏书据说可以与国子监相比。"宝元中上书愿纳家赀，尽市书得请归创讲堂，开义学。远近之士多就教育乡俗，陶其善化"（《明一统志》卷五十八），可见藏书而外他还热心于地方教育。

---

① 元 脱脱等：《宋史》卷456，《文渊阁四库全书》本。
② 明 李贤等：《明一统志》卷52，《文渊阁四库全书》本。

这些藏书家并不是简单地收集图书，在此基础上他们还注意仔细校勘书籍和编目，并进行相关研究。欧阳修就曾手校《昌黎先生集》，前后长达 30 年之久，其精益求精。同时欧阳修还编写了《欧阳修参政书目》一卷，另将自己研究金石的心得写成题跋，汇编为《集古录》。于此书欧阳修用力勤甚，《四库全书总目》卷八十六称："修始采摭佚逸积至千卷，撮其大要各为之说。至嘉祐治平间，修在政府又各书其卷尾，于是文或小异，盖随时有所窜定也。修自书其后题。"

藏书家的大量涌现是该地区重视教育的直接结果，同时，也刺激的学子们的学习热情，并为他们提供了一定的便利。因为一些藏书家往往慷慨地提供自己的图书为四方学者共享。前文提及的胡仲尧和陈崈就是如此。

第二节　杭州书坊、闽地书肆的运作与学术传播

除了藏书家不断涌现之外，对于知识普及和文化传播意义更为重大的是当时的南方地区已经成了重要的书籍印刷和出版中心。叶梦得《石林燕语》对此做有过详细地论述："五代时，冯道奏请始官镂六经板印行，国朝淳化中，复以《史记》，前、后汉付有司摹印，自是书籍刊镂者益多，士大夫不复以藏书为意。学者易于得书其诵读亦因灭裂然。……世言雕板印书始冯道，此不然。但监本五经板道为之尔。柳玭训序言：其在蜀时尝阅书肆云字书、小学率雕板印纸则唐固有之矣。但恐不如今之工。今天下印书以杭州为上，蜀本次之，福建最下。京师比岁印板殆不减杭州，但纸不佳。蜀与福建多以柔木刻之取其易成而速售，故不能工。福建本几遍天下正以其易成故也。"从此中我们可以了解的信息有三：其一，雕版印刷最早起于唐之蜀地；其二，冯道以雕版引六经极大改变了读书人的藏书习惯，使知识的普及成为可能；其三，当时天下形成了三大印书中心，全部集中在南方地区，而杭州是它们中的翘楚，其刻书质量得到了广泛认可。而福建印本质量虽不如杭州，但流行程度最广。

在北宋前期，杭州的印刷业包含两个组成部分，官刻与私刻。其中官刻图书通常是由朝廷圈定书目，然后在杭州开版印刷的。《麟台故事》便记载了端拱元年（公元988年）到咸平二年（公元999年），朝廷就在杭州开印《五经正义》，以为"监本"，如此不远千里地印书，显然昭示着杭州书籍印刷能力在全国处于领先地位。

至于私刻，在这一时期的杭州发展得更如火如荼。尽管没有官方背景，且

刻书不乏赢利目的,但杭州的书坊对于版本校订和书籍选择仍是下了一番功夫。有据可考的是淳化年间(公元990—994年)杭州陆氏万卷堂便开刻《史记》,而到了宝元二年(公元1029年),杭州进士孟淇将姚铉编撰的《唐文粹》一百卷付印,此举对于推动宋前期的文学风气转移起到了一定的作用。庆历二年(公元1042年),杭州晏家书坊开刻《妙法莲华经》,书成,赞誉之声四起,被称为:"字体方正圆润,刀法古朴遒劲。"

除书坊外,寺院也加入到了刻书的行列中。淳化咸平年间,杭州龙兴寺刻成《华严经》;景祐年间,大中祥符寺刻成《大涅盘经》。最令人称道的是,大中祥符二年(公元1009年)明教寺刻出了《韩昌黎集》,这说明,当时的寺院刻书虽以宗教典籍为主,但仍能兼顾世俗文化的需求。

至于福建,叶德辉《书林清话》中有这样的叙述:"宋刻书之盛,首推闽中,而闽中尤以建安为最。"而建阳为图书之府,因地处闽北武夷群山中,竹木茂盛,造纸事业发达,为雕版印书提供了有利条件,故所印之书行销天下。朱熹说:"建阳书籍,上自六经,下及训传,行四方者,无远不至。"斯为明证。

尽管,福建的印刷业鼎盛时期在北宋前期尚未到来,但是,繁荣的端倪已经显现。元丰三年(公元1080年),由主持慧空大师等通过募捐、化缘集资而雕印的《崇宁藏》刻印于福州白马山东禅寺院,至崇宁二年(公元1103年)方始完成,历时23年。共计五百余函,6434卷,其规模超过《开宝藏》,是历史上第一次由民间集资刻印的《大藏经》。虽然,这只是佛门盛事,但足见当地印刷业之规模。

第四章

南方寺院经济发展对僧人群体的影响

第一节 南方寺院的发展的经济基础

晚唐五代,北方战乱频仍,寺院的生存和发展岌岌可危;而南方各割据政权提供了相对安静的环境,再加上这些地区社会经济的长足发展,使得佛教的渗透和寺院的发展有了基础保障,寺院的规模、数量以及僧人群体的数量得到了迅速增长。入宋以后,这一态势仍然得以延续。

例如,建州五代时属闽国,是佛教发展的繁盛之地。王审知(公元909—925年在位)有国之时先后兴建、修复260座寺和6座塔。在《杨文公谈苑》中有这样的记载:"公言:吾乡建州,山水奇秀。梁江淹为建安令,以为碧水丹山,灵木珍草,皆平生所至爱,不觉行路之远,即吾邑也。而岩谷幽胜,土人多创佛刹,落落相望。伪唐日州所领十一场县,后分置邵武军,割隶剑州。今所管六县,而建安佛寺三百五十一,建阳二百五十七,浦城一百七十八,崇安八十五,松溪四十一,关隶五十二,仅千区,而杜牧江南绝句云:'南朝四百八十寺。'六朝帝州之地,何足为多也!"①

又如,余靖指出:"(广州)南海诸越之冠邑也。……天禧中圣化翔洽,逾五十载,国无横赋,民有常业,生聚既众,仓廪既实,亡者必有悼也而不知其所之,存者必有脩也而不知其所向,耋艾同议香火为归。尔时檀越麦延绍等五十余人列名请今住持僧法宗,建刹奠居,以奉西方之教。"② 足见,广州佛寺之繁荣得益于当地经济的发展,民众有业可守,安定富足。

至于两浙路,承五代余绪,寺院发展的势头更是迅猛。如吴越钱氏时,杭

---

① 李裕民辑校:《杨文公谈苑》,上海古籍出版社,2001年。
② 宋 余靖:《广州南海县罗汉院记》,《武溪集》卷6,《文渊阁四库全书》本。

州可知的寺庙有360多座,"东南佛国"之势已经显现。同时,作为来往韩国、日本重要口岸所在地的明州,佛寺之繁盛也令人瞩目。《鄞县通志》记云:"鄞为浙东一大都会,西南近接天台,东北遥控补陀,故唐宋二代,鄞之城乡,淄流猥集,梵宇林立,且五代以后,台宗衰于台而盛于明,故明蔚为全国大丛林之一。"① 这些佛寺不仅汇聚了大量高僧大德,也成为中国与东亚佛教交流的重要场所。同时在很大程度上,佛教也成为两浙路最重要的民间信仰,甚至出现了"浙俗贵僧,或纵妇女与交"② 这样的咄咄怪事,足见其影响力。

佛寺发展繁荣的两大标志是寺院经济实力提升与僧人的数量增加。自唐代晚期以来,随着南方地区寺院规模的扩大,百丈怀海所提倡的"农禅并重"的小规模的丛林经济活动已经逐渐退出历史舞台。寺院通过敕赐、赠予等方式获取了大量土地,通过租赁方式招募佃户耕作,从中获得丰厚收益。例如闽中晋江"承天寺一名月台寺。在崇阳门东南,五代节度使留从劾南园地也。周显德中,南唐建为南禅寺。置僧田九百石,益以招庆院废产。"③;"护国永隆资寿讲寺在府治北桂香坊内。宋景德中陈洪铭刺漳州,舍宅施田建庵,为兄洪进祈福。后改'永隆资寿院'"④;闽中长乐县"开宝中,中山人刘逢以滨海地数千丈施于东禅寺,乃筑埤塄,高一丈五尺,厚三丈。塄内港水凡三道,设泥门一十五防淤,间则以泥门通之,涨溢则以斗门泄之,凡十年。斗门凡三筑乃成。自是,不陷者百余年,岁收千石"⑤。

又如,夏竦《赐杭州灵隐山景德灵隐寺常住田记》则记述灵隐寺得到太后"赐直百万市田,二十五亩以施之"⑥ 的恩惠;《武林梵志》卷六:"寿禅院者,故吴越国武肃王钱氏所建太平寺也。宋天祐二年更为禅居。天圣七年始赐今额。初县人高君保与其子瞻自景德以来大新栋宇造殿塑像藏 经铸钟百用具修又以田百有二亩与常住供僧"⑦。《补陀洛迦山传》载"宋元丰三年,王舜封,使三韩,遇风涛有感,以事上闻,赐额曰宝陀观音寺。置田积粮,安众修道,岁许

---

① 民国《鄞县通志》政教志壬编宗教,民国二十四年(1935年)影印本。
② 宋 李焘:《续资治通鉴长编》卷54,中华书局,2004年版。
③ 清 周学曾:《晋江县志》卷69,道光本。
④ 明 黄仲昭:《八闽通志》卷77,《文渊阁四库全书》本。
⑤ 宋 梁克家等:《淳熙三山志》卷16"版籍类"7,《文渊阁四库全书》本。
⑥ 宋 夏竦:《文庄集》卷21,《文渊阁四库全书》第1087册,上海古籍出版社,2003年。
⑦ 明 吴之鲸:《武林梵志》卷6,《文渊阁四库全书》第588册,上海古籍出版社,2003年,P142。

度一僧。"①

因为南方地区有重视佛教的信仰根基,故百姓和官吏舍宅施田之风颇为盛行,兼之来自统治者的各种原因封赐,寺院拥有了数量客观的土地,得益于南方良好的气候和高度发达的农业,寺院经济实力得到了逐步提升,成为人们向往的场所。

入宋以后,随着南方城市的繁荣、城乡手工业和商业的发展,寺院的经济生活也进一步世俗化。除了土地收入之外,还有相当一部分寺院通过手工业、商业等方式扩大赢利。朱彧《萍洲可谈》卷二说抚州莲花寺织造莲花纱"抚州莲花纱,都人以为暑衣,甚珍重。莲花寺尼,凡四院造此纱。捻织之妙,外人不可传。一岁每院才织近百端。市供尚局,并数当路计之,已不足用。寺外人家织者甚多,往往取以充数。都人买者,亦自能别寺外纱。其价减寺内纱什二三。"庄绰《鸡肋编》卷中有:"广南风俗,市井坐估多僧人为之,率皆致富又例有室家,故其妇女多嫁于僧"的奇特风俗。可见在南方地区,佛寺的发展与工商业之间关系颇为密切。

随着佛教世俗化进程的推进,北宋以来,寺院的商业活动逐渐展开,无分南北。但是得地利之便、物产之便、观念之便,南方佛寺更早地开始了这种经营活动,而且产业类型也颇为多样,这也在相当程度上使得这些寺院实力大增。

第二节 南方诗僧的感召力和凝聚力

随着寺院规模的扩大和实力提升,南方寺院自然而然地吸引了大量来自各地的僧人,在论及北宋杭州佛教发展时,冯国栋先生就以"蜀僧入浙"作为一个重要标志。② 有广泛影响力的高僧在南方寺院中住持、弘法,不仅吸引了大量僧人、信众,这些高僧中也不乏以诗名著称者,他们构成了重要的引力圈,汇聚文士、官员,儒释互通,诗禅互证,形成了独特的文化影响力。而南方诸地本身也诗僧辈出,其影响力同样不容忽视。以下试以雪窦重显和孤山智圆以及宋初九僧数例证之,从他们身上,我们能清晰地看到南方佛教诗学对宋型诗

---

① 元 盛熙明:《补陀洛迦山传》"兴建沿革品第四",《大正藏》第 51 册 No. 2101,东京大藏出版株式会社,1988 年。

② 冯国栋:《浙江与宋代佛教——以阿育王塔、上天竺观音和宋代的四川僧人为例》,钱塘公众历史讲座第十一期,2016 年 3 月 13 日,浙江图书馆教育中心。

发展的影响。

（1）雪窦重显。重显（公元980—1052年）被日本学者忽滑谷快天称为"禅道烂熟时代之第三人"①，为蜀地遂州人，"依益州普安院。沙门仁铣为师、落发受具。出蜀浮沈、荆渚间历年"②。早年，他追随云门宗的精神领袖智门光祚修行，并得其传承。在其好友曾会的召唤下，来到明州，是典型的"蜀僧入浙"，住持雪窦资圣禅寺31年，作为北宋文字禅的关键作家，不仅其禅法，更重要的是其诗学理念产生了深远的文化影响。

曾会（公元952—1033年）是端拱二年（公元989年）榜眼进士，刑部郎中，集贤殿修撰，赠太师中书令兼尚书令，封楚国公，为北宋前期名臣。他与雪窦重显是总角之交。《五灯会元》卷十六记曰：

修撰曾会居士，幼与明觉同舍，及冠异途。天禧间，公守池州，一日会于景德寺。公遂引中庸大学，参以楞严符宗门语句，质明觉。觉曰："这个尚不与教乘合，况中庸大学邪？学士要径捷理会此事。"乃弹指一下曰："但恁么荐取。"公于言下领旨。天圣初，公守四明，以书币迎师补雪窦。既至，公曰："某近与清长老商量赵州勘婆子话，未审端的有勘破处也无？"觉曰："清长老道个甚么？"公曰："又与么去也。"觉曰："清长老且放过一著，学士还知天下衲僧出这婆子圈不得么？"公曰："这里别有个道处。赵州若不勘破，婆子一生受屈。"觉曰："勘破了也。"公大笑。③

由此可见，雪窦重显与曾会相交甚笃，两人引经据典，相互质证，了解对方的思想方法和学术体系。

雪窦重显因为曾会的邀请到雪窦寺。他有《寄池阳曾学士》云："山万重兮水万枝，堆青流碧冷便宜，箬来免得生遥恨，不在诗情在祖师。"④ 表达两者相知之情。曾会素有文名，且官声甚佳，颇受时人尊敬。张方平《曾会神道碑》云："唯诚与恕，不务世求，乃与时忤，往蹇来连，多蹶少迁，郎潜一郡，四十五年，外虽不偶，中全所守。"与这样一位学问优长、声名卓著的文人交情莫

---

① 忽滑谷快天著，朱谦之译：《中国禅学思想史》，上海古籍出版社，1994年，P402。
② 宋 觉范：《禅林僧宝传》卷11，河村照孝编集，《卍新纂大日本续藏经》第79册 No. 1560，东京株式会社国书刊行会，1975—1989年版，p514。
③ 宋 普济：《五灯会元》卷16，《大藏经》第80册 No. 1565 东京大藏出版株式会社，1988年，P329。
④ 宋 文政编：《祖英集》，《明觉禅师语录》卷5，《大藏经》第47册 No. 1996 东京大藏出版株式会社，1988年，P698。

逆，雪窦重显很容易受到主流文化圈的关注与接纳。

曾会为曾公亮之父，曾氏家族家学渊源，文章清华，科甲鼎盛。曾公亮天圣二年（公元1024年）登进士第，嘉祐六年（公元1061年），拜吏部侍郎、同中书门下平章事、集贤殿大学士，为一代名臣。《宋史》卷七十一本传云："岁满，当用故事试馆职，独献所为文，授集贤校理、天章阁侍讲、修起居注。擢天章阁待制，赐金紫。先是，待制不改服。仁宗面锡之，曰：'朕自讲席赐卿，所以尊宠儒臣也。'遂知制诰兼史馆修撰，为翰林学士、判三班院。……公亮明练文法，更践久，习知朝廷台阁典宪，首相韩琦每咨访焉。"可见其文章出色，学问精深，为一时翘楚。

北宋仁宗一朝，文风鼎盛，馆阁翰苑为储才之地，无论宫廷应制，同僚唱酬均能汇聚一大批当时文坛精英，在赋咏雅集过程中，文风观念彼此影响，并在潜移默化中对文学风尚进行引导与转变。曾公亮作为其中重要一员，其感召力作用不可小觑。

在他的朋友圈中，与其同年成进士的胡宿是值得特别关注的一家。曾公亮胡宿两人多有交集，来往密切。《宋会要辑稿·选举一》记曰："（皇祐）五年正月十二日，以翰林学士承旨王拱辰权知贡举，翰林学士曾公亮、翰林侍读学士胡宿、知制诰蔡襄、王珪并权同知贡举……"《御批历代通鉴辑览》记："（辛丑八月）曾公亮同平章事，张昇为枢密使，胡宿为副使。"在胡宿的文集中多有涉及曾公亮的制、诏、批答，虽是奉命之作，但能从中看出作者的内心对曾氏文学才华和学术深度的认同。如《曾公亮可充史馆修撰制》："立言不朽，书法无隐，传言后世勉济前人，岂不美欤"①；《曾公亮可加柱国制》"具官某体识渊通，才猷敏济，稔更文翰之职，寖研法律之微"②；《除曾公亮检校太尉充枢密使制》"曾公亮风业硕茂，志虑深纯，学多贯于前言，性颇修于中道"③；《赐新除参知政事曾公亮诏》"卿志度深沈，识裁详密，以道术侍朕，讲以典册，宣王命请治寰辅，擢尹京师，厥绩茂焉"④。由此可见曾公亮、胡宿二人在文学观念上非常可能相互影响，而胡宿是宋代诗学"活法"理论提出的第一人。

---

① 宋 胡宿：《文恭集》卷12，《文渊阁四库全书》1088册，上海古籍出版社，2011年，P711。

② 宋 胡宿：《文恭集》卷17，《文渊阁四库全书》1088册，上海古籍出版社，2011年，P763。

③ 宋 胡宿：《文恭集》卷22，《文渊阁四库全书》1088册，上海古籍出版社，2011年，P819。

④ 宋 胡宿：《文恭集》卷25，《文渊阁四库全书》1088册，上海古籍出版社，2011年，P838。

其次，我们注意到，曾公亮在编修《新唐书》过程中与一批当世文章巨擘关系紧密。《廿二史劄记》卷十六记曰："宋仁宗以刘昫等所撰唐书卑弱浅陋，命翰林学士欧阳修、端明殿学士宋祁刊修，曾公亮提举其事，十七年而成，凡二百二十五卷。"宋祁为西昆体后期作家，"红杏尚书"名动天下，欧阳修更是一代风气的开创者，这一群体的文化影响力不言而喻。

这其中有一位作家对雪窦重显推崇备至，他就是吕夏卿（公元1015—1068年）。吕夏卿宋仁宗庆历二年（公元1042年）成进士，庆历五年（公元1045年），欧阳修和宋祁奉诏编修《新唐书》，联名推荐吕夏卿参加。皇祐元年（公元1049年），夏卿被任命为编修，参加《新唐书》的编纂工作。《宋史·吕夏卿传》称："学长于史，贯穿唐事，博采传记杂说数百家，折衷整比。又通谱学，创为世系诸表，于《新唐书》最有功云。"① 欧阳修《送吕夏卿》诗云："始吾尚幼学弄笔，群儿争诵公初文。嗟我今年已白发，公初相见犹埃尘。传家尚喜有二子，始知灵珠出淮滨。去年束书来上国，欲以文字惊众人。驽骀群马敛足避，天衢让路先骐麟，尚书礼部奏高第，敛衣袱砚趋严宸。"② 足见欧阳修为吕氏文章的认同。

吕夏卿有《雪窦山资圣寺明觉大师碑》，其中说："自师出世，门人惟盖、文轸、圆应、文政、远尘、允诚、子环相与衰记，提倡语句诗颂为洞庭语录，雪窦开堂录，瀑泉集，祖英集，颂古集，揭古集，雪窦后录凡七集。师患语之多，而其徒怅然犹以为编捃有遗，盖利他之谓也。余得其书而读之二十余年矣，虽瞻仰高行而禄利所縻，无由亲近，使得稽首避席，沾被法雨，觉悟尘劳，庶几可教者，今蔑如之何。师辞世十有三年，碑表未立，余杭僧惠思撰行业录，与其徒元圭觉济大师悟明继踵过门，袖文请铭，以余跂慕之心，重之以门人之请之勤抑有待耶？愚公叩壤以移山，虽不量力其诚则至矣。"③ 从中可知，两人虽未谋面，但吕夏卿对雪窦重显的著作非常熟悉，"读之二十余年"，受其观念濡染是题中应有之义。

受到吕夏卿这样一位学者高度赞誉，可证雪窦重显在当时文坛的影响力，这也为其诗学思想传播提供了有力的保障。

雪窦重显作为"云门中兴之祖"和重要作家在僧人群体中亦有很大的影响力。《五灯会元》卷十六记曰："青原下十世下雪窦显禅师法嗣天衣义怀禅师。

---

① 元 脱脱：《宋史》卷331，《文渊阁四库全书》本。
② 宋 欧阳修：《居士集》卷1，《文渊阁四库全书》本。
③ 宋 张津：《干道四明图经》卷11，清干隆三十年（1765年）抄本。

越州天衣义怀禅师，永嘉乐清陈氏子也。"，这位天衣义怀法师追随雪窦重显多年，深得其真传：

> 及至姑苏，礼明觉于翠峰。觉问："汝名甚么？"曰："义怀。"觉曰："何不名怀义？"曰："当时致得。"觉曰："谁为汝立名？"曰："受戒来十年矣。"觉曰："汝行脚费却多少草鞋？"曰："和尚莫瞒人好！"觉曰："我也没量罪过，汝也没量罪过。你作么生？"师无语。觉打曰："脱空谩语汉，出去！"入室次，觉曰："恁么也不得，不恁么也不得，恁么不恁么总不得。"师拟议，觉又打出。如是者数四。寻为水头，因汲水折担，忽悟，作投机偈曰："一二三四五六七，万仞峰头独足立。骊龙颌下夺明珠，一言勘破维摩诘。"觉闻拊几称善。"①

此则记述是雪窦重显对天衣义怀的开示。重显所谓"恁么也不得，不恁么也不得，恁么不恁么总不得"问的是肯定与否定都不对时应当如何，义怀通过扁担折断终于悟到要"离有无二见"，超越有无，超越肯定与否定，不起对立分别之心的中道真谛。在云门宗发展中，作为云门下四世著名禅僧，天衣义怀在此过程中发挥了不可替代的巨大作用。他也因此受到了士大夫群体的关注和赞誉。宋释道谦的《大慧普觉禅师宗门武库》记载，太宗朝宰相吕蒙正因得僧人资助而出仕，故发愿"愿子孙世世食禄于朝外护佛法"，其侄孙申国公吕公著最敬天衣义怀，每至元日，拜家庙后"发天衣怀和尚书"表示礼敬。吕氏家族学风醇厚，史称"吕学"，公著为其开创者，后世人称"东莱先生"的吕本中，亦即宋代诗学活法理论的集大成者，为其曾孙。

此外，与雪窦重显交好的天童新禅师、觉海禅师②亦与著名政治家，诗人王安石关系莫逆。瑞新禅师为云门宗僧人。王安石有《答瑞新道人十远》诗和《书瑞新道人壁》文，其诗中有："亦复有远意，千载不相忘"和"予知鄞县，爱其才能，数与之游"这样的句子，表达两者的交谊。《五灯会元》卷十二记载额王安石与觉海大师的交谊："丞相王公安石重师（觉海）德望，特奏章服师号。公又坚辞鼎席，结庐定林山中，与师萧散林下，清谈终日。赠师颂曰：'不

---

① 宋 普济：《五灯会元》卷16，《大藏经》第80册 No. 1565，东京大藏出版株式会社，1988年，P328。
② 雪窦重显《祖英集》卷下有《苔天童新和尚》："中峰深且寒，敧接海边岛。松涧不死枝，花坏未萌草。飞瀑吼蛟宫，幽径分鸟道。伊余空寂徒，浮光寄枯槁。冥游天地间，谁兮可寻讨。孤立云霞外，谁兮可长保。兹来仁者来，还称太白老。荷策扣岩扃，重席展怀抱。示我商颂清，休夸郢歌好。报投慭抒辞，难以论嘉藻"表达出对新禅师的思念以及对其诗歌创作的高度赞誉。《送觉海大师诗》："秋云岩叶两悠悠，半逐风驰半水流，凭问禅家有何意，不知方外若为酬。"颇见相知相重之意。

与物违真道广,每随缘起自禅深。舌根已净谁能坏,足迹如空我得寻。'此亦明世希有事也。"① 王安石的诗学观和诗歌创作风格具有很明显的禅学趣味。他的诗歌构思带有直觉顿悟的特色,有相当部分作品带有"颂古"的文本特征。② 这自然得力于他与禅僧的交往,对诗禅相融之法的汲取。

于此,我们可以看到以雪窦重显为枢纽,汇聚了一群北宋前期有影响力的文人和诗僧,使得他的诗学理念融入北宋诗学发展的进程称为一种必然。

(2)孤山智圆。孤山智圆(公元976—1022年),俗姓徐,字无外,自号中庸子,或称潜夫。钱塘(今杭州)人,幼时出家,随后于钱塘龙兴寺受戒。他是南方文化圈自身孕育的一代高僧。二十一岁,受儒学,但仍以习释氏为本务,即往奉先寺依源清学习天台教观,后隐居于西湖孤山的玛瑙坡,与处士林逋为友,与当时天台宗义学沙门慈云遵式相交,以天台三观教人,是北宋前期天台宗义学名僧,因著有《文殊般若经疏》《遗教经疏》各二卷,《般若心经疏》《瑞应经疏》《四十二章经注》《不思议法门经疏》《无量义经疏》《观普贤行法经疏》《阿弥陀经疏》各一卷,《首楞严经疏》十卷,世称十本疏主。智圆行禅讲道之外,好读儒书,又喜为诗文,年47圆寂。从其生平经历可知,他兼通儒释两道,著述甚富,因而在北宋前期僧人与士人群体中均有影响力。

与北宋前期众多僧侣不同的是,智圆并不喜欢与达官贵人相往来,因此在其生前也没有太多的人为之揄扬声名,但是作为一个学术专精的高僧和创作活跃的诗人,智圆隐居孤山期间不仅吸引了很多青年学子,也与一些文人、隐士、诗僧往来切磋,这种交流让智圆的诗学观得到了传播,并产生了相当程度的影响力。

孤山智圆居孤山时因其道行与才学也吸引了许多年轻学子从其学习。其《讲堂书事》中说:"达本与饰躬,志在求同声。击蒙虽云劳,来学苦无成。"③ 表达的正是他对传道授业的热情。其《讲堂铭》又云"为人模范,慎尔威仪。行道有勇,击蒙忘疲。来而不拒,往而不追,摧邪务本,显正务滋"④,表达的同样是立身垂范,教化后学的信心与追求。这种以教学为主导的交流让智圆的

---

① 宋 普济:《五灯会元》卷12,《大藏经》第80册No. 1565,大藏出版株式会社,1988年,P248。
② 宫波:《佛禅与王安石诗歌研究》,吉林大学2012年博士论文。
③ 宋 智圆:《闲居编》卷40,《续藏经》101册,台湾新文丰出版公司,1976年版,P167。
④ 宋 智圆:《闲居编》卷34,《续藏经》101册,台湾新文丰出版公司,1976年版,P153。

思想得到了知识阶层的接受与认同。

在与他交往密切友人中,林逋(公元967—1028年)与之最为投契,两者比邻而居。在孤山智圆的《闲居编》中有多首赠林逋的作品。如《赠林逋处士》(卷四十一):

深居猿鸟共忘机,苟孟才华鹤氅衣。满砌落花春病起,一湖明月夜渔归。风摇野水青蒲短,雨过闲园紫蕨肥。尘土满床书万卷,玄纁何日到松扉。①

诗写林逋与自然为友的生命态度,通过对其隐居之处静谧恬淡的环境描写,表达出对这样一位隐士才华与品行的双重肯定。

林逋的诗学观与孤山智圆非常接近。如他在《诗将》一作中写道:"风骚推上将,千古耸威名。子美尝登拜,昌龄合按行。"② 仅此一处,表现出的眼光较晚唐体诗人阔大,与智圆广泛学习前代诗学范式的态度如出一辙。在论及具体的作诗方法时林逋主张"劳形忘底滞,巧思出樊笼"(《诗匠》)③ 和"寄远情无极,搜奇事转新"(《诗魔》)④,也就是注重以人工构筑天巧,在琢磨中寻求自然,这又和智圆所追求的"立意造平淡,冥搜出众情"(《读清塞集》)⑤ 相互印证。

林逋在宋真宗年间得享大名,而且因品格清高饮誉士林。明万历刻本《林和靖集》有张蔚然"叙"曰:"夫宋咸平天圣间得一人曰林君复,时方逐谀封禅,独飘然萆逋,与岭梅埜雀为群",而和靖本人临终遗诗曰:"茂陵他日求遗稿,犹喜曾无封禅书。"⑥ 体现的都是卓尔不群的人格操守。因此,他比较容易获得当时文人的敬慕。在林逋的交游圈中,我们可以看到如潘阆这样隐居的晚

---

① 宋 智圆:《闲居编》卷41,《续藏经》101册,台湾新文丰出版公司,1976年版,P172。
② 傅璇琮等:《全宋诗》卷105,北京大学出版社,1998年版,P1205。
③ 傅璇琮等:《全宋诗》卷105,北京大学出版社,1998年版,P1206。
④ 傅璇琮等:《全宋诗》卷105,北京大学出版社,1998年版,P1206。
⑤ 宋 智圆:《闲居编》卷49,《续藏经》101册,台湾新文丰出版公司,1976年版,P204。
⑥ 宋 林逋:《自作寿堂因书一绝以志之》,陈衍《宋诗精华录》卷:1,巴蜀书社,1992年版,P19。

唐体诗人①，与其弟宋祁并称"二宋"，名动天下的宋庠②。范仲淹这样的一代名臣对林逋多角度的肯定与认同："风俗因君厚，文章至老淳。"(《寄赠林逋处士》)③ 是对其文学成就的评价；"片心高与月徘徊，岂为千钟下钓台"(《寄林处士》)④ 是对其高洁人品的赞誉；"何当伴闲逸，尝酒过诸邻"表达了对其生活状态的向往(《寄西湖林处士》)⑤，如此种种，足见两者交谊至深。北宋诗文革新运动的重要人物梅尧臣，在其《林和靖先生诗集序》中说："是时余因适会稽，还访雪中。其谈道孔孟也，其语近世之文韩李也。"⑥ 雪中相访，非至交不能行。

林逋独特的个性使之成为一个有广泛吸引力的文人圈的核心，而他与孤山智圆的亲近与密切交往也很容易使得这个文人圈关注到这样一位出众的天台诗僧。

林逋而外，孤山智圆与曾经参与"西昆酬唱"的诗人薛映（公元951—1024年）也过从甚密。《宋史·薛映传》称："映好学有文，该览强记，善笔札，章奏尺牍，下笔立成。为治严明，吏不能欺。每五鼓冠带，黎明据案决事，虽寒暑，无一日异也。"⑦ 在薛映担任钱塘太守时，智圆有诗赠之：

分符江郡远，贵列七人间。文古淳风在，时清谏笔闲。

楼高喧暮角，厅冷鏁秋山，圣代期调鼎，轩车即诏还。(《上钱唐太守薛大谏》)⑧

诗既表达了对薛映文章风格的肯定，也对他未来的前途寄予厚望。前文说过，孤山智圆并不是一个喜欢同官员交往的诗人，有此一诗，可见他对薛映有着相当程度的接受与认可。

---

① 潘阆有诗《赠林处士》："云鬋乌纱霜鬋衣，存神养气语还稀。人人尽唤孙思邈，只恐身轻白日飞。"表达了对林逋潇洒出世的生活状态的赞叹，见厉鹗《宋诗纪事》卷五，上海古籍出版社，1983年版，P129。
② 宋庠有《和梵才寄林逋处士》："白首江湖传散人，天殁解尽有天真。汉家不惜青蒲费，终为枚生一裹轮。"写出了他对这位隐士品性的赞誉。见宋庠《元宪集》卷一五，商务印书馆，1958年版 P150。
③ 清 范能濬编集：《范仲淹全集》，凤凰出版社，2004年版，P72。
④ 清 范能濬编集：《范仲淹全集》，凤凰出版社，2004年版，P79。
⑤ 清 范能濬编集：《范仲淹全集》，凤凰出版社，2004年版，P75。
⑥ 宋 梅尧臣：《宛陵先生集》卷60，四部丛刊缩本，上海商务印书馆，1936年版，P480。
⑦ 元 脱脱：《宋史》列传64，卷305，中华书局，1985年版，P10091。
⑧ 宋 智圆：《闲居编》卷43，《续藏经》101册，台湾新文丰出版公司，1976年版，P177。

另外一位与孤山智圆交情甚笃的文人是吴遵路（公元 1000—1065 年）。遵路字安道，其父吴淑是南唐著名学者，得到韩熙载、潘佑器重。入宋后，参与修订《太平御览》《太平广记》《文苑英华》等书。吴遵路既为名人之后，又"幼聪敏，既长，博学知大体。……善笔札。其为政简易不为声威，立朝敢言，无所阿倚。平居廉俭无他好，既没，室无长物，其友范仲淹分奉赒其家"（《宋史·吴遵路传》①），其人品才华都为当世所重。这样一位人物为孤山智圆的《闲居编》写了序言，既可证明智圆的文学理念得到了主流文化圈的认可，也为其观念的传播与接受提供了有力的支撑。序曰：

> 五彩相宣，故火龙黼黻照其象；八音迭唱，故英茎濩武导其和。足言以文亦犹是矣。何则志有所之，而辞生焉；辞不可陋，而文形焉。然而风流下衰，靡弊忘返，于是文过其实，理不胜辞，或贻肇悦之讥，或兴郑卫之诮。比物连类，犹或失之，索隐钓深，将何所取？质而不野，文而不华，敷衍真宗，辟圣人之户牖；导扬名教，示来者之楷模，则于圆公上人之文而见之矣。②

这篇序中，吴遵路表达了对当世文风的不满，认为其文采与义理不能兼备，比拟失当，内涵不够深广；而孤山智圆的诗文则能够文质兼备，宣扬圣道，足为楷模。这样的评价体现出了他对智圆充分的认知和高度的赞誉，也难怪智圆在读到这篇序文后激动不能自已，写下了《谢吴寺丞撰闲居编序书》："霍然惊起，凭几俯读，舒卷沈玩，疑乎纸变墨渝，何止于三复哉。"③

与智圆关联密切的另一位天台名僧为四明知礼。两者有所谓的"山家""山外"之争，思想冲突比较激烈。对此，智圆《与嘉禾玄法师书》④ 有明确表述：

> 有四明知礼法师者，先达之高者也。尝为天台别理，立随缘之名而鲸吞起信之义焉。有永嘉继齐上人者，后进尤者也谓礼为滥说耳。繇是并形章藻二说，偕行如矢石焉。杭诸宗匠莫有评者，翻尔学徒甚以为惑矧。……

这番话明确道出了孤山智圆对四明知礼的不满，斥其为"滥说"。

然而，在当时知礼得到了士大夫阶层的更多拥戴。这其中就包括当时的文

---

① 元 脱脱：《宋史》列传 185，卷 426，中华书局，1985 年版，P12701。
② 宋 智圆：《闲居编》序，《续藏经》101 册，台湾新文丰出版公司，1976 年版，P53。
③ 宋 智圆：《闲居编》卷 22，《续藏经》一〇一册，台湾新文丰出版公司，1976 年版，P118。
④ 宋 智圆：《闲居编》卷 21，《续藏经》101 册，台湾新文丰出版公司，1976 年，P116 - P117。

坛领袖杨亿。文莹《湘山野录》卷下中收录了这样一件事：

> 明州天台教主礼法师，高僧也。聚徒四百众，以往生净土诀劝众修行。晚结十僧，修三年忏烧身为约。杨大年慕其道，三以书留之，云："忆闻我师比修千日之忏，将舍四大之躯，结净土之十僧，生乐邦之九品。窃曾其恳，冀徇群情，乞往世以为期，广传道而兴利。愿希垂诺，冀获瞻风。"后礼师终不诺。又贻书杭州天竺式忏主托渡江留之，亿再拜："昨为明州礼教主宏发愿心，精修忏法，结十人之净侣，约三载之近期，决取乐国之往生，并付火光之正受。载怀景重，窃欲劝留。诚以天台大教之宗师，海国群伦之归响，传演秘筌之学，增延慧命之期，冀其住世之悠长，广作有情之饶益，遂形恳请，罄叙诚言，得其报音，确乎不夺。虑丧人天之眼目，孰为像季之津梁，忏主大师同禀誓师，兼化本国，可愿涉钱塘之巨浪，造鄞水之净居，善说无穷，宜伸于理夺，真机相契，须仗于神交。"①

四明知礼欲修忏焚身，杨亿因为尊敬其人，再三劝阻。此事最终惊动朝野，真宗诏赐知礼"法智大师"称号，令其为国祈福。可见知礼在当时的影响力。孤山智圆以"诗教"论诗，从一定程度上来说也是为了在知礼巨大的光环下寻求突破与认同。

虽然，杨亿对四明知礼甚为敬仰，但是作为一名儒家知识分子，他恐怕无法漠视孤山智圆的态度与观念，而智圆带有明显正统性的诗学功用观也符合杨亿的文化立场。所以，两者的诗学观之间也会产生一定的影响和关联。

除了与当世著名文人的交往，孤山智圆与诗僧的交往更为频繁，比如保暹、清塞、惟凤等，值得着重提及的是辩才大师。智圆有《赠辩才大师》（卷四十一）诗云：

两受皇恩万虑休，浙阳高卧谢诸侯。定回幽室苔痕老，讲彻闲庭树影秋。
天竺云泉时挂梦，梁园风景懒重游。溪声柏子将谁说，默倚禅床自点头。②

从诗中我们就可以读到，辩才大师并非一个普通的僧侣，"两受皇恩"，写出他在当时僧人群体中不同寻常的地位。辩才（公元1011—1091年），俗姓徐，名无象，法名元净，于潜县（今临安于潜镇）人。十岁出家，十八岁师从慈云

---

① 宋 文莹：《湘山野录、续录、玉壶清话》，上海古籍出版社，1984年，P58。
② 宋 智圆：《闲居编》卷41，《续藏经》101册，台湾新文丰出版公司，1976年版，P170-P171。

法师，学习天台教义。数年后，深得慈云真传，学行并进，慈云圆寂后，又师从明智韶师，学《摩诃止观》。辩才大师道行高深，名闻东南，吴越人争先恐后地檀施皈依，辩才"遂凿山增室，几至万础，重楼杰观，冠于浙西，学者数倍其故"（《龙井辩才法师塔碑》）①，前来求学的僧众数倍于前，上天竺因此而成为杭州大丛林。辩才大师作为第三代祖师，在上天竺住持法席长达十七年之久。辩才大师交游广阔，且颇为长寿，得以与北宋前期以及中期的诸多文人如苏轼、秦观等交往。

当然，在雪窦重显、孤山智圆之外，活跃于北宋前期活跃于南方的诗僧还有"宋初九僧"。根据司马光《温公续诗话》："所谓九诗僧者：剑南希昼、金华保暹、南越文兆、天台行肇、沃州简长、贵城惟凤、淮南惠崇、江南宇昭、峨眉怀古也。"② 他们大致生活在景德初年前后，从古籍可知大多属南方经济圈和文化圈中的惠僧。这九人中浙右三僧保暹、行肇、简长与楚僧惠崇受赐紫衣师号并入"译经院"，以"证义"身份与杨亿同修《大中祥符法宝录》，此书虽成于大中祥符六年（公元1013年），但著录太宗太平兴国七年（公元982年）至真宗大中祥符四年（公元1011年）共30年间所出经籍，约222部，所以开始修书的时间当早于此数年，四僧与杨亿之交往也当早于此年。这四僧在九僧群体中作品存世最多，质量最高，通过他们，杨亿对这一诗歌群体可以有非常清晰与深入的了解。

仔细查考九僧的作品，我们可以发现其共性十分明显。

其一，题材范围有限。从现存的134首作品来看主要不外乎赠别（包括寄赠）、题写景物两类，分别为74、34首。另外，有少量的咏物诗和怀古诗。

其二，情感抒发上的类型化。在九僧的作品中，我们几乎看不出诗人真正的情绪表达，有的只是一点稀薄而空灵的意趣。就拿剑南希昼那首颇受欧阳修赞美的《怀广南转运陈学士状元》为例：

千峰邻积水，秋势远相依。春生桂岭外，人在海门西。
残日依山尽，长天向水低。遥知仙馆梦，夜夜怯猿啼。③

全诗开合自如，气势尚佳，特别是颔联浑然天成，构对精致。但是通体读来却让人觉得缺少了诗人特定的情感指向。写离别是最容易动情的。然而，从

---

① 宋 苏辙：《栾城集》下册《栾城后集》卷24，商务印书馆，1958年版，P238。
② 吴文治：《宋诗话全编》，江苏古籍出版社，1998年版，P372。
③ 傅璇琮、倪其心等：《全宋诗》，北京：北京大学出版社，1991年版，P1441。

剑南希昼的诗中，我们却丝毫看不出这个被送者与他之间的独特情谊，甚至可以说，只要换一个题目，这首诗可以送给任何一个人。当诗成为"羔雁之具"，诗便失去了感染力。

其三，意象构造简单化。前文引过在欧阳修《六一诗话》中记载了关于许洞与九僧的一则轶事，从中我们可以看到九僧诗在意象塑造上过分单纯。中国人的思维方式中"尚象"的成分较重，因此，在传统的诗学审美观念中，诗人耳目所见之景象可以引人进入玄远或深妙之境，对意象的提炼正是其思想情志的集中体现。优秀的诗人思维灵动，洞察万物；拙劣的诗人只能在前人用滥了的意象群中讨生活，表现平庸的思致。依此标准来看，九僧的作品实在不能算上品。

九僧诗虽然成就平平，但这一诗人群体对于宋初的诗学进程并非没有意义。其价值在于，他们挽救了晚唐以来以白体为主流的诗歌一直趋于平庸化和世俗化的流俗，精微细致是其明显的特点。

综上所述，活跃于南方经济圈和文化圈中的诗僧在宋代诗学自立的进程中，逐步发挥其影响力，凭借其创作和理论成为宋代诗学体系建构的重要组成部分。

第五章

文化普及对南方文人群体的影响

第一节 南方文人集团的崛起

清人嵇璜《续通典》卷一一八曰："宋承唐制，科目亦以进士为贵"，依此说考之，南方教育的普及与文化发展带来的成果非常明显，以进士科考试为中心，大批的南方学子凭借扎实的学术素养和出色的文字功底走向了王朝政治的核心。进士及第的统计数据庶几可说明一些问题。下图是从北宋建隆元年（公元960年）到嘉祐二年（公元1057年），本书论及范围内南方诸地的进士（含诸科和特奏名）登科状况趋势分析图：

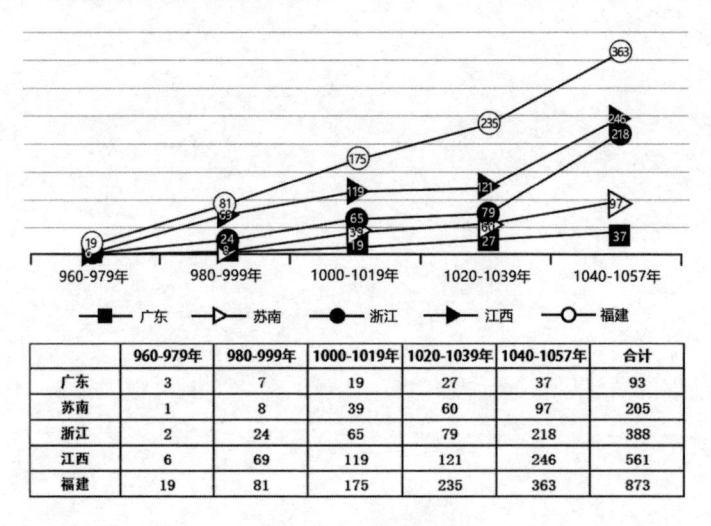

	960-979年	980-999年	1000-1019年	1020-1039年	1040-1057年	合计
广东	3	7	19	27	37	93
苏南	1	8	39	60	97	205
浙江	2	24	65	79	218	388
江西	6	69	119	121	246	561
福建	19	81	175	235	363	873

图 5.1.1 笔者自绘

图表中数据来源于对各区域登科人数的统计（详表见附录），从中可以清晰地看到南方各地在北宋前期近百年间文人群体的崛起以及文化状况的繁荣。具体各分区情况如下。

单就福建一地，在这一历史时期共出现了873位进士，为南方诸省之冠，其中3人为举神童。这样的成就对于在唐代时文化还不甚发达的地区而言足以让人惊叹，究其原因，得益于该地区日渐发达的书籍印刷业和基础教育。从建隆元年（公元960年）福建的翁处易、翁处厚两人进士及第，到嘉祐二年（公元1057年）年，进士及诸科及第人数呈上升趋势。在北宋立国的前二十年，福建地区仅有19位进士及第（很重要的原因在于此时的福建在相当长的时间内还没有归入北宋版图），这样的荒凉状况是与唐代以来福建地区的文化状况相匹配的，也是因为南汉的割据政权存在阻碍了福建学子参与新王朝的科举考试。到了第二个二十年，福建地区进士科的及第人数达到了81人，比前期相比增长率达到326%，也正是在这一时期，福建的州县学开始发展，且势头渐劲。到了第三个二十年，福建有175位进士及第，较前二十年增长了116.05%，到了第四个二十年，福建地区及第人数仍达235人。在宋前期百年的最后十八年，福建地区的进士及第人数明显增加，达到了363人，与前期相比增幅达到54.47%，较北宋最初的二十年，增幅达到了1910%。

江西地区人文鼎盛，进士科及第的人数高达561人，仅次于福建。江西本为南唐故地，素有文化渊源，基础教育发展完善，学风隆盛，入宋之后，随着经济稳定发展以及官学私学的发展，这种文化优势得以全面凸显。从及第人数的变化来看，由于原本属于南唐疆域，北宋最初二十年，江西仅6人在北宋进士科考试中及第。而到了第二个二十年及第者达69人，这是一个不错的成绩，不仅与首期相比增长率达1050%，到了第三期，及第人数达119人，较前期增长率达到72.46%，而且以绝对数论，在南方诸省中也颇为令人瞩目。第四期较第三期略有增长，增长率达1.68%，这说明江西地区的教育水准和学子的能力程度已经处于比较稳定的状态。至第五期，伴随着江西教育的进一步完善，进士数量突飞猛进，达246人，较前期增长率达103.31%，交出了一份亮丽的答卷。

北宋前期的浙江尽管远远没有到达自己的鼎盛时期，但发达的学校教育带来的直接结果依然在进士科考试的结果中展露出来。与其他诸地相似，以二十年为单位的统计周期看，登第人数呈明显上升趋势。由于在北宋最初的二十年，浙江地区半数时间隶属吴越国的版图，所以参加宋王朝进士科考试的人数较少，及第仅2人。到了第二期，24人的及第数目较前期增长比率高达1100%；在第三个二十年，进士科及第人数达65人，增长率达170.83%，这样的增长率符合当时浙江教育的发展状况。第四期较第三期增长了21.54%，到了最后一期，

218人的及第规模与前期相比更是达到了175.95%，充分展现了浙江地区人文鼎盛的状况。

依据统计来看，宋初二十年，半数时间属于吴越国的苏南人士参加宋王朝科举考试的人数不多，仅有1人及第，而到了第二个二十年，及第人数达到8名，有了一定的进步，增幅达700%，第三个二十年，随着泛太湖流域经济地发展和学校教育的兴起，苏南地区进士及第的人数达39人，与前期相比增长率达到了387.5%，这是一个令人欣喜的进步。至此之后，苏南学子在进士科的考试中获得了越来越多崭露头角的机会，因此在第四个二十年中及第人数猛增至60人，增长率53.85%，而在最后一个统计时段内更增加到了97人，与前期相比增幅为61.67%，从中我们可以感知到苏南的学子凝聚出来的群体力量之大。

相比以上各地，广东地区的进士及第数量偏少。但是自建隆元年（公元960年）广东的第一位进士谭恒及第以后，广东地区的进士登科也呈明显递增趋势。相比第一个20年，到第二个20年末，及第人数增长了133.33%；以后每个统计单位，及第人数较前个时间统计单位都有递增，分别为第三期171.43%，第四期42.11%，第五期37.04%。

我们需要认识到的是，南方地区的科举考试成就是在科考解额地区分布北多南少的绝对不平衡的情势下取得的，因而这样的增长更显得弥足珍贵。众多的登科人数显现出南方诸地学子的通过科举进入主流文化圈和核心政治圈的信心与决心。

第二节 "核心圈"南方文人对宋初主流文化格局变化的影响

如果说科举考试保证了进入主流文化层面的南方文人的数量的话，那么要在文化领域和政治领域获得更充分的认同和更广泛的关注，并收获实际效果则无疑需要一些卓异的人才脱颖而出。尽管科举考试的弊端尽人皆知，但无可否认，在当时的历史背景下我们无法找到任何一种确知的方式来保证平民阶层有机会进入统治核心。北宋前期百年间，南方走出的大多数读书人均通过科举为人所知，并进而获得文化话语权的，从一定程度上我们可以称之为科举名士。以下分成就论之。

首先，政治家。

首先最著名的是范仲淹。"其先邠州人也,后徙家江南,遂为苏州吴县人。"① 作为一个杰出的政治家和文学家,范仲淹可以被论述的东西实在太多。与他同时代的韩琦评论他:"大忠伟节,充塞宇宙,照耀日月。前不愧于古人,后可师于来哲。"② 后代大儒朱熹评论他:"天地间气,第一流人物。"③ 足见其在宋人心目中的地位。

作为一个来自于太湖流域的文人,范仲淹在"庆历新政"中推行的各项政策对宋型文化建构的具有直接和间接的贡献。在代表其改革主张的《答手诏条陈十事》一文中,范仲淹提出了十项关于国家治理、科举、官员任命等方面的主张:"明黜陟""抑侥幸""精贡举""择官长""均公田""厚农桑""修武备""减徭役""覃恩信""重命令",其中对于北宋官僚体系影响最巨大的就是前两项。在范仲淹看来当时改革的中心问题是整顿吏治,裁汰内外官吏中老朽、病患、贪污、无能之人,改变改革文官三年一次循资升迁的磨勘法,注重以实际的功、善、才、行,提拔官员,淘汰老病愚昧等不称职者和在任犯罪者,同时严格恩荫制。限制中、上级官员的任子特权,防止权贵子弟亲属垄断官位。这些做法是针对当时"冗官"现象严重而整个官僚体系运作效率低下的弊端下的一剂猛药,但是其直接后果是触动了整个官僚阶层的既得利益,同时也与宋太祖为稳定国家局势而做出的"恩养士大夫"的基本国策有一定的抵触,所以面临失败是必然的事情。然而我们必须注意的是这场失败并非没有意义。在范仲淹遭受排斥时,余靖、尹洙、欧阳修、蔡襄等一批位居馆阁清要职事并以文学知名的人士挺身而出对他表示支持的。余靖上疏为范仲淹申辩,尹洙则上疏表示以能同范仲淹朋党为幸,蔡襄作《四贤一不肖》赞誉范仲淹、余靖、欧阳修和尹洙,讽刺不能为范仲淹申辩的谏官高若讷。当时尽管支持范仲淹的人都被罢官,但斗争却没有因此而停止,不断有人上疏要求复用范仲淹,反对用"朋党"的罪名堵塞言路。欧阳修还写作了著名的《朋党论》一文呈献给宋仁宗,分析了朋党之说自古有之,君子、小人都各有朋。凡小人之朋得势,就会以朋党为名排斥君子之朋,国必乱亡,要求宋仁宗以历史上的兴衰治乱之迹为鉴,"退小人之伪朋,用君子之真朋"。在全力支持范仲淹的文人群体中我们既看到了南方文人的身影也看到了北方文人的形象。在北宋前期的文化态势下,这两个群体原本是颇有芥蒂的。可是,在面对王朝政治大是大非的问题上,这

---

① 元 脱脱:《宋史》范仲淹传,《文渊阁四库全书》本。
② 宋 范仲淹:《范文正公集》附录《祭文》,《四部丛刊》本。
③ 宋 范仲淹:《范文正公集》附录《诸贤赞颂论疏》,《四部丛刊》本。

两个群体自然地走到了一起。这种现象的产生本身就具有鲜明的文化融合的特征。可以说，这得益于范仲淹伟大的人格魅力也受惠于他具有真知灼见的政治理念。

同时，范仲淹提出的"精贡举"的主张也很值得重视。这个政策与其"庆历兴学"的努力相表里。庆历兴学是北宋历史上第一次全国性大规模的兴学运动，是庆历新政的重要内容之一。范仲淹作为倡导兴学的主要代表人物，在庆历兴学之前，就对北宋教育所面临的问题及其弊病，做了思想和实践方面的认真探讨，并提出了一系列针砭时弊的建设性主张。早在天圣五年（公元1027年）主持应天府教席时，范仲淹就上书执政大臣，提出固邦本、厚民力、重名器的治国之策。他认为，所谓"重名器"，就是要慎选举，敦教育。慎选举，一是要恢复制科，以便选用具有特异才干的人才；二是改革常科考试。范仲淹认为，诗赋考试不能考核真才实学。他要求科举考试"先策论，以观其大要；次诗赋，以观其全才。以大要定其去留，以全才升其等级"。如此则人必强学，复当深究治本，渐隆古道。"敦教育"，就是在州郡恢复学校之制。他提出要在州县立学，士子必须在学校学习一定时间方许应举，"约《周官》之法，兴闾里之俗……敦之以诗书礼乐，辨之以文行忠信，必有良器，蔚为邦才"。他在《代人奏乞王洙充南京讲书状》中进一步强调兴学养材的重要意义："三代盛王致治天下，必先崇学校，立师资，聚群材，陈正道。"主张通过兴办学校，养育群材，移风易俗，来实现天下大治的目的。

庆历三年（公元1043年）六月，范仲淹出任参知政事。在主持新政大局的同时，积极筹划兴学，九月奏上《答手诏条陈十事》，其中明确提出了"复古兴学校，取士本行实"的主张，要求兴办学校，改革科举。仁宗下诏大臣们讨论，宋祁、欧阳修、王洙、张方平等人一致赞同。他们一起上奏说："今教不本于学校，士不察于乡里，则不能核名实；有司束于声病，学者专于记诵，则不足尽人材。……择其便于今者，莫若使士皆土著，而教之于学校，则学者修伤矣；先策论，则文辞者皆留心于治乱矣；简程序，则宏博者得以驰骋矣；问大义，则执经者不专于记诵矣。"这是一个教育改革的宣言书。于是仁宗下诏："诸路州府军监，除旧有学外，余并各令立学，学者二百人以上，许更置县学。"

改变专以诗赋、墨义取士的旧制，注重策论和操行。这个建议对于北宋前期的文化振兴具有直接的意义。大量州县学的建立逐渐改变了天下文风、学风浇薄的状况，引导了士人崇尚读书的风气。随着学校建设的日益繁荣，整个社会的知识层次和文学欣赏力也普遍提高。至于改变考试的重心，体现的是以太湖流域为代表的南方文人群体一贯主张的务实观念。在范仲淹看来，困守章句或皓首穷经的人并不适合现实政治的需要，作为一个有着丰富经验的政治家，他更看重通过考试来反映出渴望进入统治阶层的考生实际的才干和品德。范仲淹力图将学校教学、科举取士和经世治国三者统一起来，形成一个以学校为主体、科举考试为手段、社会需求为目标的新的教育体制。其目的虽未能达到，但这对于改变学校附庸于科举的状况，强化学校的社会功能起到了推动作用。

在新政之外，范仲淹另有一个非常具有文化建构意义的主张，这出于他天圣八年（公元911年）所写的《上资政晏侍郎书》和景祐三年写的《近名论》。这两篇文章是针对当时一些官僚对于他"以非忠非直，但好奇邀名而已"的指责有感而发，鲜明地表达了自己的名节观。以下概述之。

其一，范仲淹指出重视名誉，爱护名节是圣人所训，儒者必循之道："经曰立身扬名，又曰善不积不足以成名，又曰耻没世而名不称，又曰荣名以为宝。是则教化之道无先于名，三古圣贤何尝不著于名乎？某患邀之未至尔。"① 并且指出，若人们将其直言敢谏之举视为好名，那么先圣先贤如"伊尹负鼎，太公直钓，仲尼诛侏儒以尊鲁，夷吾就缧绁而霸齐，蔺相如夺璧于强邻，诸葛亮邀主于敝庐，陈汤矫制而大破单于，祖逖誓江而克清中原，房乔杖策于军门，姚崇臂鹰于渭上"② 等举动也是当以好名视之。作者借此明确表示，这样的名，"好之"有益无害。在《近名论中》他进一步指出："我先王以名为教，使天下自劝。汤解网，文王葬枯骨，天下诸侯闻而归之。是三代人君已因名而重也。太公直钓以邀文王，夷、齐饿死于西山，仲尼聘七十国以求行道，是圣贤之流无不涉乎名也。孔子作《春秋》，即名教之书也。善者褒之，不善者贬之，使后世君臣爱令名而劝，畏恶名而慎矣。"

其二，在范仲淹看来，重名乃教化之要义，关乎国家兴衰，世道治乱。"名教不崇，则为人君者，谓尧舜不足慕，桀纣不足畏；为人臣者，谓八元不足尚，四凶不足耻。"③ 如果不爱名，士大夫就没有明确的是非观念，缺乏仿效先贤的决心和勇气。那么其结果必然是"则虽有刑法干戈不可止其恶也"，那么圣人教化万民的理论就无法施行了，社会规范也将彻底打破。

其三，基于上述两点，范仲淹《近名论》说认为，道家的远名说，缺乏责任感。他列举了老子的"名与身孰亲"和庄子的"为善无近名"等说法，加以批驳，认为这是"道家自全之说"，"使人薄于名而保其真"，并不是"治天下

---

① 宋 范仲淹：《上资政晏侍郎书》，《范文正集》卷8，《文渊阁四库全书》本。
② 同上。
③ 同上。

者之意"。他说这种人"非爵禄可加，赏罚可动，岂为国家之用哉"，就是说，这种无入世之意、不爱名节、明哲保身的人，毫无责任感可言，根本不可能为国家尽力。因此，统治者不应当提倡道家的远名说，否则"如取道家之言，不使近名，则岂复有忠臣烈士为国家之用哉"！

范仲淹提倡注重名节，这在北宋前期无疑是一种意识形态上的拨乱反正。唐末五代时期，由于政权转换频繁，士大夫往往转仕几朝而洋洋自得，丝毫不考虑儒家知识分子应该具有的气节。如自命"长乐老"的冯道，就历仕四朝十君，宋朝禅代后周，后周一批士大夫成为宋臣。吴越纳土，南唐、闽、北汉、后蜀等相继平定，在宋初的几十年中，"贰臣"充满了朝廷。因此，当时对所谓的"贰臣"，在舆论上也没有什么非议。后来，范仲淹等人痛感五代以来士风浇薄，道德沦丧，而以身作则，振作士风，砥砺士大夫名节。《宋史》卷四四六《忠义传序》指出：

士大夫忠义之气，至于五代，变化殆尽。宋之初兴，范质、王溥犹有余憾，况其它哉！艺祖首褒韩通，次表卫融，足示意向。厥后西北疆场之臣，勇于死敌，往往无惧。真、仁之世，田锡、王禹偁、范仲淹、欧阳修、唐介诸贤，以直言谠论倡于朝。于是，中外缙绅，知以名节相高，廉耻相尚，尽去五季之陋矣。

从宋初到真宗时期，为了安定政局，维持国家的正常运转有关，宋王朝接受和使用着过去割据政权的官吏，并且姑息了他们"贰臣"的行为。然而，随着政局的安定，作为朝廷，已经没有必要继续提倡道家的无为之治了。因此，在道德上对所谓的"贰臣"的评价，也发生了变化，否定性的批判成为风潮。以道家批判为中心的范仲淹的爱名论，就是在这样的背景下产生的。它代表了当时的新思潮。实际上，在《宋史·忠义传序》中名列于范仲淹之前的王禹偁，在太宗时代，关于名教，就已经提出了与范仲淹几乎相同的主张："夫名之于人亟且大者也。盖修之于身，则为名节，行之于世，则为名教。名废则教几乎息矣。且名恶可近邪？恶可得邪？苟无其实，虽欲近之远矣，虽欲得之失矣。"① 可以说，这是南北文人在名节观上形成的共识。在与范仲淹同时，欧阳修也在其编纂的《新五代史》中，对冯道做了否定的评价，同样也是这一思潮的反映。

庆历新政中范仲淹的政治主张和他表现出来的儒家知识分子的气节在相当程度上改变了人们对于南方文人的整体看法，也消弭了两个文化集群之间或明

---

① 宋 王禹偁：《答丁谓书》，《小畜集》卷8，《文渊阁四库全书》本。

或暗的对峙。这场革新更标志着南方文人群体的成熟以及他们拥有的对政治与文化的强大影响力。

接着说到丁谓。丁谓为苏州长洲人，《宋史·丁谓传》称其"少与孙何友善，同袖文谒王禹偁，禹偁大惊重之，以为自唐韩愈、柳宗元后，二百年始有此作。世谓之'孙丁'。淳化三年，登进士甲科"。作为较早成名的太湖文人，丁谓在北宋前期的文坛和政坛上均扮演了举足轻重的角色。丁谓的成名离不开王禹偁的揄扬。作为深受宋太祖欣赏的一代文宗，王氏的态度直接影响了整个正统文人集团对南方人才的认识。

尽管，就政治品格而言，丁谓值得质疑的地方颇多，但对于扩大南方文化影响，他的影响力却不容抹杀。作为最高统治者的宋真宗，在丁谓放为平江节度使时亲自赐诗以示荣宠。其中"懿辞硕画播朝中，造膝询谋礼遇丰"一句足见对其文学修为和政治能力的褒扬以及帝王对他的欣赏之情。① 连对南方文人颇有偏见的寇准面对丁谓，在政治分歧未发生之前，也非常欣赏："寇准始与丁谓善，屡言谓之才，沉久未用。准以问沆，沆曰：'如斯人者才则才矣，可使之在人上乎？'准曰：'如谓者相公终能抑之使在人下乎？'沆笑曰：'他日当思吾言。'"②

就丁谓本身的政治实践来看，此人确也有值得称道的地方。如《宋史》丁谓传就记载了他以机变的手段处理民族问题的事迹："初，王均叛，朝廷调施、黔、高、溪州蛮子弟以捍贼，既而反为寇。谓至，召其种酋开谕之，且言有诏赦不杀。酋感泣，愿世奉贡。乃作誓刻石柱，立境上。蛮地饶粟而常乏盐，谓听以粟易盐，蛮人大悦。先时，屯兵施州而馈以夔、万州粟。至是，民无转饷之劳，施之诸砦，积聚皆可给。"此事件可以充分展现丁谓在特殊事件处理中的大局观和吏治长才。《宋史》卷四二称："谓机敏有智谋，憸狡过人，文字累数千百言，一览辄诵。在三司，案牍繁委，吏久难解者，一言判之，众皆释然。……每休沐会宾客，尽陈之，听人人自便，而谓从容应接于其间，莫能出其意者。"由此可见，处事机警、善于权变是丁谓行事的一贯特点。这个特点与太湖流域的不拘泥、不保守的商业文化精神有一定的关联。

同时，丁谓也是很有建树的统计人才。他对于数字有一种独特的敏感性。《中山诗话》中曾记一事曰："真宗问近臣唐酒价几何？莫能对。丁晋公独曰：

---

① 宋 范成大：《吴郡志》卷10引《御制赐平江军节度使丁谓诗》，《文渊阁四库全书》本。
② 宋 陈均：《九朝编年备要》卷7，《文渊阁四库全书》本。

'斗直三百。'上问何以知之,曰:'臣观杜甫诗:速须相就饮一斗,恰有三百青铜钱'亦一时之善对。"此事固可说明丁谓博闻强识,应答机警,但同样反映出他在读书中留心庶务的特点。《续资治通鉴长编》记:"(大中祥符六年八月)丁谓上《景德会稽录》,时为三司使。言景德三年新旧户七百四十一万有奇,比咸平五年增五十五万有奇,赋入总六千三百七十余万贯石斤,比咸平六年计增三百四十六万五千。乞以咸平六年户口赋入为额,岁较其数且上史馆从之。"统计国家人口赋税是一项艰巨的工程,丁谓一介文人,竟能毕成此业实在令人有叹为观止之感。这项成就充分展示了务实且重视绩效的南方文化的潜移默化之力。

值得一提的是,丁氏参与了当时诗坛一次重要的文学活动——"西昆酬唱",虽然不是领军人物,但他表现出了与杨亿等南方士人相似相近的审美趣味,为这场带有变革意味的诗学活动贡献了自己的力量。

然后便是杜衍,其"善决大事"的治事长才广泛表现在外交和军事领域,其果断敢言的风骨也在庆历年间的所谓"朋党之争"中体现得非常鲜明。《会稽志》卷十五的"相辅"一节记载了杜衍的诸多行事。就外交智慧言,"契丹婿刘三嘏避罪来归,边臣欲以官縻之,谏官亦有请,衍谓不可生事,还之",此一事足证杜氏见事深谋事远。考虑到宋与契丹的力量对比和边境格局,他反对了容易被契丹利用作为口实的为该国逃婿刘三嘏授官的做法,并将该人还诸契丹,有效避免了边患的萌生,展示了成熟政治家的圆滑手腕。在军事领域,杜衍虽不曾亲临战阵,决胜千里,但依旧表现出作为宰辅的深谋远虑:"初边将议欲大举以击夏人,韩琦亦以为可举。衍争以为不可,兵后果不得出。契丹与夏人争银瓮族大战黄河外,而雁门麟府皆警,范仲淹使河东欲以兵从,衍以为契丹必不来兵,必不可妄出,后契丹卒不来。"应当说,处于这两个事件中的另外两位核心人物——韩琦和范仲淹都是长于军事的战略家,但杜衍却与他们唱起了反调。而且这反调还唱得异常坚决。与韩琦"争",要求范仲淹:"契丹必不来兵,必不可妄出",他每次都表现出了十足的自信,而事件的结果也完全符合预期。由此观之,杜衍在军事才能不再韩琦、范仲淹之下。

如果说外交与军事体现出的是一个政治家的能力的话,面对压力,持正不阿则更展示了政治家的操守。"其婿苏舜钦监进奏院祠神为御史劾奏,又集贤校理王益柔作傲歌语涉指斥,欲下御史按罪,衍谓罗织狱今起都下矣,执不可",这两件事情的实因党争而起,杜衍因为牵涉到自己的女婿,在此情势下,处境想来是非常尴尬的。然而,他没有因为要避嫌而选择沉默,而是据理力争,尖锐地指出对方是在罗织罪名。这样做在南方文人群体尚处于被防范境地的北宋前期，是需要相当勇气的。而后，杜衍又为范仲淹和富弼陈情，以至于被扣上了"朋党"的帽子，为相仅百日而罢。

杜衍的经历展示体现了一个南方政治家的卓越治事才能，一如既往地秉承着南方文化圈的务实的特点，同时，也表现了一个儒家知识分子的独立人格和面对困境"虽千万人，吾往矣"的勇气。

最后是以铁面御史的形象载入史册的赵抃"赵清献公在言路弹劾不避权贵，京师号为铁面御史。尝欲朝廷别白君子、小人。其言曰：'小人虽有小过当力排绝之后乃无患，君子不幸而有诖误则当为国家保持爱护以全其德。'于戏，赵公之言可谓深识远虑真知大体之论矣。"① 此段评论很清晰地表现了赵抃的处事态度，严格区别君子小人，并且尽量保全君子，排斥小人。他自身的政治实践也很好地实现了这一点。他弹劾宰相陈执中"不学无术、措置颠倒、引用邪佞、招延卜祝、私仇嫌隙、排斥良善、狠愎任情、家声狼籍八事"②，一时间震动朝野，更引起了陈氏的强烈不满，他与谏院范镇联手，请斩赵抃。而后，范镇有过，仁宗问赵抃如何处置，而赵抃力主保全之。这一事件也很好地说明了赵氏在政治活动中守正不阿和明辨是非的态度，体现了以德报怨的度量。

就个人修养而言，赵抃立身严谨，重视自律且待人以宽仁："赵清献公每夜焚香告天，人问之，公曰：'吾自少来昼有所为，夜必拜告上帝，不敢告者不敢为也。'"③ "抃长厚清修，人不见其喜愠。平生不治赀业，不畜声伎，嫁兄弟之女十数、他孤女二十余人，施德荥贫，盖不可胜数。……其为政，善因俗施设，猛宽不同，在虔与成都，尤为世所称道。神宗每诏二郡守，必以抃为言。要之，以惠利为本。晚学道有得，将终，与颀诀，词气不乱，安坐而没。宰相韩琦尝称抃真世人标表，盖以为不可及云。"④ 尽管，当其生活的时代，宋代理学精神还未确立，但一些儒家知识分子已经开始了这一方面的探索。理学思潮兴起于濂洛，但我们也不能否认南方文人在这一领域从个体道德出发的自觉实践与自发探索。

其次，专门人才。他们凭借自己的才华在北宋王朝的各领域发挥着不同的作用，共同构筑了宋前期百余年的繁荣。

首看叶清臣。他与丁谓同乡，声名虽不如前者显赫，却有过人之处。《宋

---

① 元 张养浩：《三事忠告》卷3，明宣德六年（1432）贷园丛书本。
② 宋 李焘：《续资治通鉴长编》卷178，《文渊阁四库全书》本。
③ 明 刘宗周：《人谱类记》卷下，光绪三年湖北崇文书局刻本。
④ 元 脱脱：《宋史》列传75，《文渊阁四库全书》本。

史》称他"幼敏异,好学善属文。天圣二年,举进士,知举刘筠奇所对策,擢第二。宋进士以策擢高第,自清臣始"。对于太湖流域的文人而言,好学善文不算是个特别的评价,但难得的是他的科名来源于"策论"。长期以来,南方文人的诗赋长技无人质疑,但却往往为标榜道统的北方文士轻慢,每有"浮薄"和"华而不实"之诮。然清臣得登高第却非因诗赋属对精美,辞新调雅,而是因为在被认为能够展现文人治世长材的策问中取得令考官惊叹的成绩。这似乎能够向世人证明,太湖文人并非"下笔千言,胸中却实无一策"的凡庸辈,无论从才学还是从见识,他们都做好了参与现实政治的准备。反观,叶氏后来的仕途经历,无论是文人当行本色的集贤校理还是独当一面的知州,抑或与财赋打交道的"俗官"盐铁判以及掌握国家财政的三司使,他都做得有声有色。《宋史》曾记,庆历末,叶氏充任三司使他与张方平一起讨论陕西的"铜钱盗铸"问题,"请以江南、仪商等州大铜钱一当小钱三,小铁钱三当铜钱一,河东小铁钱如陕西,亦以三当一,且罢官所置炉。自是奸人稍无利,犹未能绝滥钱。其后,诏商州罢铸青黄铜钱,又令陕西大铜钱、大铁钱皆以一当二,盗铸乃止",这一事件,虽几经周折,但是最后还是将困扰当地政府和朝廷的大事件彻底解决了。这充分展现了南方文人能文更能治事的特点,而这种特点也得益于太湖流域的文化氛围。

再看许洞。他是苏州吴县人。《宋史》本传上说"洞性疏隽,幼时习弓矢击刺之伎,及长,折节励学,尤精《左氏传》",是个允文允武的人才。很多人熟悉许洞是因为《六一诗话》中记载的他的一件逸事:

> 当时有进士许洞者,善为词章,俊逸之士也。因会诸诗僧分题,出一纸约曰:"不得犯此一字",其字乃山、水、风、云、竹、石、花、草、雪、霜、星、月、禽、鸟之类,于是诸僧皆搁笔。

许洞所为,多少有些恶作剧的成分。九僧诗在意象塑造上的过分单纯,往往在前人用滥了的意象群中讨生活或者一味执着于耳濡目染的习见意象,表现平庸的思致。尽管,我们无法过多地从理论与实践的角度获知在宋初那场唐宋诗歌转型过程中许洞做出了多少实际贡献,但他的"作弄"从某种程度上体现了一个素有学养的南方文人对当时流行的诗学观念的批判,却是毫无疑义的。

许洞的仕途并不顺利,咸平三年(公元1000年)他当了雄武军推官,后因与知州不和,因故被"奏除名",回到故乡。但在景德二年(公元1005年),他献所撰《虎钤经》二十卷。"应洞识韬略、运筹决胜科,以负谴报罢,就除均州参军。大中祥符四年，祀汾阴，献《三盛礼赋》，召试中书，改乌江县主簿。"这样的经历充分说明了作为一个来自于太湖流域的文人，他彻底颠覆了人们关于南方士人只擅诗赋的印象，以实际成就证明了这一群体不但有文学修养，更宗经知礼，同时甚至还具备相当的军事才干，这样的群体显然不应该被王朝政治边缘化。

再次，元绛。元绛的政治生涯与宋代法律的建设密切相关。他是一个杰出的断案者，也是法典的修订者。元绛为天圣八年（公元1030年）进士，与其他江南文士一样，是凭借扎实的学养登上政坛的。《姑苏志》卷四十九称他"生而敏悟，五岁能诗"，《吴郡志》卷二十五则称其"以文章政誉名一时"，这些评价可说充分体现了元绛具有被人广泛认可和热烈称颂的文学才情修养。然而，他却并不单纯希望以一个文人的身份终老，其才华更多地体现在刑狱方面。

在元绛的经历中，他以缜密的思维、严谨的推理和负责的态度司理了许多疑难案件。据《宋史·元绛传》记载，在其上元令任上，元绛干净利落地处理了一件疑案："甲与乙被酒相殴击，甲归卧夜为盗断足，妻称乙告里长，执乙诣县，而甲已死。绛敕其妻曰：归治而夫丧，乙已伏矣. 阴使信谨吏迹，其后望一僧迎笑，切切私语，绛命取僧縶庑下，诘妻奸状，即吐实。人问其故，绛曰：吾见妻哭不哀，且与伤者共席而襦无血污，是以知之。"在缺乏人证和物证的情况下，元绛是通过逻辑判断发现案子的疑点的。但是根据宋代司法重视"言辞证据"的特点，元绛必须找到能够证明自己猜测的供词，于是他精心设计了一个圈套，并获得了成功。此一案充分体现了元绛面对疑难事件时的从容和应变能力，体现了他在司法实践中的经验老到。

当然，元绛在断案时依然秉持着儒家的宽仁之心，在量刑上慎重而且人性化。在知通州时，"知通州海门县淮民多盗贩盐，制置使建言满二十斤者皆坐徒。绛曰：'海滨之人恃盐以为命，非群贩比也。'笞而纵之。"此一节可以说明元绛在断案时充分考虑了当地的民风民情，并且考虑到引起犯罪的动因和犯罪的主观恶性，不把刑罚作为目的而是作为一种训诫手段，兼顾了司法公平性和灵活性。王安礼称其："以文学知名，至于临政，尤善为方略，得事情。吏淮阴、江宁已有能称，及治闽、广、开封不略细故秋毫委曲务尽其实。"[①] 可谓深知其人。

元绛作为一个出色的司法官员对于北宋王朝的法制建设做出了相应的贡献。

---

① 宋 王安礼：《资政殿学士太子少保致仕赠太子少师谥章简元公墓志铭》，《王魏公集》卷7，《文渊阁四库全书》本。

众所周知，北宋在法律制度上对唐代的法制是承多变少。宋太祖建隆四年（公元963年），大理寺卿窦仪等人即奉命修成《重详定刑统》（简称《宋刑统》），颁行天下，其篇目和基本内容大体因袭唐律。但是，宋代的法律制度有其独特处，那就是"编例"。"例"是指以前事的处理作为后事断案标准的成例，"法所不载，然后用例"，是从现实出发对条文不够明晰或完善之处的补充。《庆元条法事类》卷七三明确规定："诸敕令无例者从律，律无例者从敕令。"由此可见例的重要的法律地位。元绛作为一个"屡典大藩"的富有实际断案经验的官员就参加了编例工作。《续资治通鉴长编》卷八三记载："（元丰元年）冬十月甲辰，命元绛参定传法院新编法宝录"这说明，在当时的政坛上具有丰富实践经验的元绛，其法律才能得到了朝廷的充分认可。从文化意义上看，元绛的贡献体现出了他不仅是个诗文俱佳的才子，更是在国家法制管理实务上具有出色的担当能力南方文人的一员。

最后，值得一提的是陈彭年。这也是个有争议的人物。王曾就说过："钦若与丁谓、林特、陈彭年、刘承珪时号为五鬼，其奸邪险诐之迹诚如圣谕。"① 而且，他还被指称因为嫉妒杨亿的才华而借机向真宗进谗言。（事见宋史本传）然而，这一切之外，我们不能忽视他为宋王朝的科举制度和礼仪制度完善做的贡献。

陈氏自幼好学，成名甚早，"年十三，著皇纲，论万余言，为江左名辈所赏"，而且深受南唐后主李煜的称赏，后来又师从著名的文坛祭酒徐铉，可谓春风得意。然而初入科场却遭到了挫折。他在太平兴国中参加了进士考试，但是"尝因京城大酺，跨驴出游，构赋自东华门至阙前已口占数千言，然佻薄好嘲咏，频为宋白所黜"。这样的打击对于一个一帆风顺走来的年轻学子而言，是格外沉重的，因此也一定会给他的记忆留下鲜明的烙印。因此，当陈彭年与晁迥同知贡举后，他向真宗上建议："多革旧制，专务防闲，其所取者不复拣择文行，止较一日之艺。虽杜绝请托然置甲等者或非宿名之士。"这种做法的直接效果是改变了从唐至宋一直延续的行卷制度对科举考试的影响，有效地增强了考试的公平性，杜绝了以科举为手段可以拉帮结派，排斥异己的可能。《诗话总龟》卷三十九记曰："陈彭年大中祥符中与晁文庄内翰等四人同知贡举，省试将出奏试卷，举人壅衢观其出省，诸公皆惨报其容，独彭年扬鞭自肆有骄矜之色。榜出有甥不预选，怒入其第，会彭年未来，于几上得黄敕，乃题其背曰：'彭年头恼太东烘，眼似朱砂鬓似蓬，纰缪幸叨三字内，荒唐仍在四人中。取他权势

---

① 宋 李焘：《续资治通鉴长编》卷107，《文渊阁四库全书》本。

欺明主，落却亲情卖至公。千百孤寒齐下泪，斯言无路达尧聪。'彭年怒抱其敕入奏，章圣见而不悦，然释其罪。"尽管记录者对陈彭年的遭遇持着讥讽态度，但是，从故事中我们可以清楚地知道陈氏之举的确是为公义而捐私利的。对于北宋前期而言，这样的举措对于南方文人凭借真才实学进入国家管理阶层也有相当的作用。

陈彭年对北宋王朝主要的贡献集中礼仪制度的建设。礼仪是王朝统治的基础和官员的行为规范，因此制定礼仪制度是一项事关国体的重要文化建设。参与礼制建设者最基本的素质是博闻强记，有丰富的经典知识。对于这项要求，陈彭年无疑是非常契合的。《宋史》记"其仪制沿革刑名之学皆所详练。若前世所未有必推引依据以成就之故，时政大小日有谘访，应答该辩一无凝滞"，就清楚地表述了陈氏在此领域的专长。详考陈氏所订的礼制，大体来说涉及官员行止规范和朝廷祭祀大典两方面。前者如其在龙图阁学士任上引《汉书》制度提出："《汉书》高平侯魏洪坐酎宗庙骑至司马门，削爵一级，此则骑不得过庙司马门之明文也。今太庙别有偏门及东门，祀官入斋宫，去殿庭尚远，其后庙唯有一门。每遇禘祫神主由之出入兼斋宫政与殿门相对数步而已。祀官皆乘马而入，实非恭恪，望自今中书门下行事许乘马入太庙东门，自余并不得乘入。"①官员行为的规范意在重新确立王朝的权威地位，对于从晚唐五代礼仪倾颓，君臣失序的状态中走来的北宋王朝而言，这不失为制度层面上的拨乱反正。后者如他与翰林学士晁迥、杨亿，龙图阁学士杜镐和知制诰王曾等共同制定"祀汾阴仪注"②，祭祀对于封建王朝而言是一项重大工作，它承担着证明王朝合法性以及沟通天人的重大作用。能够参与这一部分的工作无疑是王朝对陈彭年才学的肯定。

在北宋前期南方文人尚且被主流文化视为边缘的情况下，正是依靠这一群体中不断涌现的高素质人才，最终才令整个王朝对这个群体刮目相看。他们作为复合型人才，取得的成就不局限在传统的文学领域。而是拓展到军事、政治、外交、司法、经济、教育各层面，改变了属于征服者阶层的北方文化集群对南方文人"下笔千言，胸中实无一策"的偏见，也正是因为他们在国家管理的诸方面都有不俗的表现，他们的文化主张才更容易为主流文化所重视并接纳，进而取得在主流文化领域的引领者地位。

同时，随着南方文化的全面崛起，南方文人的自我意识也发生着微妙的变

---

① 宋 李焘：《续资治通鉴长编》，卷65，《文渊阁四库全书》本。
② 宋 李焘：《续资治通鉴长编》，卷74，《文渊阁四库全书》本。

化。《玉壶清话》曾记杨亿的一件轶事:"三月,后苑曲宴,未贴职不得预,公以诗遗馆中诸公曰:'闻带宫花满鬓红,上林丝管侍重瞳。蓬莱咫尺无因到,始信仙凡迥不同。'诸公不敢匿,即时进呈。上讶有司不即召,左右以未贴职对,即日直集贤院,免谢,令预曲苑。"词臣韵事固然体现了宋太宗的爱才之心与雅量,但更可以说明的却是来自南方的文人杨亿敢于在主流文化领域内展示诗人的傲骨和耻于人后的心态。在列名三馆清华之地的南方才子中这种精神上的优越感普遍存在,或许这也是也促使他们刻意挣脱前人诗学范型的牢笼,寻求新变的动力所在。从某种角度来说,他们看重的是智力与学力的挑战,并在挑战中彰显个体的才性。

第三节　南方文人崛起对统治者及北地文人的心理影响

根据东英寿的研究,北宋初年(太祖、太宗时),任职于北宋朝廷的重要官员中占籍北方的76人,南方者仅1人;这种状况在四十年后得到了改善,当真宗时,北方官员有188名,而南方的增加到20名;至于到了宋仁宗年间,数据的变化更为明显,北方籍官员211人,南方籍118人。① 这种变化预示着随着进入官僚体系的南方人士的增多,他们无论在政治上,文学上还是社会管理上都会散发出自己的影响力,甚至,还能影响到具有优越感的征服者群体的心态。

这我们可以从一位南方文士——钱易的际遇中看出端倪。

钱易其人,初为人所知,是因为一场考试:"(淳化三年)三月亲试举人,初糊名考校。是岁诸道举人凡万七千余人,苏易简举殿试,始令糊名考校。内出《厄言日出赋》题,试者不能措辞,相率叩殿槛上请,有钱易者日未中三题皆就,以其轻俊特命黜之,得孙何以下三百余人诸科八百余人。"② 这场考试之所以特别是因为它是北宋科举史上第一次"糊名考校",增强了考试的公正性,同时,也是一场试题难度极高令考生无从下笔的考试。就在这样的考试中,当时年仅十七岁的钱易展现了过人的才华,下笔千言,一蹴而就。然而,事件至此,突生逆转。原本的考试中,第一个完成并交卷的人即可得状元名号,梁灏、陈尧佐都得过这样的殊荣,但是钱易却没有这样的荣幸,他被太宗"特黜之",

---

① 东英寿:《复古与创新——欧阳修散文与古文复兴》,上海古籍出版社2005年8月。
② 宋 陈均:《九朝编年备要》卷4,《文渊阁四库全书》本。

理由是"轻俊",也就是文章写作态度过于轻率,文风佻达。这个事件,至此颇堪玩味。作为衡量天下人才的科举考试,统治者用以表达自己的政治需求和审美观念是很寻常的。但太宗故意贬抑钱易似乎并不是因为对其文章存在多大的不满。"太宗尝与苏易简论唐世文人,叹时无李白,易简曰今进士钱易为歌诗殆不下白。太宗惊喜曰诚然吾当自布衣召置翰林。值盗起剑南遂寝。"① 此一节足以证明宋太宗是很欣赏钱易的文学才华的,而且有意思的是该场考试的主考苏易简也对钱易推崇有加,将其视为李白一路的人物。然则,欣赏的态度却带来了贬抑的结果,这就更耐人寻味了。

到底是谁无法容忍钱易获得状元之名呢?《宋史》记曰:"言者恶其轻俊,特罢之。"这里的"言者"确指谁或者哪些人我们无从知晓,但是这无疑是一股不小的力量,能够左右朝廷舆论甚至帝王意志。这股力量明确表达了对钱易的厌恶。那么他们厌恶的仅仅是其科场表现吗?

在钱易身上,除了才华以外,更为人瞩目的是他的身份:"易字希白,始父倧,嗣吴越王,为大将胡进思所废而立其弟俶. 俶归朝,群从悉补官,易与兄昆不见录,遂刻志读书。"② 作为吴越王室的后裔,在北宋前期,是很刺眼的。尽管北宋王室优待降人,尤其对主动输诚的吴越国君臣更是以官爵羁縻之,但内心的防范却从不曾松懈。《稗史汇编》卷九十《人事门·仇怨类》记载:

宋邵伯温曰:南唐李煜以太平兴国三年七月七日卒,吴越王俶以雍熙四年八月二十四日卒。二君归宋,奉朝请于京师,其卒之日俱其始生之辰,太宗于是遣中使赐以器币,与之燕饮,皆饮毕卒,盖太宗杀之也。

尽管,这个说法未必准确,但是不失为言出有因。对于统治者而言,面对这些来自曾经敌对阵营的人们,必然也多存一份猜忌与防范。因而作为降臣,钱氏家族总免不了内心的张皇。尽管太祖曾对钱俶保证"誓不杀钱王",但这又岂能消弭他们的囚徒恐惧呢?而又有谁能保证即便不杀,他们能够获得平等的对待呢?钱易来自吴越王室,这本身就很能使朝廷中的一干人萌生联想,何况这一年的科考中他与兄长钱昆双双参与,且均展现了过人才华,如果钱易将状元之名一举收入囊中的话,钱氏家族焕发的光彩就过于炫人眼目了。因此,舆论才会借"轻俊"之名否定钱易,而这多少也契合了太宗不足为外人道的心底隐忧。于是,结果就变得容易理解了。

---

① 元 脱脱:《宋史》卷317,《文渊阁四库全书》本。
② 元 脱脱:《宋史》卷317,《文渊阁四库全书》本。

与之相呼应的是六年后，钱易"再举进士就开封府试第二，自谓当第一，为有司所屈乃上书言试《朽索之驭六马赋》，意涉讥讽，真宗恶其无行，降第三。明年第二人中第"①。这一次，钱易尽管为争个省试第一不惜上书争论，而且"解头"高辅尧也请求将名衔让给钱易②，但依旧没有结果，反被真宗批评为"无行"。然而有趣的是，次年钱易仍以第二名的身份进士及第。这充分说明，北宋的统治者并不愿意绝了一个才能之士的仕进之路，只是不希望让他这样一个以辞章名世的南方文人，而且是有特殊身份的人获得象征国家科举最高荣誉的声名而已。这其中我们可以看到南方文人受到的不公正待遇，然而也同样可以感觉到王朝主流政治与文化领域面对这一群体中的卓异者不得不然的妥协。

其实，这样的事件仅在北宋前期并非见。

《续资治通鉴长编》卷八四中有这样的记载："新喻人萧贯与齐并见，（蔡齐）仪状秀伟，举止端重，上意已属之。知枢密院寇准又言：'南方下国人，不宜冠多士。'齐遂居第一。上喜谓准曰：'得人矣。'特召金吾给七驺出，两节传呼因以为例。准性自矜，尤恶南人轻巧。既出谓同列曰：'又与中原夺得一状元。'齐，胶水人也。"

同样，晏殊被张知白以神童荐，应进士试，得到了太宗的欣赏。但是，名相寇准对此却甚为不满，以"江外人"为由试图阻止晏殊及第。

两个事件颇为雷同。寇准所说的"南方下国人"和"江外人"明显带有歧视，其中包含的是对来自南方区域的文人的不信任。这种看法在北宋前期的政坛和文化领域普遍存在。然而，太宗的态度却值得思量。对于蔡齐夺得状元之名，他是乐观其成的，甚至我们还可以认为是他的态度给了寇准暗示，后者才出来为北人"争"这个状元名分。但是，太宗又以张九龄为例否定了寇准的阻挠，这似乎意味着面对南方文人的崛起，作为王朝的统治者，宋太宗不希望完全以地域为借口阻绝了他们进入主流文化圈。或许，这些事件也能说明越来越庞大的南方文人群体和出色的人才已经形成了一种不可忽视的力量，阻碍和接纳均由此而生。

除了南方文人集团的影响除了对统治者本人产生作用以外，对其他身居高位的，来自北方文人集团的仕宦者也有鲜明影响。张咏的经历颇有代表性。

张咏是太平兴国五年（公元980年）的进士，成名很早，是具有鲜明个性

---

① 元 脱脱：《宋史》卷317，《文渊阁四库全书》本。
② 宋江少虞辑：《事实类苑》卷30，《文渊阁四库全书》本。

的北方文人。《宋史·张咏传》称他"少任气，不拘小节"，是个豪放不羁的人物。《墓志铭》称其"自少学剑，颇得妙术，无敌于两河间。好弈棋，精射法"，颇有侠客风范。这样的形象倒与当时的北方久战之地，好勇尚武的特点颇吻合。自出仕以来，张咏任职地方，多次参与平定叛乱，其中最著名的当是在益州"李顺构乱，王继恩上官正总兵攻讨，缓师不进。咏以言激正，勉其亲行，仍盛为供帐饯之，酒酣举爵属军校曰：'汝曹蒙国厚恩，无以塞责，此行当直抵寇垒，平荡丑类，若老师旷日，即此地还为尔死所矣。'正由是决行，深入大致克捷"。在君主眼中，张咏"其材任将帅"。这样的背景和经历很容易让张咏获得当时北方文人集团的高度认同。而他本人也与其中的核心人物多有往来。

《事实类苑》卷七中有这样一段记载很耐人寻味：

忠定公为御史中丞，一日于行香所见宰相张齐贤呼参知政事温仲舒为乡弟，及他语鄙甚，公以非所宜言，失大臣体，遂弹奏之。齐贤深以为恨，后于上前短公曰："张咏本无文，凡有章奏皆姻家王禹偁代为之。"禹偁前任翰林，作齐贤罢相麻，其词丑诋，及再入中书，禹偁亦再知制诰，故两中伤之。公闻自辩曰："臣苦心文学，缙绅莫不知。齐贤以臣假手于人，是掩上之明，诬臣之非罪也。"上曰："卿平生著述几多，可进来。"公遂以所著进，上阅于龙图阁，未竟赐坐曰："今日暑甚。"顾黄门于御几取常所执红绡金龙扇赐公，且称文善。公起再拜，乃纳扇于几。上曰："便以赐卿，美今日献文事也。"（出渑水燕谈）

此则逸事说明了两个问题，一是张咏与王禹偁两人非但是姻亲而且交往密切，二是张咏的文章可能与王禹偁风格比较近似，因此给了诬蔑者可乘之机。

众所周知，在北宋初年，王禹偁领袖文坛时，诗尚白体，文章则求平易晓畅。他的《再答张扶书》说："子又谓六经之文语艰而义奥者十二三，易道而易晓者十七八，其艰奥者非故为之，语当然矣。今子之文则不然，凡三十篇语皆迂而艰也，义皆昧而奥也。岂子之文过于六借邪，若犹未焉，子其择也。"[①] 王禹偁批评张扶之文迂而艰，以为违背了六经明白易晓之道，此中可见他所称赏的语言风格为何。他是北宋前期比较早提倡古文写作的人之一，只不过他的古文观和柳开的不相类。而张咏为文为诗，显然应该与王氏把臂同行。

然而让人觉得比较特殊的情形出现了。在修撰《册府元龟》时，张咏居然一反常态，参与了"西昆酬唱"，而且居然写出了与昆体诗人风格非常类似的作品，在当时的文坛，这恐怕是颇具轰动效应的事件了。

---

① 宋 王禹偁：《小畜集》卷18，《文渊阁四库全书》本。

那么是什么驱使张咏参与酬唱呢？我们当然可以归因于风气。但是，这并非全部。张咏自号乖崖，意思是"乖则违众，崖不利物"，很明确地显示了与世俗落落难合之意。就此一端，我们不难发现他不是一个肯随俗浮沉的人。其行为自更有深意。

在我看来，最关键的影响因素是共同参与酬唱的诗人们浓厚的学识素养。张咏虽任侠使气，对学问的尊重与爱好却是一贯的。他的《许昌诗集序》很能说明这一点：

> 文章之兴，惟深于诗，古所难哉！以其不沿行事之迹，酌行事之得失，疏通物理，宣导下情，直而婉，微而显，一联一句，感悟人心，使仁者劝而不仁者惧，彰是救过，抑又何多？可谓擅造化之心目，发典籍之英华者也。洎诗人失正，采诗官废，淫词嫚唱，半成谑谈，后世作者虽愈立言存教，直以业成无用，故留意者鲜有。如山僧逸民，终老耽玩，搜难抉奇，时得佳句，斯乃正始之音，翻为处士一艺尔。又若才卑不能起语，思拙困于兴象，兴咏违于事情，讽颂生于喜怒，以此较之，果无用也。其中浅劣之尤者，体盗人意，用为己功，衒气扬声，毫无愧耻焉。呜呼！风雅道丧若是之甚与？①

这段话是张咏诗歌功用观的集中体现，诗人认为诗歌应当有助教化、感人心的作用。对仅仅将诗作为"处士之一艺"的诗风提出了自己的批评。同时，他指出诗应该"擅造化之心目，发典籍之英华"，应当说体悟到了"诗"与"学"之间的联系。

在修书期间，张咏想必感受到了友朋相得的快乐，而这种快乐在他在日常交往中颇有欠缺。在《宋史·寇准传》中有一个令人忍俊不禁的故事：

> 张咏在成都，闻准入相，谓其僚属曰："寇公奇材，惜学术不足尔。"及准出陕，咏适自成都罢还，准严供帐，大为具待。咏将去，准送之郊，问曰："何以教准。"咏徐曰："《霍光传》不可不读也。"准莫谕其意，归取其传读之，"至不学无术。"笑曰："此张公谓我矣。"

史传往往比较严肃，也比较追求真实。这个故事的出现让我们看到了寇准与张咏之间不薄的交谊和两个人个性中存在的幽默感。然而，也让我们了解了当时北方文人的真实状态，即便是名相寇准，仍然在学问上有所不足。所以，当张咏来到一个以南方文人为主体的群落中，感受到浓厚的学术氛围时，他的

---

① 宋 张咏《乖崖集》卷8，《文渊阁四库全书》本。

心向往之变得非常自然。而参与酬唱从某种程度上来说也意味着对这一群体，乃至南方文化特色的认同。

另外，我们注意到，除了酬唱的作品以外，张咏另有一些颇具南方情致的作品。《事实类苑》卷三十九记曰："文章纯古不害其为邪，文章艳丽亦不害其为正。然世或见人文章铺陈仁义道德便谓之正人，若言及花草月露便谓之邪人，兹亦不尽然也。……乖崖公张咏席上赠官奴小英歌曰：天教抟百花，抟传作小英明如花，住近桃花坊，北面门庭掩映如仙家。美人宜称言不得，龙脑熏衣香入骨，维扬软縠如云英，亳郡轻纱若蝉翼。我疑天上婺女星之精，偷入筵中名小英，又疑王母侍儿初失意，谪向人间为饮妓。不然何得肤如红玉初碾成，眼似秋波双脸横。舞态因风欲乘去，歌声遏云长且清。有时歌罢下香砌，几人魂魄遥相惊。人看小英心已定，我见小英心未足，为我高歌送一杯，我今赠尔新翻曲"。诗句参差，有散文化倾向，但情致盎然，态度温柔，且多用典使事，深得南方文学之精髓。

张咏的风格转变似乎也能作为南方文化影响深入人心的一个佐证。

第四节　南方文化因素对词体文学美学风格形成的关键影响

在北宋前期的所有文学样式中，词是最受南方文化影响的一种。近代学者刘师培曾经说过："大抵北方之地，土厚水深，民生其间，多尚实际；南方之地，水势浩洋，民生其间，多尚虚无。民尚实际，故所著之文不外记事、析理二端；民尚虚无，故所作之文或为言志、抒情之体。"① 此言虽不为词而发，却很契合词体在浸淫于南方文化的温暖，然后逐渐走向成熟、定型的过程中将南方色彩、南方因子深深地融汇在血脉中的情形。可以说，词的要眇宜修的特质很大程度上得益于南方文化传统的滋养。

自北宋初年以来，文人圈与市民圈共同欣赏和喜欢的文化活动就是词的创作与演唱，这一时期于词学发展而言正是过渡，词体文学正拟摆脱纯粹的俗文学地位而开始向雅文学皈依，在此过程中，无论语言、格调、情致都会产生变化。在这样的背景下，相当数量的南方文人参与的北宋前期词学范式的建构，很快得到了文化圈和世俗社会两个层面地认同。通过这种新兴的、为大众所追捧的文学样式，一种新时代文学的审美取向应运而生。"南方情致"通过此文体

---

① 刘师培：《中古文学论集》，中国社会科学出版社1997年。

给了阅读者清晰地体认。

温柔秀丽的南方山水和生机勃勃的市镇生活为北宋前期的词学创作提供了丰富的意象群和题材群，而细腻善感的人文性格也为之涂抹了婉转而略带忧伤的背景色。南方社会丰富的物质生活同样给词体文学的发展带来了推动力。简言之，借助此词体，南方文化中精致、细腻与典雅的一面被着力显扬出来。

翻开《全宋词》，我们从卷首第一位词人和岘至欧阳修，共找到存词者 35 位，考其籍贯，发现其中占籍最多的是江西和江苏，各有 5 名，其次为浙江和河南，各有 4 名；而存词超过 5 首的词人共 6 名，除宋祁外全部为南方文人。这个事实说明在当时的词学创作领域南方文人至少是三分天下有其二，占有明显的优势。

再从取得的成就来看，北宋前期，由南方山水中走向词坛，并取得全国性声誉的词家甚多，其中最有代表性的当属吴兴人张先、庐陵人欧阳修、临川人晏殊和崇安人柳永了。他们的作品中带有明显的南方风物的烙印。

其一，善将景物的温柔之美化入词境。如张先的《御街行·送蜀客》云"画船横倚烟溪半，春入吴山遍"，一个"遍"字，江南春日胜景佳处呼之欲出，《蝶恋花》"临水人家深宅院，阶下残花，门外斜阳岸"，活脱是太湖人家的风景素描。欧阳修的《采桑子》"轻舟短棹西湖好，绿水逶迤，芳草长堤，隐隐笙歌处处随"，道尽春日西湖湖光草色，绿意盎然；《朝中措》"平山阑槛倚晴空，山色有无中"，则轻描淡写地将扬州附近的江南山岭表现得飘逸空灵。晏殊的《点绛唇》"红蓼花香夹岸稠，绿波春水向东流"，无须多言，眼前浮现的必然是繁花似锦，春水汤汤的江南景致；《诉衷情》"东风杨柳欲青青，烟淡雨初晴"里的明媚，更是每一个行走过江南三月芳菲中的读者所谙熟的。至于柳永，"竚立东风□魂，南国花光媚"（《两同心》），"露花倒影，烟芜蘸碧，灵沼波暖，金柳摇风"（《破阵乐》），哪一笔不是典型的南方景致？

再细读这些词家的作品，我们可以发现他们选择入词的景物特征异常鲜明，意象集中度很高。以下试拈几例出现频率特别高的。

如杨柳，晏殊词中出现 15 次，欧阳修词中出现 30 次，柳永词中有 13 次，而张先词里则用到了 10 次。

意象	作家	作品	
杨柳	晏殊	杨柳阴中驻彩旌	（点绛唇）
		东风杨柳欲青青	（菩萨蛮）
		小庭帘幕春晚，闲共柳丝垂	
		占断晓莺春柳	（更漏子）
		雪藏梅，烟著柳	
		谁教杨柳千丝，就中牵系人情	（相思儿令）
		花不尽，柳无穷	（喜迁莺）
		多情只似春杨柳，占断可怜时候	（秋蕊香）
		梅花漏泄春消息，柳丝长，草芽碧	（滴滴金）
		旋开杨柳绿蛾眉，暗折海棠红粉面	（玉楼春）
		二月东风催柳信	
		柳条花缬恼青春，更哪堪，飞绿纷纷	（凤衔杯）
		杨柳风轻展，尽黄金缕	（临江仙）
		帝城春暖，御柳暗遮空苑	（玉堂春）
		杨柳风前	
	欧阳修	垂柳阑干尽日风	（采桑子）
		谁家绿柳朱轮走钿车	
		手种堂前垂柳别来几度春风	（朝中措）
		柳丝如剪花如染	
		苹满溪，柳绕堤	（长相思）
		候馆梅残，溪桥柳细	
		青梅如豆柳如眉，日长蝴蝶飞	（阮郎归）
		门前杨柳绿荫齐	
		柳重烟深雪絮飞	（蝶恋花）
		杨柳堆烟，帘幕无重数	
		河畔青芜堤上柳	
		燕子双飞，柳软桃花浅	
		柳眼未开梅萼小	（玉楼春）
		柳曲西头归路别	
		青门柳色随人远	
		垂柳无端争赠别	
		二月东风催柳信	
		湖边柳外楼高处	
		柳色溪光晴照暖	
		柳外轻雷池上雨	（临江仙）
		柔桑蔽日柳迷条	
		桃花溪畔柳荫间	
		轻舟波光□滟柳条柔	
		柳丝摇曳燕飞忙	（浣溪沙）
		梅谢粉柳拖金	（鹤冲天）
		永丰柳，无人尽日花飞雪	（千秋岁）
		朱门柳细风斜	（越溪春）
		双燕飞来垂柳院	（清平乐）
		绿烟低柳径	（应天长）
		青柳朱门，断钟残角，又送黄昏	（行香子）

131

续表

意象	作家	作品	
杨柳	柳永	上苑柳浓时别馆花深处	（黄莺儿）
		柳抬烟眼花匀露	（柳初新）
		杨柳岸晓风残月	（雨霖铃）
		极目萧疏柳万株	（定风波）
		灵沼波暖 金柳摇风	（破阵乐）
		日上花梢，莺穿柳带	（定风波）
		高柳乱蝉嘶	（少年游）
		衰杨古柳	
		虹收残雨 蝉嘶败柳	（引驾行）
		柳径花荫携手徧	（洞仙歌）
		傍柳阴寻芳径	（透碧霄）
		对堤柳愁烟	（临江仙）
		烟柳画桥 风帘翠幙	（望海潮）
		春未老 芳菲满柳汀	（小镇西犯）
	张先	西湖杨柳风流绝	（木兰花）
		柔柳摇摇	（剪牡丹）
		柳阴阴下水平桥	（天仙子）
		燕交飞处柳烟低	（浣溪沙）
		三月柳枝柔似缕	（天仙子）
		春城三二月禁柳飘绵未歇	（少年游）
		萍满溪，柳绕堤	（长相思）
		青柳朱门断钟残角	（行香子）
		东城烟柳青荫长依旧	（胡捣练）
		舞烟新柳青犹弱	（满江红）

上述统计尚不包括词人以柳拟人、拟物者。诗云"昔我往矣，杨柳依依"，在中国的诗学传统中，杨柳意象是与离别紧密联系的，也是无数文人心目中对于南方最深刻的印象。频繁出现这一意象，使作品充满了温柔的意绪和连绵不绝的情思。

另外，微雨（疏雨），烟雨江南，是留给人们最美丽的南方印象之一，以此入词，字里行间流淌的是无法掩饰的精致而温柔的感觉，同时又带有几许惝恍迷离。以此意象入词，晏殊有10次，欧阳修是15次，柳永和张先分别为10次和4次。

意象	作家	作品	
微雨 （疏雨）	晏殊	几回疏雨滴圆荷	（点绛唇）
		雨条烟叶系人情	
		晚雨微微待得空梁宿燕归	（采桑子）
		薄雨浓云抵死遮人面	（临江仙）
		红杏开时一霎清明雨	
		昨夜临明微雨新	（玉堂春）
		昨日小池疏雨后	
		一掬蕊黄沾雨润	
		池中短棹惊微雨	
		朱帘细雨	（殢人娇）
	欧阳修	双燕归来细雨中	（采桑子）
		烟雨微微 一片笙歌醉里归	
		微雨后 薄翅腻烟光	（望江南）
		烟雨满楼山断续	（蝶恋花）
		欲近禁烟微雨	
		细雨满天风满院	
		清凉伞上微微雨	（渔家傲）
		昨夜萧萧疏雨坠	
		柳外轻雷池上雨 雨声滴碎荷声小	（临江仙）
		细雨轻烟笼草树	（浣溪沙）
		金尊难为别，更那听乱莺疏雨	（夜行船）
		雨轻风色？	（千秋岁）
		有时三点两点雨霎	（越溪春）
		烟雨蒙蒙如画	（珠帘卷）
		雨轻烟重	（少年游）
	柳永	夜雨滴空阶	（尾犯）
		憔悴东篱 冷烟寒雨	（爰恩深）
		断烟残雨洒	（女冠子）
		宴堂深轩槛 雨轻压暑气	（夏云峯）
		疏雨夜来新霁	（内家娇）
		微雨轻洒近清明	（抛球乐）
		晚秋天 一霎微雨洒庭轩	（戚氏）
		乍疏雨洗清明	（木兰花慢）
		疏雨潇潇绮窗外	（临江仙）
		霏微雨罢残阳院	（玉楼春）

续表

意象	作家	作品	
微雨 （疏雨）	张先	烟霏霏 雨凄凄 乍暖还轻冷风雨晚来方定 芭蕉寒雨声碎 淡疏烟短雨	（长相思） （青门引） （碧牡丹） （山亭宴）

当然，在这些词人的作品中重复出现的南方意象还有"桥""津渡"等。这些意象群为词的南方化倾向平添了无限意趣，特别是强化了词体的婉约风格。

其二，善于描摹具有典型地域特色的活动。如张先《武陵春》中"秋染青溪天外水，风棹采菱还。波上逢郎蜜意传，语近隔丛莲"，非亲眼见过满湖菡萏，听过莲女清歌者所不能道。至于《木兰花》中"龙头舴艋吴儿竞，笋柱秋千游女并"，更是本地风光的活泼写照。当然其他词人笔下反映的带有地域特色的活动也颇为生动。如采莲："一曲采莲风细细，人未醉鸳鸯不合惊飞起"（晏殊《玉堂春》）；"越女采莲秋水畔，窄袖轻罗，暗露双金钏"（欧阳修《蝶恋花》）。当人们了解某一地域时，往往从景物开始，然后及于风俗。许多南方风俗带有水乡泽国特有的清新与活泼，为词境增添了新的审美趣味。如张先就常常在作品中勾勒一幅幅令人心驰神往的太湖流域生活图景，展现了不同流俗的清新雅致的审美趣味。但这种带有明显地域表征的词境给诸多后来者的影响是潜移默化的。甚至，有的能带来北宋词风的某种改变。李之仪在《跋吴思道小词》一文中指出："张子野独矫拂而振起之，虽刻意追逐，要是才不足而情有余。"尽管其中带有相当程度的批评，但李氏显然承认了张先在词体格局改变中所做的努力，以及取得的成就。词的由俗趋雅，清丽境界的追求是个关键性的转折。

同时，我们知道，自诞生之日起，词就扮演着与诗不同的角色。它被人称为"诗余""小道"，所以词的创作便少了点约束，多了份自由，在这里，可以尽其所能抒发个人化情感，而不畏惧正统批评家"约情合礼"的严厉要求。词在文坛上的崛起有效地弥补了诗人感性的失落，中国诗歌中的"感伤"母题也找到了自己的最佳归宿。尤其到了宋代，随着文化正统性理念的不断强化，人们更是将不便发泄于诗的情感寄托于词，"词缘情"丰富了文人的精神生活，也平衡着他们的心理失重。在诗日益沦为政治的图解、道德的诠释之后，是词保存了抒情文学的细腻多感的特性，寄托了文人的敏锐悲郁的情思，并最终成为一种璀璨的文化存在。词和诗在情感宣叙中的区别是词体存在的价值之一，这一点，在来自南方的词人身上得到了完美体现，并在此后确立了标尺地位。

在此，我们必须再次提到范仲淹。作为一个政治家，范仲淹的诗文中充溢的是传统儒家学者的坚定理念和执着信心。在"先天下之忧而忧，后天下之乐而乐"的句子中我们读到了作家崇高的自我期许。但是，在词中的范仲淹却给我们另外一派景象："碧云天，黄叶地，秋色连波，波上寒烟翠。山映斜阳天接水，芳草无情，更在斜阳外。黯乡魂，追旅思。夜夜除非，好梦留人睡。明月楼高休独倚，酒入愁肠，化作相思泪。"（《苏幕遮》）这样温柔而感性的词句让人很难与庆历新政中那位"虽千万人，吾往矣"的勇士相联系，但这恰好说明了词与诗在创作体系中的不同定位，更强化了其"别是一家"的体性特点。借范公之笔，可以想见这样理念会何等深入人心。因而我们可以说，作为一名具有深远影响力的南方作家，在词体文学的演变过程中，为维护其文体特质，范仲淹以实践做出了努力。

最后，在词的意象探究上，南方文化中反复展现的富丽精致再一次显现出它的影响力。比如，当词人在写屋宇时，喜欢用"朱户"代称："明月不谙离恨苦，斜光到晓穿朱户"（晏殊《临江仙》）、"兽镮朱户频摇"（柳永《西江月》）；写帘幕时，好用"珠帘"名之："风和烟暖，绣户珠帘"（晏殊《玉堂春》）、"珠帘半下香销印"（欧阳修《蝶恋花》）；写楼阁则多以画阁为辞："画阁归来春又晚，燕子双飞，柳软桃花浅"（欧阳修《蝶恋花》）；"画阁明新晓"（张先《谢池春慢》）。如此种种，不一而足。这些富丽或者鲜艳的意象使北宋词作中呈现出一片热闹的景象，构成以富艳精工为美的文体观和共通的审美理想。

北宋前期诸体文学中，应当说词是南方化倾向最明显的一体，南方文化中的多元因子进入了它的体制建构过程，使之成为不可多得的"南方文学"。

下编 03

经济重心南移与文学转型的互动关系

在经济重心南移的过程中,后世所谓的"宋型文学"在这近百年的时间中逐渐开始了自具面目的进程。这主要集中体现在诗文领域。

第一章

宋型诗的初步建构

北宋前期的诗林颇不寂寞。白体和晚唐体各领风骚,而最后让位于西昆体,并且西昆体最后成为唐型诗向宋型诗转化的最后一站。大体而言,西昆体为定格的宋型诗输送了关键性的特质:学术化的追求和精微细致的审美理念。这种特质的形成与南方文人群体所起的作用密切相关。

第一节 宋初修书与宋型诗新质萌芽之关联

在探讨宋型诗特质形成之前,我们先来关注与之关联密切的一种文化活动——类书和史书的编撰。可以说,这是新特质形成的重要铺垫。

自北宋立国之后百余年间,修书活动几乎没有停止过。所谓盛世修文,这项工作的开展首先有其政治用心。考之北宋前期,目的有二:其一,表现王朝的右文政策。宋太祖由陈桥兵变而黄袍加身,为根除五代割据之弊,对武人深加防范。宋敏求《春明退朝录》卷上引孙之翰言:"太祖一日召对赵中令,出取幽州图以示之。赵令详观,称叹曰:'是必曹翰所为也。'帝曰:'何以知之?'普对:'方今将帅材谋无出于翰,此图非翰他人不可为也。翰往必可得幽州。然既得幽州,陛下遣何人代翰?'帝默然持图归内。"这个故事充分说明了身历五代政权频繁更替的宋代统治阶层对武将拥兵专权,征战杀伐深具戒心,甚至在收复山河的巨大诱惑面前,也不化解这种恐惧。本于此,宋太祖定"兴文教,抑武事"为基本国策。宋人曰:

五季文物荡尽,而鲁儒犹往往抱经伏农野,死守善道,盖五十年不改也。太祖皇帝既定天下,鲁之学者始稍稍自奋,白袍举子大裾长绅,杂出戎马介士之间。父老见而指以喜曰:"此曹出,天下太平矣!"方是时厌乱,人思复常,故士贵。①

渴望安定的民众与渴望长治久安的宋太祖可谓一拍即合。赵匡胤说"宰相须用读书人",并且用文臣知州、制军,取代武人地位。故《宋史·文苑传》曰:"太祖革命,首用文吏而夺武臣之权,宋之尚文,端本乎此。"为体现"重文"的政治之道,太祖甚至这样对开国第一功臣赵普说:"卿苦不读书,今学臣角力,隽轨高驾,卿得无愧乎?"结果"普由是手不释卷,然太祖亦因是广阅经史"②。

太宗在太祖的基础上继续推行文治政策。《麟台故事》卷一记其:"诏侍臣曰:'尔来武人子孙颇有习儒学者,盖由人所好耳。'吕蒙正曰:'国家褒待文士,爵禄非轻。故人人自劝乃圣化所及'"从中可见统治者非常注重引导新一代走从文之路。

到了宋代的第三位皇帝真宗,更是以身作则。学问已成为他生活的一部分:

真宗皇帝听断之暇,唯务观书。每观一书毕,即有篇咏,命近臣赓和,故有御制《观尚书》诗、《春秋》、《周礼》、《礼记》、《孝经》诗各三章,御制《读宋书》《陈书》各一章,《读后魏书》三章,《读北齐书》二章,《读后周书》《隋书》《唐书》各三章,读《五代梁史》《后唐史》《晋史》《汉史》《周史》各二章,可谓好文之主也。③

上述文治功夫对提高士人的学术水平等起到了积极作用。有例为证,杨亿曾记下这样一则轶事:"淮南张佖知举进士,试'天鸡弄和风',佖但以《文选》中诗句为题,未尝详究也。有进士白试官云'《尔雅》鶔,天鸡。鶾,天鸡,天鸡有二,未知孰是?'佖大惊,不能对,亟取《尔雅》,检《释虫》有'鶔,天鸡,小虫……'《释鸟》有'鶾,天鸡,赤羽……'"④。足见士人对于学问的精细钻研已到了痴迷的程度。这个发生在景德年间的故事与前代文人的学识浅薄形成鲜明对照。王辟之《渑水燕谈录》中载:"太宗朝,赵昌国者,自陈乞应百篇举……至晚,仅能成数篇,辞意无足取……"《宋史·路振传》记载:"淳化中举进士,太宗以词场之弊,多事轻浅,不能该贯古道。因试《卮言

---

① 宋 晁补之《鸡肋集》卷34,《文渊阁四库全书》本。
② 宋 文莹《玉壶清话》卷2,《宋元笔记小说大观》,上海:上海古籍出版社,2007年版P1464。
③ 宋 陈岩肖《庚溪诗话》卷上,丁福保《历代诗话续编》,北京:中华书局,1997年版,P162-P163。
④ 事见《诗话总龟》卷27,《文渊阁四库全书》本。

日出赋》，观其学术时就试者凡数百人，咸盱眙忘其所出，虽当时弛声场屋者亦有难色。"虽都是小事，但与杨氏所记两两相较，其中透露的却是学术风气变迁的大题目。

类书的价值在于汇聚前代典籍中的文化遗产，也能在相当程度上展示王朝的文治之功。通过这项工作，王朝可以用无声的方式宣示自己的文化态度和价值趋向。

另外，修书是另一种"使天下英雄尽入彀中的做法"。宋人王明清说过："置之馆阁，始修群书……以役其心，多卒老死于文字间。"① 在宋太宗时期就修成了《太平广记》《太平御览》《文苑英华》三部大书。考其修撰者，大体都是五代文臣。根据《四库全书总目提要》，《太平广记》："宋李昉奉敕监修，同修者扈蒙、李穆、汤悦、徐铉、宋白、王克贞、张泊、董淳、赵邻、陈鄂、吕文仲、吴淑十二人。"《太平御览·原序》记载的修撰者为："李昉、扈蒙、知制诰李穆、太子詹事汤悦、太子率更令徐铉、太子中允张泊、左补阙李克勤、左拾遗宋白、太子中舍陈鄂、光禄寺丞徐用宾、太府寺丞吴淑、国子监丞舒雅、少府监丞吕文仲②、阮思道。"《文苑英华·事始》也记载了它的修撰者："翰林学士承旨李昉、翰林学士扈蒙、给事中直学士院徐铉、中书舍人宋白、知制诰贾黄中、吕蒙正、李至、司封员外郎李穆、库部员外郎杨徽之、监察御史李范、秘书丞杨砺、著作佐郎吴淑、吕文仲、胡汀、著作佐郎直史馆战贻庆、国子监丞杜镐、将作监丞舒雅等阅前代文集撮其精要以类分之，为《文苑英华》。其后李昉、扈蒙、吕蒙正、李至、李穆、李范、杨砺、吴淑、吕文仲、胡汀、战贻庆、杜镐、舒雅等并改他任，续命翰林学士苏易简、中书舍人王佑、知制诰范杲、宋湜与宋白等共成之。"

这三份修撰者名单重合率颇高，这固然可以说明这些重合者在北宋前期被公认为出色的学者。但是，仔细寻绎他们的身份，我们却能发觉耐人寻味的地方。

我们从中找出三次都参与修撰工作的人员，计有：李昉、扈蒙、李穆、徐

---

① 宋 王明清：《挥麈余话》卷1，《文渊阁四库全书》本。
② 按原文作李文冲，当为吕文仲之误。玉海卷五四："太平兴国二年三月戊寅，诏翰林学士李昉、扈蒙、左补阙知制诰李穆、太子少詹事汤悦、太子率更令徐铉、太子中允张泊、左补阙李克勤、右拾遗宋白、太子中允陈鄂、光禄寺丞徐用宾、太府寺丞吴淑、国子寺丞舒雅、少府监丞吕文仲、阮思道等，同以前代修文御览《艺文类聚》《文思博要》及诸书分门，编为一千卷，又以野史传记小说杂编为五百卷，八年十一月庚辰诏史馆所修太平总类一千卷。"另考之《宋史》，无李文冲其人。与同修类书者均为知名文人的惯例不相符合，此从《玉海》改之。

铉、吕文仲、宋白和吴淑。细考其人生平,可以发现他们均成名于五代,在各自的小朝廷中都是名闻遐迩的文学名臣。

李昉:汉乾祐举进士,为秘书郎。宰相冯道引之与吕端同直弘文馆。……周显德二年,宰相李谷征淮南,昉为记室。世宗览军中章奏,爱其辞理明白……曰:"吾久知有此人矣,师还,擢为主客员外郎,知制诰、集贤殿直学士。"四年加史馆修撰……昉和厚多恕,不念旧恶,在位小心,循谨无赫赫称。为文章慕白居易,尤浅近易晓,好接宾客。江南平士大夫归朝者多从之游。

扈蒙:蒙少能文,晋天福中举进士,入汉为鄠县主簿。赵思绾叛逆,郭从义讨之,郡县吏供给皆戎服趋事,蒙冠服褒博,举止舒缓,从义颇讶之。转运使李谷谓曰:"蒙文学名流,不习吏事。"遂不之问。周广顺中从归德军节度赵晖为掌书记,召为右拾遗,直史馆,知制诰。蒙从弟载时为翰林学士,兄弟并掌内外制,时号二扈。宋初由中书舍人迁翰林学士。

李穆:幼能属文,有至行。……从酸枣王昭素受易及庄老。书尽究其义,昭素谓曰:"子所能得精理,往往出吾意表。"且语人曰:"李生异日必为廊庙器。"以所著易论三十三篇授之。周显德初以进士为郢汝二州从事……五代以还,词命尚华靡,至穆而独用雅正,悉矫其弊。

徐铉:十岁能属文,不妄游处。与韩熙载齐名江东,谓之韩徐。仕吴为校书郎,又仕南唐李昪父子,试知制诰。

吕文仲:文仲在江左举进士,调补临川尉,再迁大理评事,掌宗室书奏。入朝授太常寺太祝,稍迁少府监丞,预修《太平御览》《广记》《文苑英华》,改著作佐郎,太平兴国中,上每御便殿,观古碑刻,辄召文仲与舒雅、杜镐、吴淑读之,尝令文仲读《文选》、继又令读《江海赋》,皆有赐。

宋白:善属文,多游鄠杜间。尝馆于张琼家。琼武人,赏白有才,遇之甚厚。白豪俊尚气节,重交友,在词场名称甚著。……建隆二年,窦仪典贡部,擢进士甲科。干德初献文百轴,试拔萃高等。

吴淑:淑幼俊爽,属文敏速。韩熙载、潘佑以文章著名江左,一见淑,深加器重。自是每有滞义,难于措词者,必命淑赋述。以校书郎直内史。江南平,归朝久不得调,甚穷窘。俄以近臣延荐,试学士院,授大理评事。……历太府寺丞,著作佐郎,始置秘阁。以本官充校理,尝献九弦琴、五弦阮颂,太宗赏其学问优博。(分别见《宋史》卷265、269、263、441、296、439、441)

依照上述生平,除宋白外,其余诸人都有仕于"敌国"的履历,而且颇受器重。尽管这是时代与环境造成的,而且也为当时士人常态,北宋王朝也没有对此多加苛责，但是要求统治者，对于这样一批杰出人才的来源与背景丝毫不存芥蒂却也有些勉为其难。疑而用之，就需要找到一种适当的途径。而编撰类书，名誉清华，又便于控制，同时可以将这些人作为样本，吸引更多的文化人专注于此项工作，实在是一举多得。

然而，不管本意如何，类书编撰造成的客观效果的确是一大批作家、诗人自觉地接受了大量文学遗产的熏陶。因为既称类书，必然具备以下特点：第一，材料采撷范围广泛，无论经史子集、稗官野史、佛经道藏均需涉猎；第二，分门别类，弄清源流；第三，重视名章佳句，突出诗文典故的"原型。"宋太宗时期修成了《太平广记》《太平御览》《文苑英华》三部大书，初步起到了在文化领域阐扬学风的目的。

如果，我们将全部修撰上述三部类书的全部人员做一个更细致的分类，可以发现，在这个大群体当中，来自南方"敌国"的文人更是占了总数的33.33%，计有9人。列表如下：

表下1.1　据《宋史》列传整理

人名	国别、官职
汤悦	南唐 宰相
张洎	南唐 知制诰
陈鄂	后蜀 起居舍人
吕文仲	南唐 大理评事
徐铉	南唐 知制诰
吴淑	南唐 大理评事
阮思道	南唐 进士
杜镐	南唐 集贤校理

此外，杨徽之和杨砺两人虽都没有在南方诸国中中过科举，担任过官职，但前者求学、成名均在闽国，后者因父亲仕后蜀，遂在蜀地生活成长，所以也可以称为南方文化集团中人。

因此，我们不妨说在编撰类书的过程中，一批经历丰富、学识优长的南方文人已经在王朝文化建设中初步体现了规模优势，令人为之刮目相看。

而到宋真宗景德二年，又一部大书——《册府元龟》开始编辑。此书的编辑在宋型文学建构上的意义至关重大。新一代的具有相当学术修养的南方文人成为编撰此书的主流。在编书的过程中，他们不但成功地转型为新一代的王朝文化核心，而且通过"西昆酬唱"这一诗学活动成功转变了诗坛风气，开始了宋型诗自具面目的建构历程，引导诗风从平易浅切走向典雅博瞻。

参与编写《册府元龟》的人员，王钦若、杨亿而外，计有："直秘阁钱惟演、刁衎，龙图阁待制杜镐、戚纶，直集贤院李维、直史馆王希逸、陈彭年、姜屿、陈越，太子右赞善大夫宋贻序同编修……又令内臣刘承珪、刘崇超典其事，编修官供帐饮馔皆异常等。俄又令秘书丞陈从易、校理刘筠同编修，官直馆查道、太常博士王曙①，未成，又增直集贤院夏竦、职方员外郎孙奭注撰音义。"②

在这其中，来自南方的文人占55.56%，列表如下：

表下1.2　据《宋史》列传整理

人名	地名	备注
王钦若	新喻	
杨亿	浦城	
钱惟演	钱塘	
刁衎	升州	仕南唐为集贤校理
杜镐	常州	仕南唐为集贤校理
查道	休宁	
陈彭年	抚州	
陈从易	泉州	
夏竦	江州	
姜屿	分宁	

除去杜镐、刁衎两人为南唐遗臣外，其余参与修书的南方文人都是从科举出身，立身文坛的。这样的比例充分说明了南方文人在北宋前期王朝的文化建设中已经牢牢占据了关键位置并以群体优势形成的文化合力形成了强有力的引力圈。

在修书的过程中，我们清晰地看到南方文人们的态度是庄重而严谨的，充分体现南方文化中尚学重思、细致精确的特点。《四库全书总目》卷一三五转引张耒《明道杂志》称："杨亿修《册府元龟》，数卷成辄奏之。每进本到，真宗即降付陈彭年。彭年博洽，不可欺毫发，故谬误处皆签贴，有小差误必见。至有数十签，亿心颇自愧，乃盛荐彭年文字，请与同修。其言不可尽信，然亦足

---

① 此处原作王晓，而其人无可考，与例不合，此从宋程俱《麟台故事》卷二及《说郛》改，其文如下："及希逸卒，贻序贬官，又取直史馆查道，太常博士王曙，后复直集贤院夏竦，又命职方员外郎孙奭注撰音义。"

② 宋 王钦若：《册府元龟·考据》，中华书局，2012年版。

见当时校核讨论，务臻详慎。故能甄综贯串，使数千年事无不条理秩然也。"仅此一处便可充分说明当时人们在修书时经过反复考校，务求精准，而且同心协力的工作态度。这使得《册府元龟》在当时的文化圈中赢得了很高的声誉。修书者也因此得到了更广泛的认同。

天圣初年，真宗又命当时的翰林侍读学士晏殊等于《册府元龟》中掇取善美之事，得其要者之作四十卷，分二百一十五门，名曰《天和殿御览》。同时，他还写作《类要》一百卷备修文之用。从编撰的态度言，晏殊一如前辈南方文人，谨慎踏实。叶梦得《避暑录话》称："殊生平未尝弃一纸，虽封皮亦十百为沓。每读书得一故事则批一封皮，后批门类，命书吏传写，即今类要也。故所载皆从原书采摭，不似他类书互相剽窃辗转传讹。"①

如果说，前三大书的编者多为五代文臣，入宋后虽有学术地位却难免有迟暮之感，且诗风已经定型，很难因为修书再有改变的话，那么修《册府元龟》和《天和殿御览》给相对年轻的学者型诗人造成的影响却不可估量，后者在编撰图书的过程中进一步强化了对经典以及前人文化遗产的熟悉程度，结合本身的学术修养，创作中"以学问为诗"的倾向日益明显。

除了类书，宋初史籍点校和著述也在图书材料丰富的情况下蓬勃开展。钱惟演和杜镐、戚纶于咸平三年（公元1000年）共校《三国志》；刁衎和丁逊一起覆校前后《汉书》；至于杨亿和宋祁更是著名的史家，前者与修《太宗实录》，后者是《新唐书》的主要修撰者之一。编校、修撰史书有利于诗人了解历史事件与历史人物的源流，使他们在创作时渊源皆有所考。这也增加了创作中的学术气息。

同时，编撰类书以及校点图书的工作也为原本在整个文化领域中多少有些被边缘化的南方文人获得了空前的文化自信。因此也促使他们刻意挣脱前人诗学范型的牢笼，寻求新变，并且注定了他们会对号称"獭祭"的前代诗人李商隐情有独钟。从某种角度来说，他们看重的是智力与学力的挑战。不过，这种未必纯粹的创作心态结合他们身上的"雅士"品格，使得这群与李商隐人生经历迥然不同的诗人在写作中更为注重向内寻求内心世界的愉悦以及超越，更为关心一些带有普遍意义的心性问题，绝少借物象抒一己穷愁，悲一身之遭际。他们就是有所寄托，所托也大抵是从普遍人生经验中领悟出来的命运法则。而这又恰恰契合了宋型诗逐渐走出唐型诗，表现出"沉潜的理性"的大趋势。

精深僻奥的西昆体诗之所以能很快流行，正是由于当其时文人的诗歌欣赏

---

① 清 纪昀等：《四库全书总目提要》卷137，《文渊阁四库全书》本。

需求以及接受能力在学术素养抬升的基础上产生了转型。

单从杨亿的诗学观念而言，强调学问对诗歌影响的言论比比皆是。其《温州聂从事永嘉集序》云："遍讨百家之言，深穷六义之要，以为诗者妙万物而为言也。赋颂之作皆其绪余耳。于是收视反听，研精覃思，起居饮食之际不废咏歌，门庭藩溷之间悉施刀笔，鸟兽草木之情状、风云霜露之变态、登山临水之怨慕、游童下里之歌谣，事有万殊，悉财成于心。"此强调诗人正是出入百家，通贯经史才能够写出自然万物的情状。在《广平公唱和集序》中他又指出："善歌者必能继其声，不学者何以言其志？故雅颂之隆替，本教化之盛衰。倪王泽之下流，必作者之间出。"主张诗人之所以能言志抒怀，倡导教化，皆"学"力所致。到了《送元道宗秀才序》里，他再次强调元生之所以能够凭借"左氏之笔微为富艳，相如之文长于形似。翘翘然秀出于场屋间"，皆出于其"学术渊奥，才思深婉"之故。

理论建设而外，诗人的创作实践对于推动新诗体的建构意义更为直接。在当时风气的影响下，认同以才学为诗的观念，并将其自觉运用于诗歌创作中的南方诗人一时间不绝如缕。钱易便是其中翘楚。尽管，他没有如他的堂弟钱惟演一样参与当时最著名的诗学活动"西昆酬唱"，但观其诗歌风格，颇与昆体同调。南宋人王庭珪云：

钱希白自吴越入朝，折节学问，晚以能文章入翰苑。当杨刘力变文体，号曰西昆，学者病之。唯希白博古，能逐追其间，方投时相启求识擢，时年尚少，词虽博赡，犹余五季文，辙然不蹈袭陈言，至昆体亦出自然，知变而冠绝于时，非才大莫能然也。①

由此可知，钱易因为学问博赡，所以与西昆体诗风非常相近，这出于他自然的喜好而非刻意为之。而且，钱易与西昆派三大家均有交往。且不说他与钱惟演的亲族关系，以杨亿论，两者交谊甚深。"长庚谪仙骨，须入扞鳌宫"②，诗作于咸平二年（公元999年）。在此中，杨亿借用了苏易简对钱易的评价，称其有李白之才，一定有机会成为翰苑中人的。刘筠也曾寄诗给钱易，时在景祐年间，钱易信州通判任上："闻说上饶风物好，钱郎诗思奈春何。"③

在钱易的诗作中有相当部分作品与西昆体诸人如出一辙：

---

① 宋 王庭珪：《卢溪文集》卷49，《文渊阁四库全书》本。
② 宋 杨亿：《钱易赴蕲春》，《武夷新集》卷4，《文渊阁四库全书》本。
③ 残句，见宋 王象之《舆地纪胜》卷21"江南东路·信州"；《文渊阁四库全书》本。

天上人间重此宵,新情旧恨两迢迢。汉宫露密梁恩冷,秦殿灯深羯鼓焦。
香粉溟蒙筛绮席,蛛丝千万络烟霄。牵牛何事劳乌鹊,不使虹蜺驾作桥。

此诗可说句句用典,含思绵邈。首联总写七夕故事——牵牛织女相聚此宵。颔联上句用汉武帝七夕祷于承华殿,等待西王母降临以及金人承露盘故事;下句典出唐玄宗打羯鼓故事,南卓《羯鼓录》"(玄宗)尤爱羯鼓玉笛,常云八音之领袖",当然,想到玄宗便会很自然地联想到他与杨妃"七月七日长生殿,夜半无人私语时"的誓约,即"在天愿作比翼鸟,在地愿为连理枝"。颈联状景细腻婉转,将七夕夜的迷离景致表现得触手可及。而尾联则明显化用了李商隐《辛未七夕》中"岂能无意酬乌鹊,唯与蜘蛛乞巧丝"之句。

如果我们将钱易此诗置于《西昆酬唱集》中,可以发现它们是如此面目相近。薛映的《戊申年七夕》诗"碧天如水月如钩,金露盘高玉殿秋",刘筠的同题诗"便有唐家今夕意,月和风露满骊山",用典与钱易诗的颔联如出一辙。而杨亿的《七夕》诗中"匆匆一夕填桥苦,不似人间有造舟"与钱诗的尾联命意句法在伯仲之间。

在钱易现存的诗作中与西昆体相近的还有甚多。这与钱氏本人的诗学思想和诗学实践有密切关联。

与宋初其他诗人一样,钱易在进行诗学创作时,将眼光投注到唐代,学习前人诗风。而且他的学习是广泛的,诸家诸体均有涉猎,留下了《拟唐诗》百篇:

钱希白作《拟唐诗》百篇,备诸家之体。自序曰:"今之所拟,不独其词,至于题目岂欲抛离?本集或有事疏,斯亦见之本传。"故其拟张籍《上裴晋公诗》曰:"午桥庄上千竿竹,绿野堂中白日春。富贵极来惟叹老,功名高后转轻身。严更未报皇城里,胜赏时游洛水滨。昨日庭趋三节度,淮西曾是执戈人。"又作《拟卢仝诗》云:"门前飞杨花,屋后恶水鸣青蛙。案上两卷书,《尧典》与《舜典》留与添丁作生涯。"拟古当如此相似方可传。①

从此中可知,钱易对于唐诗的各种范型均能拟学得惟妙惟肖,从中汲取了丰富的诗学养料。而他最终的诗歌风格近于西昆体,则显然是风气影响和审美取向两者相结合的缘故。而出入百家的诗学实践使得他能够在需要极丰富学识积淀的昆体诗创作中游刃有余。

---

① 宋 许顗:《彦周诗话》,清 何文焕《历代诗话》,中华书局,1981年版,P390-P391。

在北宋前期的南方文人群体中，虽未参加西昆酬唱而风格相近者不在少数。它们形成了一种推动流行的合力，使得这种新的诗风很快风靡文坛。

第二节　宋初骈文提供的诗学养料

修书以外，对新型诗歌范式形成影响的另外一重文化背景是骈文流行。北宋前期的进士科考试大体来说仍沿袭"诗赋取士"的模式，所以在各种文体中独重律赋。大部分南方文人都是通过激烈的考试登上文坛的，所以长期的应试训练使他们在写作中形成了某种惯性。骈文在声韵上讲究运用平仄、韵律和谐，修辞上注重藻饰和用典，这种规范自然地渗透到了他们的诗学理念当中。我们在这里之所以强调骈文写作对南方文人的创作影响，原因有二：一是对绝大多数南方文人而言，对于骈文本身有一种自发的欣赏，所以用力勤甚；二是就参与新型诗歌范式建构的群体进行分析，我们发现其中绝大多数来自南方文人群体。而他们几乎都是依科举之路由乡间走向廊庙的。所以长期的习学构成了一定的写作定势。《后山诗话》称"国初士大夫例能四六，然用散语与故事尔。杨文公刀笔豪赡，体亦多变而不脱唐末与五代之气，又喜用古语以切对为工，乃进士赋体尔"。的确切中肯綮。其实即便不由科举，以当时人登第后的仕宦经历来看，大部分人担当过文学侍从官职，写作骈文亦是他们生活不可或缺的一部分。

因为北宋前期首变诗格者为西昆体诗人，我们就以此作为样本进行探讨。依《西昆酬唱集》所录，直接参与西昆酬唱的诗人有杨亿、刘筠、钱惟演、李宗谔、陈越、利瓦伊、刘骘、刁衎、任随、张咏、钱惟济、丁谓、舒雅、晁迥、崔遵度、薛映、刘秉。此中杨亿、利瓦伊、丁谓、薛映为南方文人，都参与过《册府元龟》的编撰且均从科举出身，而舒雅、刁衎、钱惟演、钱惟济虽不由科甲，然入仕后亦曾为文学侍从。扩展到深受西昆体风气影响的外围作家，晏殊、钱易、宋庠、宋祁、文彦博、赵抃、胡宿和蔡襄这个群体，除宋庠、宋祁、文彦博为北方文人外，其余均为南方文人，亦均从科举出身。

在登上文坛后，这群南方文人经历和政治理念虽有不同，但交集非常明显——其中大部分文人都担任过写作内外制的"知制诰"：

表下1.3 据《宋史》列传整理

姓名	年份
杨亿	咸平四年
利瓦伊	景德三年
丁谓	景德元年
薛映	咸平四年
钱惟演	咸平三年
晏殊	天禧三年
胡宿	皇祐元年
蔡襄	皇祐元年
钱易	天禧五年

这个官职对于王朝统治而言其重要性不言而喻，而要承担此职，最基本的条件便是能写一手好骈文。孙梅在《四六丛话》中谈到写作制诰之文并不容易："为此者必深明乎帝王运世之原，默契乎日反勤民之旨，朴而无华，选言于训诰之区，探颐乎皇唐之域，援命官职，备著激扬，阁雨忧农，如传唱息，使闻者一见决圣之恩涌之，动扶杖往观之慕，岂不体哉……宋室继兴，尤重厥任。"可以说深谙此中三昧。因而对于这种将他们送上核心文化领域的文体的写作规范，该群体的认识是非常清晰的，实践经验更是丰富。如胡宿即被认为："宿……学问亦极该博，当时文格未变，尚沿四六骈偶之习，而宿于是体尤工，所为朝廷大制作，典重赡丽，追踪六朝。"① 而作为西昆体作家中领军人物的杨亿在骈文写作方面更被视为引领一代风气者。《名臣碑传琬琰之集》下卷七中记载，真宗尝谓王旦"亿词学无比，后学多所法则，如刘筠、宋绶、晏殊而下，比比相继。文章有贞元元和风格，自亿始也。"很清晰地表明了当时人们对杨亿骈文成就的认可。《思适斋书跋·西昆酬唱集跋》附叶莲君记云："梁有徐庾，唐有温、李，宋有杨、刘，去其倾侧，存其繁富，则为盛世之音矣。阅唐太宗、虞伯施、李百药以及王、杨、卢、骆、温口之极，有晏元献、二宋以及杨、刘，穷则变，变则通，盛世之音，所由成也。"《钦定四库全书简明目录》评价杨亿诗文"大致宗法李商隐而精警不及，要其春容典雅，不失为治世之音"。这里所提到的"盛世之音""治世之音"指的是杨亿骈文创作于太平时世，其内容、情感与境界都可以成为时代的代言。即便是颇为士林不齿的丁谓，在后人提极其骈文写作的功力时，也不得不给予正面评价："丁晋公文字虽老不衰，在朱崖《答胡则

---

① 清 纪昀等：《四库全书总目提要》卷152，《文渊阁四库全书》本。

侍御书》曰：'梦幻泡影知既往之本无，地水火风悟本来之不有。'在海外十四年，及北迁道州，谢表云：'心若倾葵渐暖长安之日，身同旅雁乍浮楚泽之春。'《复秘书监表》云：'炎荒万里，岁律一周。伤禽无振羽之期，病树绝沾春之望。'人亦哀之。"尽管这些文字出于丁谓困顿颠沛的晚年，但仍有动人心魄的力量，当年制诰玉堂，意气扬扬，其文字风采更不难想见。

北宋前期这些有代表性骈文作家的创作特色归纳起来无非三条。其一，辞藻华赡。刘麟生《中国骈文史》开篇即综述"两宋骈文之概观"，指出"宋初骈文，奉李义山为圭臬，藻丽华赡"。这里所说的华赡不仅指文辞的精美，其根本在于指出了这一时期的骈文作家对典故做到了运用自如且准确恰当，能够如李商隐一样点化前人成句，而以新意出之。孙梅《四六丛话》"四六中以言对者，惟宋人采用经传子史成句为最上乘，即元明诸名公表启，亦多尚此体，非胸有卷轴，不能取之左右逢源也"，堪为前文注脚。宋庠《杨文公谈苑序》云："故翰林杨文公大年，在真宗朝掌内外制，有重名，为天下学者所伏。文辞之外，其博物殚见，又过人远甚。"甚至连反西昆甚力的石介也不得不承认杨亿"学问通博，笔力宏壮，文字所出，后生莫不爱之"。杨亿自幼勤学苦读，且融通史学、文学、佛理禅宗，具备综合型文化素质。《宋史》称他"天性颖悟，自幼及终，不离翰墨。而博闻强记，尤长于典章制度，时多取正"。杜大圭《名臣碑传琬琰之集》中称"后进皆师慕亿，惟李宗谔久与之游，终不能得其鳞甲，盖李昉词体弱，不宗尚经典故也"，亦从反面印证了用典之于骈文写作的重要性。此一节之要义归纳起来无非是要求作家学殖渊深。其二，精于裁剪，工于属对。刘勰在《文心雕龙·俪辞》篇中指出："故丽辞之本，凡有四对：言对为易，事对为难，反对为优，正对为劣。"这里讲的四对，实际上指的是骈文在安排对仗的时候需要注意尽量多加腾挪，活用典故，字面安排尽量精切。就这一点，前述诸人的骈文中都表现得熟极而流。同时，裁剪之力也在布局谋篇上。骈文虽讲求铺排，但更要求作家有收放自如的功力，修短合宜，篇幅紧凑，不冗不简。其三，雍容中隐含的美刺讽喻。《杨文公谈苑》中论及太宗重内外制之任，"每命一舍人，必咨询宰辅，求才实兼美者，先召与语，观其器识，然后授之，尝谓近臣曰：'词臣之选，古今所重，朕尝闻人言，朝廷命一舍人，六姻相贺，谚以谓一佛出世，岂容易哉？……临观与语，以察器局"。这里的器局，既指文章需气度雍容，有盛世气象，一如吴处厚《青箱杂记》"朝廷馆阁之文，则其气温润丰缛，乃得位于时，演纶视草者之所尚也"，又必须能将词臣的爱憎态度传达出来。尽管这种传达格于体制只能是含蓄的。大中祥符元年（公元1008年），宋真宗在王钦若等人的怂恿下伪造天书，当时宰相王旦等率文武百官、诸军将校等 24370 人诣东上阁门,凡五上表请封禅,于是下诏以今年十月有事于泰山。杨亿虽曾参与详定封禅仪注,但对此事并不支持,所以草诏时有"不求神仙,不为奢侈"等语,暗含讥刺,真宗看了以后不满意地说:"朕不欲斥言前代帝王。"遂改云:"朕之是行,昭答玄既,匪求仙以邀福,期报本而洁诚。"辞更婉曲,但立意未变,采取了实则虚之的表现手法。

骈文与诗实则为近源关系,杨亿在《温州聂从事永嘉集序》中有这样的论述:"以为诗者,妙万物而为言也,赋颂之作,皆其绪徐耳,于是收视反听,研精覃思。"按照这样的观点,诗应当为源,泽及四六。诗文之间存在明显的互通。前人对此也有明确地认知。周振甫先生在《李商隐选集前言》中曾对钱钟书先生提出的"商隐以骈文为诗"做过介绍。他引用钱先生一封信里的话说:

樊南四六与玉谿诗消息相通,犹昌黎文与韩诗也。杨文公(亿)之昆体与其骈文,此物此志。末派寻拉晦昧,义山不任其咎,亦如乾隆"之乎者也"作诗,昌黎不任其咎。所谓"学我者病",未可效东坡之论荀卿李斯也。

由此,我们不妨可说是结合在编撰图书的文化活动中,在朝廷"右文"的文化背景下,一群擅长骈文写作的南方文人汇聚在一起,他们的审美情趣、知识积累、写作技巧终于获得了一个集中表达的契机——禁中酬唱。对于宋代诗歌新范式的产生和成熟,其影响是直接的。虽然,当时参与唱和者兼有南北两地文人,唱和流风泽及更为广泛,但无论事中、事后,南方文人在这场诗歌自新运动中都占据了明显的主导。因此,我们不妨说,西昆体作为一种新诗型的确立包含着丰富的南方文化质素。通过剖析《西昆酬唱集》理念以及作品,可以更清晰地获知这一点。

先从杨亿所做的《西昆酬唱集序》来看:

余景德中忝佐修书之任,得接群公之游。时今紫微钱君希圣、秘阁刘君子仪并负懿文,尤精雅道,雕章丽句,脍炙人口,予得以游其墙藩而咨其模楷。二君成人之美,不我遐弃,博约诱掖,置之同声。固以历览遗编,研味前作,挹其芳润,发于希慕,更迭唱和。互相切劘而予以固陋之姿参酬继之末。入兰游雾,虽获益以居多;观海学山,叹知量而中止……

作为新诗型的开山纲领,序中杨亿提出了自己的诗歌创作方法论:"历览遗编,研味前作,挹其芳润。"这种方法受到了人们广泛地指责,他们以为杨亿主张诗歌创作仅仅是通过阅读将前人的诗歌意象重新编组,掇取其风花雪月的部分加以拼接,连缀成满纸芳菲却不知所云的诗篇。对于此,抨击得最为激烈的当属石介,其《怪说》中篇称杨亿"穷研极态,缀风月、弄花草,淫巧侈丽,浮华纂组,刓镂圣人之经,破碎圣人之言,离析圣人之意、蠹伤圣人之道"。似乎杨亿的诗歌离经叛道,其罪当诛。天下文运之坏,责在其一人。欧阳修《六一诗话》又记轶事一则云:"祥符天僖中,杨大年、钱文僖、晏元献、刘子仪以文章立朝,为诗皆宗李义山,号西昆体,后进多窃义山语句。赐宴,优人有为义山者,衣服败敝,告人曰:'我为诸馆抒扯至此。'"这似乎更证实了杨亿(当然还有他的同人)的创作只不过是一种简单的抄袭。

  其实这样的认识是非常片面的。当杨亿主盟文坛时,宋初一直广为流行的白体与晚唐体日渐芜杂琐碎,似乎难以与渐趋繁荣稳定的时代氛围相融合。而杨亿、刘筠诸人,却"大率负绝世之才"①,所以欲以才思黼藻升平。诚如苏舜卿《石曼卿诗集序》云:"祥符中,民风豫而泰,操笔之士,率以藻丽为胜。"时势改变了诗人的审美取向,使他们从寄心萧寺孤村,一变而为歌吟玉楼金屋。故而,急切地需要寻找一种"新"的诗歌范型作为楷式。于是晚唐诗坛上最为才情沉博、藻思富丽的李商隐进入了他们的视野。杨亿是首先对其加以推崇的一个。葛立方《韵语阳秋》云:"杨文公在至道间得义山诗百余篇,至于爱慕而不能释手。公尝论义山诗,以为包蕴密致,演绎平畅,味无穷而炙愈出,钻弥坚而酌不竭,使学者少窥一斑,若涤肠洗胃。"杨亿对李商隐诗歌的总体特点把握得至为周密,体会到了义山诗结构流畅但意旨深沉,一唱三叹,回味无穷的朦胧美感。只有这种丽思华彩和沉潜深永才能纠正白体与九僧体的浅率小巧。因此,杨氏主张"研味前作""历览遗编",其用意在于深切领会李商隐诗的味外味、象外象,而所谓"挹其芳润"则是为了寻绎其诗的内在思理脉络,加以吸取。他之所以要潜心李诗,乃是希望借此开辟一条符合宋人审美理念的诗歌之路。从欧阳修《六一诗话》"自《西昆集》出,时人争效之,诗体一变"的话来看,杨亿的努力是起到一定作用的。这个"变",为宋诗的"自具面目"奠定了基础。

  同时,杨亿的诗学态度还昭示了当时诗歌创作领域的先知先觉者已经在尝试改变唐人为诗讲究风骨兴寄,神理趣味的思维模式,开始讲求、讲积学为诗,从理性角度去探索诗肌理意趣。这种探索最终一种新型诗歌体式的雏形。

  其实,杨亿论诗每每提及学问。这一点在《谈苑》中讲得更明显,《武夷新集》也屡屡提到:

---

① 宋 田况:《儒林公议》引《张咏与杨亿书》,中华书局,2016年版。

学者当取三多，看读多，持论多，著述多。①
学海汪洋，辞锋颖脱。②
博综文史，详练经术，词采奋发，学殖艰深。③
予亦励精为学，抗心希古，期漱先民之芳润，思窥作者之壶奥。④

杨亿之所以能在真宗朝领袖文坛三四十年，其重要原因之一即在于博学。这种对学问的热烈爱好体现了整个南方文人群体，整个参与酬唱的集群的广泛认同。他们利用学识使诗歌的字面丰富藻丽，寓意无穷。

以杨亿《樱桃》十二句五言排律为例，该诗极尽铺排、比赋之能事：

离宫时荐罢，乐府艳歌新。石髓凝秦洞，珠胎剖汉津。
三桃聊并列，百果独先春。清籞来君赐，雕盘助席珍。
甘余应受和，圆极岂能神。楚客优羊酪，归期负紫莼。

诗人几乎句句用典，写樱桃之名、之形、之早熟、之珍贵、之甘美，将中国诗歌中"赋"的功用充分地发挥出来，使人目迷五色。尤其值得我们重视的是诗人笔下典故来源极其广泛，大大超越了唐人用典用事，范围不脱离史书、经典的局限，如诗之首联用《乐府诗集》中郑樱桃故事，点明所咏何物。次联上句引任昉《述异记》所载武陵源中石洞生乳水，食之可以不死的传说为樱桃抬高身份；下句化用扬雄《明猎赋》中"剖明耳之珠胎"句，点明樱桃晶莹光洁的形状。"三桃""百果"一联则一出于潘岳《闲居赋》，一出于后梁宣帝《樱桃赋》，点出其结实早的特性。末联诗人为了突出樱桃纯甘味觉揽入《世说新语》中陆机与王武子关于羊酪与紫莼的对话，更加增添了一般隽永的回味。同样，刘筠在唱和时也颇用僻典，如"赤水分珠树"典出《山海经》，"恩颁侍从流"出于李潮《岁时纪》等。诗人喜尚用典是其为诗重学的一个标志，而好用僻典更能说明他们学养之深厚。那么如此复杂的用典意义何在呢？

在堆叠典故的过程中，诗人们讲究一种"平行中的张力"，也就是说，利用典故本身具有的文化意义的重复叠加对读者产生某种心理暗示，以达到不言而喻的目的。如《西昆酬唱集》中钱惟演的《泪》诗就是伤心人别有怀抱：

家在河阳路入秦，楼头相望只酸辛。

---

① 李裕民辑校：《杨文公谈苑》，上海古籍出版社，1993版。
② 宋 杨亿：《贺王著作启》，《武夷新集》卷20，《文渊阁四库全书》本。
③ 宋 杨亿：《送元道宗秀才序》，《武夷新集》卷7，《文渊阁四库全书》本。
④ 宋 杨亿：《武夷新集序》，《文渊阁四库全书》本。

> 江南满目新亭宴，旗鼓伤心故国春。
> 仙掌倚天频滴露，方诸待月只涵津。
> 荆王未辨连城价，肠断南州抱璧人。

诗中运用了诸如"新亭对泣""故国旗鼓"等典故，并且据王仲荦笺注首句"入秦"乃用荆轲刺秦故事，使诗中充满了亡国遗恨。虽然已是宋臣，吴越王子的旧身份和国破之痛仍使其无法完全释怀，所以在运用典故时诗人将无法演说的伤痛借前朝故实曲折传递出来，一切尽在不言中。这恰可以说明，西昆体诗人虽注重以学驭诗，但绝不是单纯卖弄学问之辈。

从对仗和布局谋篇的角度论，杨亿的五言排律《宣曲》一首颇见研炼之功：

> 宣曲更衣宠，高堂荐枕荣。十洲银阙峻，三阁玉梯横。
> 鸾肩裁纨制，羊车插竹迎。南楼看马舞，北埭听鸡鸣。
> 彩缕知延寿，灵符为辟兵。粟眉长占额，蚕发俯侵缨。
> 莲的沉寒水，芝房照画楹。麝脐重翠被，鹿爪试银筝。
> 秦凤来何晚，燕兰梦未成。丝囊晨露湿，椒壁夜寒轻。
> 绮段余霞散，瑶林密雪晴。流风秘舞罢，初日靓妆明。
> 雷响金车度，梅残玉管轻。银环添旧恨，琼树怯新声。
> 洛媛迷芝馆，星妃滞斗城。七丝緪绿骑，六箸斗明琼。
> 惯听端门漏，愁闻上苑莺。虚廊偏响叶，近署镇严更。
> 铿礐心长苦，投签梦自惊。云波谁托意，璧月久含情。
> 海阔桃难熟，天高桂旋生。销魂璧台路，千古乐池平。

全诗二十二韵，格律严整，音节铿锵，而且从首联起即用对仗，终篇不懈。其中"十洲""莲的""绮段""流河""虚廊""海阔"数联尤为精切，读之颇有雍容大度之感。从字面上看，设色浓丽，雕琢精美而富有感性色彩。"鸾肩""彩缕""翠被""银筝""画楹""金车""玉管"等一一铺排入墨，华妍精彩。《四库全书简明目录》中称杨诗"组织工致、锻炼新警之处终不可磨灭"，确属实评。

同时，我们也注意到，以杨亿为代表的南方昆体诗人在诗歌对仗中偏好"实字对"，或者叫"事对"。这和唐人为诗喜用"虚字对"，即"言对"，形成了鲜明的反差。

以"咏史诗"这种最讲究对仗工整的诗型为例，以西昆体诗人的效法对象李商隐为参照系，我们发现，在李氏四十八首咏史诗中有十九首律诗，其中颔

联或颈联出现虚字对的占一半以上,如:

还依水光殿,更起月华楼。(《陈后宫》)
但须鸑鷟巢阿阁,岂假鸱鸮在泮林?(《隋师东》)
何须琥珀方为枕,岂得真珠始是车?(《咏史》)
空归腐败犹难复,更困腥臊岂易招?(《楚宫》)
堪叹故君成杜宇,可能先主是真龙。(《井络》)
徒令上将挥神笔,终见降王走传车。(《筹笔驿》)
不知瘦骨类冰井,更许夜帘通晓霜。(《李夫人》)
如何一柱观,不碍九枝灯?(《楚宫》)
空闻虎旅鸣宵柝,无复鸡人报晓筹。(《马嵬》)
谁言琼树朝朝见,不及金莲步步来?(《南朝》)
于今腐草无萤火,终古垂杨有暮鸦。(《隋宫》)

虚字对的好处在于能够使诗歌的语势产生动荡流利之美,便于作者情感的发抒。这种带有散文句式的对仗方法在杜甫诗中已经开始运用,至李商隐则蔚为大观。

同样的虚字对在西昆体全部三十首七律咏史诗中仅见四处:

已教丞相开东阁,犹使将军误北戎。(刁衎《汉武》)
漫传西汉祠神马,已见南阳起卧龙。(杨亿《成都》)
已觉副车惊博浪,更携连弩望蓬壶。(钱惟演《始皇》)
曾伤积毁亡师道,只托微词荡主心。(刘筠《宋玉》)

作为师法义山诗的后学,西昆体诸家在创作时不可能对李商隐诗好用虚字对的特色视而不见。那么,他们为什么却偏好实字对呢?我以为,诗人这样做意在追求一种生涩矫健之美。时当宋初,诗歌语言的平庸化和通俗化已经成为大众的通病,西昆体诗家想要变熟为生,化俗为雅就必须重新树立规范。讲究实字对不但可以使诗句的典故表现充分详尽,如"步试金莲波溅袜,歌翻玉树涕沾衣"(杨亿《南朝》)两句,"步试金莲""歌翻玉树"写其繁华享乐,而"波溅袜""涕沾衣"则分明是乐极生悲,一联之中哀乐同现,情致宛然。而且,对于擅写骈文的昆体作家来说,这种对仗方法与他们平素的为文之道是相通的。当然,宋型诗定型后的一大特点是诗歌语序的日常化,虚字、关联词运用较多,这是宋诗摆脱唐诗语言风格的一个标志。但在宋初的诗学历史条件下,西昆诗人多用实字却是一种独树一帜的必然选择,是其学术化和精致化诗学审美理想的体现。

西昆体诗歌的情志传达偏于曲折，甚至因过于隐晦常常使人忽略作家的真实用心。以杨亿的《泪》诗二首为例，可谓饱受诟病。后人每每以为其"堆金砌玉，繁碎不堪"，在游国恩先生的《中国文学史》中，它更成为西昆体诗人无病呻吟，排比典故的典型例证。事实上，这种论评多少存在着不够完善的地方。以下试看杨亿诗：

锦字停梭掩夜机，白头吟苦怨新知。谁闻陇水回肠后，更听巴猿拭袂时。汉殿微凉金屋闭，魏宫清晓玉壶欹。多情不待悲秋气，只是伤春鬓已丝。

寒风易水已成悲，亡国何人见黍离。枉是荆王疑美璞，更令杨子怨多歧。胡笳暮应三挝鼓，楚舞春临百子池。未抵索居愁翠被，圆荷清晓露淋漓。

这两首诗容易使人产生言不及义之感。然而仔细寻绎诗味，我们却发现作家别有怀抱。前一首诗，杨氏偏重用苏蕙、卓文君、阿娇等佳人故实，勾勒她们虽秉才色却终被弃置的悲凉命运，使读者在不知不觉中思绪被牵引并生发出传统诗学中"香草美人"的约定俗成的联想，而结联的伤春也不能单纯视为一种季候变迁的感怀。在中国诗歌的美学规范中，"春""秋"两季包含着无尽感伤。《楚辞》中"极目千里兮伤春心""悲哉秋之为气"即是肇端，也为这看似自然的物候更迭定下了基调。春华秋实最易引动敏感的诗人们对美之易逝、命运之不可捉摸的畏惧与忧伤。应当说，杨亿的身世不算坎坷，少有"神童"之名的他早早列名两禁，备位台臣，然而他却又的的确确地"身不逢主"。在宋真宗眼中，杨亿始终不过一个与司马相如相类似的文学侍从，其《赐杨亿判秘监》一诗"琐闼往年司制诰，共嘉藻思类相如。蓬山今日诠坟史，还仰多闻过仲舒。报政列城归觐后，疏恩高阁拜官初。诸生济济弥瞻望，铅椠咨询辨鲁鱼"，充分体现了这位君主对诗人的定位。是时，宋真宗在王钦若的鼓惑下，封禅求仙，服食访道，生活之荒唐奢侈。而杨氏生性耿介，逢君之恶颇思劝诫，但人微言轻，难以引起重视。于是一番抑郁不得时只能借题发挥。这一点在第二首诗中表现得更为明白。荆王疑璞，杨子怨歧，不正是诗人忠而见疑，幽思仿徨的人生处境的真实写照吗？"未抵索居愁翠被，圆荷清晓露淋漓"，恰是因为在他内心中认定不能见信于君上，而独秉清洁高傲的节操，实在是一种深深的无奈。郑再时笺注《西昆酬唱集》时称杨亿"以鲠直之故，屡犯主颜，又遭王钦若、陈彭年等谗诉得行，郁郁不得申其志。然志终不可诎，发而为诗，则此集是，非'情动于中而形于言耶'"，可说是深得诗人之旨。比照《续资治通鉴长编》卷八十中所记,"及议册皇后,上欲得亿草制,使丁谓谕旨,亿难之,因请三代,谓曰:'大年勉为此,不忧不富贵。'亿曰:'如此富贵,亦非所愿也。真宗无奈,乃命其它学士草制"之事;兼及景德元年(公元1004年),契丹南下,群臣慌张,独杨亿与寇准激切上书主战。后真宗虽勉强应战,并订下澶渊之盟,但对主战派以其安全为筹码,孤注一掷的态度实在很憎恨。寇准因此受谗,后竟贬死雷州。而杨亿被真宗目为"好窃议朝政"者,深加提防的情形,我们实在不难理解他在创作时何以情感传达更为曲折而沉潜,带有明显的经过积淀与消解的痕迹。

在普遍的创作实践中,昆体诗人更为看重寄托的含蓄性,力图以密丽生涩的文本形态掩饰真正的喻意,而且考其诗中寄托,似也不仅限于具体情事,而是针对普遍人生世态。这种变化实际上正是唐型诗向宋型诗转化过程中关键性的一步。因为唐人重视表现而宋人讲究重构。故唐诗追求兴象玲珑,心物交感,而宋诗意在构筑一个体现理性之美的物象系统。所以诗人必须从澎湃激越的情绪旋涡中解脱出来。虽然西昆体诗人没有完全达到这种境界,但他们至少已经在相当程度上做到了情感表达的理智化。

如果用概括的语言来描述西昆体,我们不妨认定:它是形成于宋初馆阁酬唱,以李商隐为习学范型并加以变化的诗歌,以长于叙述、工于铺排,特重学养、讲究情性超越为特征;代表着唐型诗向宋型诗转化过程中的最后一站。而通过上述论析,我们可以确知以好学尚思、精微细致为特色的南方文化特性在其形成过程中展现出来的核心价值。

第二章

南方佛教诗学对宋型诗建构的影响

北宋前期宋型诗建构过程中,诗僧群体凭借佛学思想背景的诗学观念与创作实践为宋型诗新范型的确立提供了重要的助力。前文提及的宋初九僧、孤山智圆和雪窦重显都做出了积极的贡献。

第一节 宋初僧人诗学理念与创作中的宋型诗"新质"萌芽

作为宋初以"九僧"为代表的诗僧之观念与创作通常被视为晚唐余风之流衍,然而其中亦不乏走出晚唐的积极探索,对于宋型诗建构而言,"新质"之萌芽已在其中有所展露。以下从三个方面论之。

首先,学养。积学为诗的做法首先是在宋初诗僧群里中得到广泛提倡与应用的。僧侣们注重汲取前人的诗学养料,熔铸诗句。惠崇即是一例。文莹《湘山野录》卷中记曰:

> 宋九释诗惟惠崇师绝出,尝有"河分岗势断,春入烧痕青"之句,传诵都下,籍籍喧著。馀缁遂寂寥无闻,因忌之,乃厚诬其盗,闽僧文兆诗以嘲之,曰:"河分岗势司空曙,春入烧痕刘长卿。不是师兄偷古句,古人诗句犯师兄。"①

文莹虽意在辩解,但却传递出一个事实,惠崇为诗已不是纯然出于己意,率性而为,他开始变化前人诗句,为己所用。在其创作中,这样的例子屡见不鲜。如其"岭暮清猿急,江寒白鸟稀"一句,显然化自刘长卿"日暮苍山远,天寒白屋贫";而其"古戍生烟直,平沙落日迟"一句,则为王维"大漠孤烟直,长河落日圆"的翻版。与后来宋型诗人的"夺胎换骨""点铁成金"相比,

---

① 宋 文莹:《湘山野录、续录、玉壶清话》,《唐宋史料笔记》,1984年版,P34。

惠崇的做法不免幼稚，但我们却可以从中得到一个信息，即诗僧们已经在不经意间开始寻求学养与创作的沟通，改变诗歌语言过度的直白与日常化。

其次，研练。从晚唐五代到宋初，诗僧对于诗歌语言精细化的追求从未停止。晚唐齐己的《风骚旨格》即是一例。张伯伟先生说："齐己'势'论的来源，与禅宗影响直接有关。他出于沩仰宗，而'仰山门风'的最大特点即在于'有若干势以示学人。'（《宋高僧传》卷十二）……齐己的以'势'论诗，正有得于仰山的以'势'接人。"① 如"狮子返踯势"，就出于禅宗话头。

宋初僧人受此启发，尤重辞句练饰之术，与晚唐一脉相传。九僧中的金华僧人保暹有《处囊诀》收录于《吟窗杂录》中。其开宗明义曰：

夫诗之用，放则月满烟江，收则云空岳渎。情忘道合，父子相存，明昧已分。天机不测是诗人之大用也。②

且不论其具体内容，单是这种比中有议的论诗方式就与齐己诗论中"狮子返踯势"之类相似。而寻绎其内容，可以发现，保暹主张为诗的目的在于表现诗人与天地宇宙相往来的灵性和知觉。落实到具体诗歌上，也就是要通过杜绝"骈经""钩锁""轻浮""剪辞""狂辞""逸辞""背题离目"七病，较之晚唐，思路更为清晰。

值得注意的是，保暹首先提出了在宋代诗学理论中非常重要的"句眼"问题。在《处囊诀》中他共拈出四联，其中三句为贾岛，一句属杜甫，评价贾岛的"天上中秋月，人间半世灯"时指出"灯字乃是眼也"，"鸟宿池边树，僧敲月下门"一句时又说"敲字乃是眼也"，"过桥分野色，移石动云根"则"分字乃是眼也"；评杜甫"江动月移石，溪虚云傍花"指出"移字乃是眼也"③。在这里被称为"句眼"的有名词也有动词，论者虽语焉不详，但我们可以知道他重视诗句中带有提挈色彩的字，注意到了遣字与达意之间的微妙关系。

在创作实践中，保暹也很好地贯彻了自己的理论主张，他的《江行》诗中有"浦暗微分树，滩遥半涨沙"④之句，"微"字勾勒出江边夜色半明半昧的情状，"半"字则准确地传递了江潮缓缓涌动的态势，可见其精微细致的功力。

诗僧的"研练之功"得到了西昆体诗人杨亿的关注，在《杨文公谈苑》中有"近世释子诗"一条记曰：

---

① 张伯伟：《唐五代诗格丛考》，《文献》1994年第3期，P56。
② 陈应行：《吟窗杂录》卷13，中华书局，1997年版，P411。
③ 宋 保暹：《处囊诀》，陈应行：《吟窗杂录》卷13，中华书局，1997年版，P413－P414。
④ 傅璇琮、倪其心等：《全宋诗》，北京大学出版社，1991年版，P1445。

公常言，近世释子多工诗，而楚僧惠崇、蜀僧希昼为杰出。其江南僧元净、梦真，浙右僧宝通、守恭、行肇、鉴征、简长、尚能、智仁、休复，蜀僧惟凤，皆有佳句。惠崇《赠裴太守》云："行县山迎舸，论兵雪绕旗。"《高生山阁》云："劝酒淮潮起，题诗楚月新。"……惟凤《秋日送人》云："去路正黄叶，别君堪白头。"《哭度禅师》云："海客传遗偈，林僧写病容。"皆公之所举，略记十之二三。公又言，因集当代名公诗为《笔苑》，辇下江吴僧闻之，竟以诗为贽，择其善者，多写入《笔苑》中。①

这段文字表达了杨亿对诗僧创作有着深入细致的了解。在重视其作品的同时，诗僧提倡一些诗学观念如重视意象的精微化、细致化，讲究语言琢练等，这些在以杨亿为代表的诗人群体中潜移默化中被吸收。

再者，运思。禅宗说诗，只是强调要"但见情性，不睹文字"，也就是强调诗之旨趣是通过意象，而非语言作直接表达。这一点五代时闽僧文彧在其所著《论诗道》② 一篇中就有论述："至玄至妙，非言所及，若悟诗道，方知其难。诗曰：'未必星中月，同他海上心。'禅月诗：'万缘冥目尽，一衲乱山深。'薛能诗：'九江空有路，一室掩多年。'周朴诗：'尘世自碍水，禅门长自关。'此乃诗道也。"这里强调的是诗中需有言外之意，象外之想。

同在此文中，文彧又道："诗之结尾，亦云断句，亦云落句，须含蓄旨趣。《登山》诗：'更登奇尽处，天际一仙家。'此句意俱未尽也。《别同志》：'前程吟此景，为子上高楼。'此乃句尽意未尽也。《春闺》诗：'欲寄回纹字，相思织不成。'此乃意句俱尽也。"可见在他看来，有余不尽、令人回味的才是好诗。

在论及诗之破题时，文彧提出"五种破题：一曰就题，二曰直致，三曰离题，四曰粘题，五曰入玄"；其中"五曰入玄，取其意句绵密，只可以意会，不可以言宣也。贾岛《送人》：'半夜长安雨，灯前越客心。'此乃上下句不言送人，而意在送人。郑谷《题雁》：'八月悲风九月霜，蓼花红淡苇条黄。'此乃上下句不言雁而意就雁也。欧阳詹《赠老僧》：'笑向何人谈古时，绳床竹杖自扶持。'此乃上下句不言老僧而意见老僧。以上五种惟入玄最妙。""入玄"之妙同样在意会神到，不落言筌。

文彧，生卒年及生平均不详。仅《宋诗纪事》卷九十一云："文彧，号文宝大师。"五代时闽僧，与陈文亮同时。陈振孙《直斋书录解题》卷二十二及

---

① 李裕民辑校：《杨文公谈苑》，上海古籍出版社，1993年版，P90。
② 吴文治：《宋诗话全编》，江苏古籍出版社，1998年版，P17。

《宋史·艺文志》八均题作僧神彧撰。神、文音近，又同处五代之时，遂妄改之。《宋史·艺文志》著录其书于李洞《贾岛诗句图》之后，而《诗格》引诗亦多为晚唐之作，又引贾岛诗而称"古人"，可推知其人当在五代宋初之时。

杨亿与禅宗的关系最为密切，在《景德传灯录》序言中，他对禅宗"不立文字"的传统有深入地认知："首从于达磨，不立文字直指心源。不践楷梯径登佛地，逮五叶而始盛，分千灯而益繁。达宝所者盖多，转法轮者非一。盖大雄付嘱之旨，正眼流通之道，教外别行不可思议者也。"① 在他看来，从达摩祖师开始禅宗的宗旨倡导"自觉"，就是凭借"觉性"智慧冲破一切障碍，打碎过渡诠释带来的窒碍，了解宇宙人生之本相。认同了这样的思维理念，杨亿对禅宗诗学中的相关概念在接受上也会较为自然自觉。因而，对于作为同乡前辈的文彧，接受其诗学观念的影响也是题中应有之义。

第二节　孤山智圆诗学对宋型诗新质建构的影响

作为天台宗山外派有影响力的僧人，智圆的研究一直颇受学术界重视。陈寅恪先生称其为"新儒学"的开创者②、潘桂明（1983）③、韩毅（2005）④ 诸先生对智圆"三教合流"的思想进行了探索，漆侠（1996）⑤ 先生将智圆的"中庸观"与天台宗"中道义"的理论进行了比较研究，吴忠伟先生（2009）⑥ 从宋代制度佛学的角度研究了智圆与四明知礼的"山家"与"山外"之争，祝尚书（2003）⑦ 先生率先对智圆的文学观进行研究，袁九生（2014）⑧、宋雪玲

---

① 宋 杨亿：《景德传灯录序》，高楠顺次郎等《大正藏》第51册2076号，东京大正一切经刊行会，1934年，第196b。
② 陈寅恪：《金明馆丛稿二编》，上海古籍出版社1980年版，P250－P252。
③ 潘桂明《从智圆的〈闲居编〉看北宋佛教的三教合一思想》，《世界宗教研究》1983年第1期，P78－P95。
④ 韩毅《宋代僧人与儒学的新趋向》，《民族文化研究》2005年第4期，P54－P57。
⑤ 漆侠《晁迥与宋学儒佛思想的渗透与宋学的形成》《河北大学学报》1996年第3期，P3－P9。
⑥ 吴忠伟《圆教的自拘——山家山外之争与宋代制度佛学》，《江苏社会科学》2009年第1期，P116－P120。
⑦ 祝尚书《论宋释智圆的文学观》，《乐山师范学院学报》2003年第5期，P46－P50。
⑧ 袁九生《宋初僧人释智圆咏史诗研究》《开封教育学院学报》2014年11期，P3－P5。

(2017)① 诸学者从不同角度对智圆的诗歌创作特色进行了评价。这些研究对于勾勒智圆这样一个佛门诗人的立体形象具有积极的意义。

（一）从智圆的诗学理论与创作看其诗学观中的"新质"萌生

对于智圆诗学观的解析，人们主要是通过他的著作《闲居编》，借助书中诗学理论表述和创作实践，我们可以完整地了解智圆诗学思想体系。

首先，诗学范式选取——讽喻与尊统。

作为宋代诗人，无可回避的一个现实是他们面对异常丰厚精彩的唐代诗学遗产必须建立一种判断：跟从模仿还是自开新径。这个问题的思考从宋初就开始，体验过高峰效应的宋代诗人们形成的共识是创造一种"新题材""新意蕴""新表达""新趣味"的诗歌来超越具有强大向心力的唐诗引力圈。这既是诗学史发展的客观要求，也是诗人追求创作"陌生化"的主观需要。清人吴之振编的《宋诗钞》，汇集有宋一代诗学创作成果，表扬宋代诗人"皮毛落尽，精神独存"②的诗格范型，这表明，宋代诗人们的努力最终取得了成功，宋诗最终得以与唐诗双峰并峙，各擅胜场。这一成功的取得，最初是从对唐代诗学范式的学习与扬弃开始的。所谓宋初三体的"白体""晚唐体""西昆体"均做了这样的探索，而站于"三体"之外的智圆体现出来的是更开阔的诗学视野。他进行了宽口径的诗学范式选取和一定程度的研究。在智圆心目中，唐代诗人白居易、韩愈、杜牧、罗隐、元结、孙翘等均是值得重视的前代诗学范式。如果予以细分，他大致将这些范式划为两类：以白居易为核心，注重"美刺讽喻"，以诗为教化之助一路；以韩愈为核心，注重文道关系，重塑文统的一路。前者还包含杜牧和罗隐，后者包含元结和孙翘。

先看第一路，智圆《读白乐天集》（卷48）云：

李杜之为诗，句亦模山水。钱郎之为诗，旨类图神鬼。讽刺义不明，风雅犹不委。于铄白乐天，屈起冠唐贤。下视十九章，上蹑三百篇。句句归劝诫，首首成规箴。謇谔贺雨诗，激切秦中吟。乐府五十章，讽谏何幽深。美哉诗人作，展矣君子心。岂顾铄金口，志遏乱雅音。龈龈无识徒，鄙之元白体。良玉为碔砆，人参呼荠苨。须知百世下，自有知音者。所以长庆集，于今满朝野。③

---

① 宋雪玲《宋初诗僧释智圆西湖诗考论》，《浙江树人大学学报》2017年第5期，P60-P63。
② 清 吴之振：《宋诗钞》"序"，《文渊阁四库全书》本。
③ 宋 智圆：《闲居编》卷48，《续藏经》101册，台湾新文丰出版公司，1976年版，P202。

在他看来，白居易诗最大的特色在于"劝诫"和"谲谏"，是上承诗经"言志"传统，下接《古诗十九首》"美刺讽喻"精神的作品。对于那些鄙薄白诗的人，智圆以"龊龊无识"待之，表现出了明显的憎恶之情。智圆对白居易诗的这一看法与北宋前期学习"白体"的大部分诗人不同，这些诗人基本上沿袭的是晚唐旧路，一味模仿白居易"能使老妪解听"的语体风格，如李昉《二李唱和集序》"昔乐天、梦得有《刘白唱和集》，流布海内，为不朽之盛事"①，但是接近于由南唐入宋的著名诗人徐铉。徐铉在习学白居易诗的过程中，更为注重其讽刺教化的社会功能。他在《洪州新建尚书白公祠堂记》中说：

大丈夫处厚居实，据德依仁，岂徒洁身，将以济世，故著于事业，发于文词，而后功绩宣焉，声名立焉。盖有其实者，必有其名，是以君子耻没世而名不闻也。……观乐天之文，主讽刺，垂教化，穷理本，达物情，后之学者服膺研精，则去圣何远？②

他指出，白居易有志于以诗济世，以诗扬名，其诗最大的价值便在于"主讽刺，垂教化、穷理本、达物情"，也就是能够有补于国家政治、移风易俗。这种看法比一味认定白诗"放达""浅切"要更为深入，也更符合白居易诗学理想的核心。这体现了宋初诗人对白诗的重新审视，是对其诗学价值的更全面评判，带有明显的重塑诗歌"言志"传统的作用。智圆的观念可以说是对徐铉观念的进一步发挥，推进了"白体"诗学范式的接受与认知深度的提升。

当然，除了对白居易诗讽喻精神的认同，对白诗风格的多元化，智圆也有清晰的认知。他以"謇谔"评《贺雨诗》、"激切"评《秦中吟》、"幽深"评"乐府五十章"，力图展示白居易文本呈现不同的审美风格，改变人们对其诗歌语言"浅切直白"的"刻板印象"。

杜牧晚唐时与李商隐并称"小李杜"，入宋之后声名却远不及后者显赫，智圆特为拈出，颇具慧眼。《读杜牧集》（卷49）：

谗佞当面唾，轻生不得受。去邪空有志，嫉恶奈无徒。
后世名垂远，当时道亦孤。荒斋独怀感，残日照庭芜。③

智圆感怀杜牧有志于唾斥奸佞，匡扶社稷却有志难伸的痛苦，对其寄予了

---

① 曾枣庄、刘琳：《全宋文》卷45，巴蜀书社1988年版，P18。
② 宋 徐铉：《徐骑省集》卷28，商务印书馆1958年版，P272。
③ 宋 智圆：《闲居编》卷49，《续藏经》101册，台湾新文丰出版公司，1976年版，P205。

深切的同情。末两句颇得杜牧诗"有明月孤映，高霞独举之象"① 的韵致，说明他对杜牧的诗歌文本的美学气象也有精准把握。

在晚唐诗人中，罗隐是个性鲜明且诗风独特的一家。他屡试不第，有志难舒，晚年依吴越国钱镠。罗隐善于讽刺小品写作。鲁迅在《小品文的危机》一文中说："唐末诗风衰落，而小品放了光辉。但罗隐的《谗书》，几乎全部是抗争和愤激之谈；皮日休和陆龟蒙，自以为隐士，别人也称之为隐士，而看他们在《皮子文薮》和《笠泽丛书》中的小品文，并没有忘记天下，正是一榻糊涂的泥塘里的光彩和锋芒。"② 此可谓评价甚高。罗隐的诗歌精警通俗，时有翻新出奇之语，这些特色都得到了智圆的关注。《读罗隐诗集》（卷46）云：

非非是是正人伦，月夜花朝几损神。薄俗不知惩劝旨，翻嫌罗隐一生嗔。③

智圆指出罗隐判断是非曲直的标准是看被评价对象符合道德教化的规范与否，劝世讽时是其创作的主要用意，世人没有看到其诗歌的真实价值。很显然，智圆的关注重心落在了罗隐诗歌的社会批评层面。

再看第二路。作为一名天台诗僧，智圆评价韩愈这一诗学范式，具有一定的风险性。因为韩愈以"排佛"著称，也以此颇受宋初学术界的认同。所以，要把韩愈作为学习对象，首先要破除"儒""释"对立的观念。智圆在《述韩柳诗》（卷39）中做了这样的说明：

退之排释氏，子厚多能仁。韩柳既道同，好恶安得伦。
一斤一以赞，俱令儒道伸。柳州碑曹溪，言释还儒淳。
吏部读墨子，谓墨与儒邻。吾知墨兼爱，此释何疏亲。
许墨则许释，明若仰穹昊。去就亦已异，其旨由来均。
后生学韩文，于释长狺狺。未知韩子道，先学韩子嗔。
忘本以竞末，今古空劳神。④

他非常巧妙地以柳宗元作为韩愈的陪衬，说"韩柳"为同道，二者的观点

---

① 清 贺裳：《载酒园诗话》又编，郭绍虞《清诗话续编》第1册，上海古籍出版社，1983年版，P370。
② 鲁迅：《南腔北调集》，《鲁迅全集》第4卷，人民文学出版社1991年版，P574。
③ 宋 智圆：《闲居编》卷46，《续藏经》101册，台湾新文丰出版公司，1976年版，P191–P192。
④ 宋 智圆：《闲居编》卷39，《续藏经》101册，台湾新文丰出版公司，1976年版，P165。

应该是非常接近的。因为柳宗元对释道青睐有加，他的《曹溪第六祖赐谥大鉴禅师碑》并尊释氏与儒道，所以韩愈虽然有文章排斥释氏，但这是因为他站在捍卫儒家正道的立场上的，并非出自本意。另外，智圆还指出，韩愈重视墨子，而墨子持"兼爱"之说，这样一来，韩愈更加不会真正疏远佛教。智圆对韩愈"排佛"的态度进行分辨，不止这一处，他的《师韩议》（卷28）说："夫韩愈冠儒冠服儒服，口诵六籍之文，心味五常之道，乃仲尼之徒也。由是摈黜释老百家之说，以尊其教，固其宜矣。释子果能师韩也，则盖演经律以为文，饰戒慧以为行，广慈悲以为政，使能仁之道巍巍乎有功，则可谓之师韩矣。噫仲尼之于吏部犹君父也，能仁之于沙门，亦君父也。"① 把韩愈的"排佛"视为对儒道的推尊，认为僧人也必须如韩愈一样忠于师道，可以说，这也是一种对韩愈观念的辩解与包容。

那么，智圆为什么要费尽心力推崇韩愈的诗呢？这是因为在智圆心目中韩愈是挽救诗道失坠的中流砥柱。《读韩文诗》（卷39）中说：

女娲炼五石，能补青天缺。共工触不周，能令地维绝。
杨孟既云没，儒风几残灭。妖辞惑常听，淫文蠹石说。
南朝尚徐庾，唐兴重卢骆。雕篆斗呈巧，仁义咸遗落。
王霸道不明，烟花心所托。文不可终否，天山韩吏部。
叱伪俾归真，鞭今使复古。异端维既绝，儒宗缺皆补。
高文七百篇，炳若日月悬。力扶姬孔道，手持文章权。
来者知尊儒，孰不由兹焉。我生好古风，服读长洒蒙。
何必唐一经，文道方可崇。②

智圆俨然视韩愈为"补天石"，是改变南朝以来文风流宕的关键。韩愈的文章维护了儒家正道，拔除异端，承续文统与道统。尽管这里讲的是"韩文"，但是这个"文"是一个泛指的概念，包含了韩愈的诗。对"韩愈范式"的重视代表了智圆与柳开、穆修等相和，推动了文化范畴内以儒家道统重建文统的努力，也对北宋"诗文革新"运动产生了积极的影响。

对于元结，智圆称其"复古还淳"，看重他诗文刻意求古、意气超拔、质朴淳厚、笔力遒劲的特点。《读元结文》（卷50）可证之：

---

① 宋 智圆：《闲居编》卷28，《续藏经》一〇一册，台湾新文丰出版公司，1976年版，P136。
② 宋 智圆：《闲居编》卷39，《续藏经》一〇一册，台湾新文丰出版公司，1976年版，P164。

>复古还淳元结文，可怜杨浚独知君。当时自号为聱叟，立事垂言信不群。①

相比与其他诗人而言，孙郃的知名度最低，生卒年均不详，约公元906年前后在世，浙江台州仙居人；公元897年（干宁四年）登进士及第，好荀子、扬雄、孟子之书；朱温篡唐后，他著《春秋无贤臣论》《卜世论》，后归隐。孙氏与佛门中人多有交游，②且归隐之地在四明，故特别得到智圆重视。从孙郃现存诗文来看，也是以宗经复古，尊王攘夷为主要思想的。如其《春秋无贤臣论》③："易云：屯其膏，小贞吉，大贞凶。春秋之大夫，小贞耳。盍以大贞取之，以王道取，五霸尤罪人也。"很明显就体现了他执着于正统观的主张。《读孙郃集》（卷46）：

>唐祚将亡王泽枯，四明归隐泣穷涂。而今若撰才名志，更有闲僧得入无。④

从其诗看，智圆特别指出了孙郃在"唐祚将亡"时归隐四明，其行为本身就表现出了儒家知识分子执道守正的气节。《四明才名志》为孙氏揄扬乡贤才俊之书，其中有收录如宗亮这样的高僧，智圆戏说，如果此书放在当下来写，不知道能否收录他这样的"闲僧"？由此可见，对于孙氏文化观和文学主张，智圆是认同的。

毫无疑问，智圆对前代诗人的诗歌范式进行了精心地拣择，确立了特征鲜明且范围相对宽泛的学习对象，改变了宋初诗坛大部分诗人拘泥"一体"的局限，这体现出了通过兼收并蓄，熔铸重塑的方式建构新诗型的积极尝试。

其次，"文道"与"教化"——诗歌体用观。

智圆倾心儒家学说，自称："于讲佛经外，好读周孔杨孟书，往往学为古文

---

① 宋 智圆：《闲居编》卷50，《续藏经》一○一册，台湾新文丰出版公司，1976年版，P209。
② 宋 赞宁《宋高僧传》卷27，"唐明州国宁寺宗亮传"："释宗亮。姓冯氏。奉化人也。家傍月山而居。后称月僧焉。……亮为江东生罗隐追慕。乐安孙郃最加肯重。著四明郡才名志。序诸儒骏士外。独云释宗亮。多为文士先达仿仰焉。"卷二八"宋杭州报恩寺永安传"条记录："释水安。姓翁氏。温州永嘉人也。少岁淳厚黄中通理。遇同郡汇征大师凤鸣越峤玉莹蓝田获落文心沉潜学奥。以其出乐安孙郃拾遗之门也。而有慕上之心。往拜而乞度。然征性高岸而寡合。而安事之也曲从若环。盖哀其幼知择师耳。"北京中华书局，1987年版，P686。
③ 清 董诰：《钦定全唐文》卷820，台湾汇文书局，1961年版，P10884。
④ 宋 智圆：《闲居编》卷46，《续藏经》101册，台湾新文丰出版公司，1976年版，P188。

以宗其道。"因此，智圆论诗尤其注重继承儒家诗教观，以诗为维护社会秩序及辅助道德建设的工具。

第一，在智圆的观念中，论文先明道，道为文之体。其《答李秀才书》（卷24）说："愚窃谓文之道者三，太上立德，其次立功，其次立言。德，文之本也；功，文之用也；言，文之辞也。德者何所以畜仁而守义，敦礼而播乐，使物化之也。"① 即此一语可见在他心目中文章首重宣扬儒家道德，其次辅助教化，至于文辞，则是末位。道先文后的观念很明显带有韩愈"文以载道"观念②的影子。在《评钱唐郡碑文》（卷25）中，智圆借评价钱唐郡唐人碑文的契机说："夫文者，明道之具，救时而作也。"③ 亦是一证。

第二，智圆认为诗歌的功用在于"教化"。在《读毛诗》（卷46）一首中他说："夫子删来三百章，箴规明白佐时王。近来吟咏唯风月，谤木诗官事久亡。"④

在他看来孔子删定《诗经》的目的就在于其有助于凸显诗歌对政治的辅助力，他感慨近世诗人背弃了夫子之道，唯知吟风弄月。由此可见，在智圆心目中"教化"是诗歌不可或缺的首要功能。

其《钱塘闻聪师诗集序》云："或问诗之道，曰：'善善，恶恶。'请益，曰：'善善颂焉，恶恶刺焉。'……故厚人伦、移风俗者，莫大于诗教与！'"⑤ 他肯定诗歌的"美刺"功能，强调诗歌创作"厚人伦、移风俗"，这几乎是儒家诗教的翻版。《湖西杂感诗并序》曰："湖西杂感诗者，中庸子居西湖之西、孤山之墟，伤风俗之浮薄而作也。虽山讴野咏，而善善恶恶，颂焉刺焉，亦风人之旨也。"⑥ 表达了对儒家道德观的坚持，对诗歌臧否"善恶"功能的认同，

---

① 宋智圆：《闲居编》卷24，《续藏经》101册，台湾新文丰出版公司，1976年版，P123。
② 韩愈说过："愈之志在古道，又甚好其言辞。"（《答陈生书》，卷552）"愈之所志于古者，不惟其辞之好，好其道焉。"（《答李秀才书》，卷552）其门人李汉在《昌黎先生序》（卷744题为《唐吏部侍郎昌黎先生讳愈文集序》）中概括为："文者，贯道之器也。""文以贯道"，实即"文以载道"。以上所引文章均出于董诰辑《钦定全唐文》，台湾汇文书局，1961年版，P7095，p7094，P9740。
③ 宋智圆：《闲居编》卷25，《续藏经》，101册，台湾新文丰出版公司，1976年版，P125。
④ 宋智圆：《闲居编》卷46，《续藏经》101册，台湾新文丰出版公司，1976年版，P188。
⑤ 宋智圆：《闲居编》卷29，《续藏经》101册，台湾新文丰出版公司，1976年版，P139。
⑥ 宋智圆：《闲居编》卷42，《续藏经》101册，台湾新文丰出版公司，1976年版，P175。

以及对诗歌反映现实的重视。

在智圆对同时代僧人的诗歌创作多有关注,从其评价看仍坚持的是儒家诗教观。在《赠诗僧保暹师》(卷44)中,他认为保暹的《天目集》"上以裨王化,下以正人伦。驱邪俾归正,驱浇使还淳"①,认定保暹诗的价值在于以诗歌辅助政教,匡正人心。这其中当然不乏智圆的过度解读,但其良苦用心却昭然若揭。其《送惟凤师归四明》(卷38)云:"论诗贵无邪,体道极无形。"②"无邪"一语出自孔子《论语·为政第二》:"《诗》三百,一言以蔽之,曰'思无邪'。"这是孔子诗学观的重要概括。《朱子语类》中说:"思无邪,乃是要使人读诗人思无邪也。若以为作诗者三百篇,诗,善为可法,恶为可戒。故使人思无邪也。"③ 也就是说,所谓无邪就是指思想纯正而不歪邪,起到扬善刺恶的作用,符合儒家的政治道德标准。智圆以此评价释惟凤的诗歌也正是褒扬其诗歌合于儒家诗学之正道。

"文道"关系的讨论以及对诗歌教化作用的强调符合宋代诗学自身发展的需求,也是智圆诗学理念中最为后人所称道的内容。

第三,"平淡"的审美旨趣。智圆偏爱平淡清和的诗歌审美旨趣,故于其论说中多有表彰。其《读清塞集》(卷49)云:

立意造平淡,冥搜出众情。何人知所得,后世谩传名。
云树饥猨断,冰潭片月倾。如无子期听,绿绮为谁鸣。④

智圆以"平淡"作为《清塞集》的主要特色,并且以作者的知音自诩,表达出了对其风格的认同。在其《联句照湖诗序》中也说:"灵越照湖,天下嘉致。方外胜游,既清景在目,而无题咏,诗人耻之,吾亦耻之。于是操觚染翰,神发思勇,联成五言八韵唐律诗一章,而格调清卓,辞意平淡兼美之难其实有焉。"⑤ 同样是把"平淡"作为体现诗歌文本之美的关键。

不过,智圆所谓的"平淡"不是来自率性而为,自然流出,而是出于苦心

---

① 宋 智圆:《闲居编》卷44,《续藏经》101册,台湾新文丰出版公司,1976年版,P180。
② 宋 智圆:《闲居编》卷38,《续藏经》101册,台湾新文丰出版公司,1976年版,P161。
③ 清 黎靖德辑:《朱子语类》卷80,清光绪六年传经堂刻本。
④ 宋 智圆:《闲居编》卷49,《续藏经》101册,台湾新文丰出版公司,1976年版,P204。
⑤ 宋 智圆:《闲居编》卷29,《续藏经》101册,台湾新文丰出版公司,1976年版,P140。

孤诣的研练。他说"立意造平淡，冥搜出众情"，一个"造"字就表明了这种看似无所用心的"平淡"是经过诗人刻意琢磨而出的，而"冥搜"一词更是很精确地表述了这种"琢磨"的过程与状态。他在《哭辩端上人》中说："平昔于诗苦，精搜省未闲。坏房空鸟外，清句满人间。"① 也用了类似的说法"精搜"，这说明在智圆心目中的"平淡"，是一种需要通过精细思索、精心建构才能实现的美学特色。这与北宋初年"九僧"诗所呈现的"平淡"又著明显的区别，更近似清人刘熙载《艺概》中所标举的"极炼而不炼，出色而本色"②。

同时，我们还必须注意到，在智圆所讲的"平淡"有深厚的底蕴。他在《送天台长吉序》中说：

> 人之立言，亦有如夏云秋涛者。且君子以端身履道为奇，非素隐行怪也；以勇仁敦义为壮，非嗔目治难也；及其言也以温柔敦厚为奇，非炳炳琅琅也；以讽上伏下，微有旨而为壮；非狂怀讪时也。……③

这段议论非常有趣。智圆以"夏云""秋涛"这两种充满奇趣变化的自然现象为喻，表达他对诗歌文本美学风貌的态度。在他看来，"奇"并不出于谲怪的思想，炫目的辞采以及激切发露的情感，而是来自创作者内心的道义担当，来自"怨而不怒""止乎礼义"的思想表达方式以及蕴借含蓄、深宛委曲的语言风貌，来自微言大义的诗歌主旨传达方式。要言之，就是为诗者需要把丰沛的主体情志融汇于平和深邃的文本。《远上人湖居诗序》：

> 古者卜商受诗于仲尼，明其道申其教而其序甚详。后世为诗者，虽辞尚平淡，意尚幽远，而子夏所序之道不可咈也。繇是赞其辞，知中心之哀乐焉，国政之美恶焉，故曰诗者志之所之也，又曰主文而谲谏，言之者无罪，闻之者足以自戒。噫，诗之教大矣哉。④

由此，我们可以认定，智圆所谓的"平淡"绝非所谓吟风赏月，情志枯槁，而是主动接续儒家诗学的精神内涵与文本风格，并且包含自我抉择的诗学审美趣味。这将对宋型诗的美学风格形成给予极有价值的借鉴。

---

① 宋 智圆《闲居编》卷51，《续藏经》101 册，台湾新文丰出版公司，1976 年版，P213。
② 清 刘熙载：《艺概·词曲概》，唐圭璋《词话丛编》，中华书局 1986 年版，P3708。
③ 宋 智圆：《闲居编》卷32，《续藏经》101 册，台湾新文丰出版公司，1976 年版，P146。
④ 宋 智圆：《闲居编》卷33，《续藏经》101 册，台湾新文丰出版公司，1976 年版，P150。

通过对智圆诗学理念的解析,我们发现在他的观念中已经有着非常清晰的突破晚唐宋初以来诗学发展局限的线索,在诗学范式选择、诗学功用观确立以及审美趣味的抉择方面,可以为宋型诗的自立提供重要的理论参考。

(二)智圆诗歌的创作特色

研究智圆诗学观对宋型诗新质形成的影响不能忽略智圆创作中体现出来风格、特色,这是智圆对自己诗学理念的实践和展示。智圆的诗歌类型颇广,其中比较重要的是题赠、山水、咏怀、咏物和读书心得,还有部分拟作,颇合乎其"雅士"和"僧侣"双重复合身份。其主要特色如下。

第一,"奇崛"与"日常"的对立与统一。

在智圆的诗歌中有一组非常奇妙的对立:"奇崛"与"日常",这体现在诗歌意象的塑造上,智圆非常善于赋予习见物象出人意料的表达形式和精神内涵使之呈现出生涩瘦硬的美感,也善于在看似平淡家常的物象背后体察出被忽略的诗意。

如其《戏题四绝句》以"鹤、鹿、犬、鸡"四种禽兽为对象,写作"禽言诗",看似诙谐,细细品味则颇有锋芒。在"诗序"中智圆说:"昔者乐天为八绝,盖陈乎鹤鸡乌鸢鹅赠答之意,故吾得以敩嚬焉。噫,亦有所儆,非直以文为戏云耳。"足见,他是有意借游戏形式抒发感触的。诗云:

鹤自矜
紫府青田任性游,一声清唳万山秋,仙材况有千年寿,鹿犬凡鸡岂合俦。
鹿让鹤
身有素斑文既备,顶戴双角武仍全,我兼文武为时瑞,汝但白身空有年。
犬争功
雪氄文毛虚有表,防奸御寇且无功,宵谁解频频吠,庭皎秋蟾树裹风。
鸡怨言
三箇因何各自强,竟夸己德掩他长,冥冥风雨茆堂闭,至竟谁先报晓光。①

这组诗抓住了四种动物各自的特点,即鹤唳万山、鹿美且祥、犬心警惕、鸡鸣报晓,予以刻画,以四者的互不相让,彰显物象自身个性;以四者相互嘲戏,透露出作者的价值观以及生命态度。"鹤"意象是中国诗歌中常见的意象,通常带着清高脱俗、隐逸山林的意味。在第一首绝句中智圆显然遵从了这一意

---

① 宋 智圆:《闲居编》卷50,《续藏经》101册,台湾新文丰出版公司,1976年版,P210。

象固有的文学语义,张扬了鹤的身份。然而,作者的高明之处在于运用了似褒实贬的手法,以"自矜"称之,显然这种清高出世,仅追求一己身心愉悦和解脱的做法并未得到智圆的认同。而第二首,作者让"鹿"来责备鹤,鹿在传统文化中是祥瑞的代表,接受度不低于鹤。鹿称自己文武兼备,而且被视为祥瑞,身份远高于鹤。这番议论与中国文人"山林"与"庙堂"之争非常具有类比性。鹤是隐士的代表,鹿是入世的象征。各执一词的争论也是中国文化中"仕"与"隐"这一组传统矛盾的体现。

相比于"鹤"与"鹿","犬"和"鸡"的形象平凡了许多。通常只出现于田园诗中,作为表现宁静乡村生活的象征。然而,在智圆笔下,这两者得以与"鹤""鹿"同列,且得到了作者更多的认同与表扬。"犬"说鹤与鹿空长着漂亮的羽毛和花纹,但是却不能发挥"防奸御寇"之功,还不如自己能够看家护院。这一责备仔细品味不正是对那些自命不凡、空谈误国之辈的嘲讽吗?智圆虽是僧人,但显然不是一个忘怀了家国天下的僧人。在他心目中仍然带有传统儒家知识分子的使命与责任感,所以诗中体现了他对"事功"的认同。尽管犬有功绩,但"鸡"却更胜一筹。"冥冥风雨茆堂闭,至竟谁先报晓光",这一句让人想起《诗经·郑风·风雨》中"风雨如晦,鸡鸣不已"的名句,天地昏暗,风雨不息,在这片令人绝望的幽暗中,鸡鸣具有震动人心的力量,代表着希望与新生。智圆为"鸡"赋予了觉醒者的身份,结合作者的身份与经历,这似乎也意味着在儒家思想规范之上,智圆更看重的"心性"具有冲破现实遮蔽,自觉觉人的力量。这一组诗,表现对象平淡家常但笔法曲折,含义隽永,不落窠臼,可以视为智圆诗歌意象"奇崛"与"日常"对立统一的一个明证。

此外,再看其《玛瑙坡四咏》之四:"玛瑙坡前石,坚贞可补天,女娲何处去,冷落没寒烟。"① 这首诗的不同之处在于诗人想象寻常门前所见的石头具有"补天"之力,并且感叹它没有得到女娲的重视,让"日常化"的物象化庸常为神奇,赋予其独特的精神气质,成为表达诗人人格理想的象征,这是智圆诗歌意象平中有奇的有力佐证。

第二,"议论"入诗,理趣动人。

智圆诗歌另一个鲜明的特征是好发议论,长于义理发挥,词锋锐利,这与北宋前期其他诗僧作品很大的不同。《读史》一首:

---

① 宋 智圆:《闲居编》卷37,《续藏经》101册,台湾新文丰出版公司,1976年版,P161。

我爱包胥哭，一哭救楚国，事君尽其忠，垂名千世则。我爱鲁连笑，一笑却秦军，折冲罇俎间，流芳至今闻。我爱伯夷仁，揖让持其身，饿死首阳下。耻事干戈君。后世阘窃辈，故非姬发伦，内藏篡弑谋，外蹑武王尘。伯夷若不去，名教胡以伸？后人非三贤，细碎何足云？哭叹禄位卑，笑喜膏梁珍。山林亦寒饿，行怪非求仁，留心寡兼济，所谋惟一身。抚书想三贤，清风千古振。①

这首诗通篇议论，站在儒家仁义忠信的道德立场上表彰了春秋时楚国大夫申包胥、战国时齐国豪侠鲁仲连以及周代时商王宗室伯夷的行为，并且将其树立为代表儒家理想人格的典范；借古讽今，批评了当代读书人不理解三贤的高洁志向与行为，对他们妄加评论的态度，更在此基础上批评了当代人或贪慕名利或只求独善其身，漠视社会责任的行径。笔触犀利，表达直白，夹叙夹议，采用对照手法，有很强的说服力。

《雪西施》（卷38）

苑蠡无西施，胡以破吴国？吴王轻社稷，为惑倾城色，夫差强变弱，勾践雌成雄，岂惟陶朱策，实赖西施容，西施语复贤，褒贬何昏蒙，但说倾吴罪，都忘霸越功。②

诗作为西施"翻案文章"，打破了传统"女色误国""红颜祸水"的观念。诗的起句就是一句有力的设问：如果没有西施，范蠡如何打败吴国呢？肯定了西施在兴越灭吴过程中与范蠡同等重要的地位。紧接着，智圆条分缕析地阐释了西施为了国家不惜以容色事敌的行为具有的价值，并且有力抨击了那些贬低西施的言论，称之为"昏蒙"。结句更指出西施有"霸越"之功。整首诗结构严整，褒贬分明，有理有据，体现了诗人不被传统所拘泥的历史观。

议论手法的应用使得智圆诗歌具有鲜明的理性色彩，代表了他对诗歌创作范式的新探索。

第三，"口语化"与"散文化"并重。

在智圆的诗歌创作中口语化特色非常明显，语言平直浅显，如话家常。如《慎交歌》：

莫言青松青，有时亦摧折。莫言圆月明，有时亦亏缺。莫逆论心素，刎颈

---

① 宋智圆：《闲居编》卷38，《续藏经》101册，台湾新文丰出版公司，1976年版，P162。
② 宋智圆：《闲居编》卷38，《续藏经》101册，台湾新文丰出版公司，1976年版，P162。

定交结。年发未及衰,交情已消歇。俄因竟分寸,忽尔成楚越。爱之欲其生,恶之欲其死。识欲松枯及月亏,请看陈馀与张耳。①

通篇用最明快直接的语言提醒世人,交友须谨慎。诗以松柏摧折、明月圆缺这些日常现象入手,讲述时间推移,世事变迁,原本看似坚固的友谊会因为种种利益纠葛变到不堪一击甚至反目成仇,最后借用陈馀、张耳的故事做结,娓娓道来,鞭辟入里。但是,我们注意到这种质朴直白的诗风与北宋初年曾一度非常"浅切"风格有着很大的区别,其语虽浅,意至深,而且反复申说,体现了浓厚的理性色彩。这说明诗人有意借用这种风格让诗歌更贴近受众的理解。"口语化"的语言风格在智圆诗歌中频频出现:"心交如美玉,经火终不热,面交如浮云,顷刻即变灭"(《心交如美玉》)②;"古人与今人,禄仕一何异?古人贵行道,今人贵有位"(《古人与今人》)③;等等。都直白如口号,明达晓畅之属。

与诗歌口语化特色密切相关的是诗歌体式的"散文化",也就是不刻意追求诗歌结构的工整,借用散文的句法和章法来进行写作。智圆对于中唐以来的"古文"有着高度的认同。他在《送庶几序》一文中说:"夫所谓古文者宗古道而立言,言必明乎古道也。"④ 把"古文"作为"载道"的工具,在他看来"夫为文者固其志,守其道,无随俗之好恶而变其学也。"不能因世俗偏好的转移而改变。对于"古文"的执着在一定程度上影响了他诗歌创作的风格。《陋巷歌赠友生》:

噫,颜子兮居陋巷;身虽羸兮道弥壮。商受兮有皇都,位虽尊兮名独夫,

朝恣瑶台之乐兮,暮遭黄钺之诛。是知不义之富贵如浮云兮,惟道德为性命之要枢。海滨有士兮慕颜子,心重朝闻兮轻夕死,纷纷糠秕兮视雄豪,凛凛冰霜兮洁行止。

荜门寂寞何琐琐,执卷忍饥终日坐,杨雄免遭甄丰戮,朱建终惧辟阳祸。

---

① 宋智圆:《闲居编》卷38,《续藏经》101册,台湾新文丰出版公司,1976年版,P163。
② 宋智圆:《闲居编》卷48,《续藏经》101册,台湾新文丰出版公司,1976年版,P202－P203。
③ 宋智圆:《闲居编》卷48,《续藏经》101册,台湾新文丰出版公司,1976年版,P203。
④ 宋智圆:《闲居编》卷29,《续藏经》101册,台湾新文丰出版公司,1976年版,P137。

射群高墉会有时，于君无可无不可。①

此诗通篇行云流水，多用散句，且随时化入《论语》《道德经》中的句子，以虚词加以连缀，以语气词加强情感抒发力度，表达了对坚守正道、虽艰难困苦不改其志者的赞美。

口语化的语言与散文化的诗歌体式结合，让智圆的作品呈现出一种不同于晚唐以及宋初工整圆熟的"陌生化"文本形态，从一定程度上表达了其诗歌独立的审美追求。

通过对智圆诗歌创作的考察，我们发现他的创作特色与诗歌理念形成呼应，同样体现出对前代诗学规范和传统的有意跨越。

智圆的诗学观在北宋前期代表着一种新的探索，那么对于宋型诗新质的建构，他的理论影响究竟体现在哪些方面呢？

一是韩愈范式的接受。

从诗学范式接受的角度说，智圆对于韩愈这一诗学范型在宋型诗建构过程中的重新认知与接纳有重要意义。对于韩愈诗文的提倡并不从智圆开始，比其年辈更长的柳开（公元948—1001年）发其端绪，他提倡复古，反对五代颓靡的文风，自称"师孔子而友孟轲，齐扬雄而肩韩愈"（《上符兴州书》）②。与智圆年辈相若的穆修（公元979—1032年）也在西昆体大行其道之时，提倡学习韩愈、柳宗元，引起了一定的反响。苏舜钦等人颇受其影响。欧阳修在《苏氏文集序》中说：

其后天圣之间予举进士于有司，见时学者务以言语声偶摘裂，号为时文以相夸尚。而子美独与其兄才翁及穆参军伯长作为古歌诗、杂文，时人颇共非笑之，而子美不顾也。其后天子患时文之弊，下诏书讽勉学者以近古。由是其风渐息而学者稍趋于古焉。③

尽管穆修与苏舜钦重视韩愈古文，以此来对抗骈体时文，但其中也包含了他们提倡"古歌诗"以改变西昆体风气的努力。

智圆对于韩愈诗学范型接受的贡献在于他解决了传统认知中把韩愈视为"排佛"观念领袖，并且以其作为儒佛对立的典范的困惑，既把他视为改变南朝

---

① 宋 智圆：《闲居编》卷38，《续藏经》101册，台湾新文丰出版公司，1976年版，P163。
② 宋 柳开：《河东先生集》卷6，四部丛刊初编缩本，上海商务印书馆，P44。
③ 宋 欧阳修：《欧阳修全集》，台湾世界书局，1961年版，P288。

以来文风流宕的关键,肯定其维护了儒家正道、拔除异端、承续文统与道统的贡献,又圆满地把他定位为儒释合流的代表。这在很大程度上提升了韩愈在北宋前期文人群体中的接受度。

宋祁在《新唐书·文艺传叙》中说:

唐有天下三百年,文章无虑三变。高祖、太宗、大难始夷,沿江左余风,缔句绘章,揣合低昂,故王、杨为之伯。玄宗好经术,群臣稍厌雕琢,索理致,崇雅黜浮,气益雄浑,则燕、许擅其宗。是时,唐兴已百年,诸儒争自名家。大历、贞元间,美才辈出,擩哜道真,涵泳圣涯,于是韩愈倡之,柳宗元、李翱、皇甫湜等和之,排逐百家,法度森严,抵轹晋魏,上轧汉周,唐之文完然为一王法,此其极也。①

由推崇"韩文",便也连带崇尚"韩诗",着重借鉴其以散文化语调、手法来革新诗歌创作的经验,这一点虽颇引起后人争议,而对于宋型诗的形成则具有重要作用。

可与之相佐证的是宋祁在《宋景公笔记》卷上中说的一段话:"夫文章必自若一家然后可以传不朽,若体规画圆,准方作矩,终为人之臣仆。古人讥屋下作屋,信然。陆机曰:'谢朝萃于已披,启夕秀于未振。'韩愈曰:'惟陈言之务去。'为此文之要。五经皆不同体。孔子没后,百家奋兴,类不相沿,是前人皆得此皆。呜呼悟之晚矣。虽然,若天假吾年,犹冀老而成之。"通过旁征博引,宋祁目的无非是向人们宣告,在寻找符合时代需求的新的诗歌体式过程中,韩愈是不可忽视的。

欧阳修与宋祁不谋而合。他在《六一诗话》中说:

退之笔力,无施不可,而尝以诗为文章末事,故其诗曰:"多情怀酒伴,余事作诗人也。"然其资谈笑,助谐谑、叙人情、状物态,一寓于诗,而曲尽其妙。此雄文大手,固不足论,而余独爱其工于用韵也。盖其得韵宽,则波澜横溢,泛入傍韵,乍还乍离,出入回合,殆不可拘以常格,如《此日足可惜》之类是也。得韵窄,则不复傍出,而因难见巧,愈险愈奇,如《病中赠张十八》之类是也。余尝与圣俞论此,以谓譬如善驭良马者,通衢广陌,纵横驰逐,惟意所之。至于水曲蚁封,疾徐中节,而不少蹉跌,乃天下至工也。②

---

① 宋 宋祁等:《新唐书》列传126,中华书局,1975年版,P5725-P5726。
② 宋 欧阳修:《六一诗话》,清何文焕辑《历代诗话》本,中华书局,1981年版,P272。

欧阳修重视韩愈诗是因为韩诗专主气格。而这个"气格"具体便落实在用韵上。因为韩愈用诗"资谈笑，助谐谑、叙人情、状物态"，所以要求尽可能减少束缚，使诗歌可以表现的范围得以拓展，这一点用韵宽容易做到。而韩愈诗故用窄韵的作品也"因难见巧"，以险致奇，能够体现诗人不俗的语言驾驭能力，学习它又利于宋人在唐诗之外另辟蹊径。

这种对韩愈诗技巧层面的吸收与欧阳诗学观相互兼容。《梅圣俞诗集序》：

予闻世谓诗人少达而多穷。夫岂然哉？盖世所传诗者，多出于古穷人之辞也。凡士之蕴其所有而不得施于世者，多喜自放于山颠水涯。外见虫鱼草木风云鸟兽之状类，往往探其奇怪，内有忧思感愤之郁积，其兴于怨刺以道羁臣寡妇之所叹，而写人情之难言，盖愈穷则愈工。然则非诗之能穷人，殆穷者而后工也。①

欧阳修提出诗"穷而后工"，其观点直承韩愈《荆潭唱和诗序》中"夫和平之音淡薄，而愁思之声要眇，欢愉之辞难工，而穷苦之言易好也"②的思想而来，强调诗人内心郁积的情志不能为世所了解，于是触物兴感，率然成章。既然诗出于兴感，那么无论铺叙、议论均可入之，所以诗歌在形式上也必须有一定的灵活性。欧阳修为诗采用散文笔法，议论倾向明显，承继韩愈诗风并发展变化而来的特征的形成正是其诗学观念的直接产物。

通过韩愈这一诗学范式的接受，宋型诗崇尚议论，散文句式入诗的特点逐步成熟。

二是，教化为本的诗歌功用观的继承。

智圆论诗强调儒家教化为本，温柔敦厚为其美学特色。这个观念也在宋型诗建构过程中得到了很好的继承。这一点从张咏、梅尧臣和黄庭坚的诗论中可以得到证实。

张咏，咸平二年（公元999年）知杭州，这一年，智圆开始隐居孤山。我们没有直接证据说两者有深入的接触，但在"诗主教化"这一理念上，两者非常接近。前文引述的《许昌诗集序》中张咏的诗歌功用观与智圆可谓不谋而合。

梅尧臣的诗学理想集中体现于《答韩三子华韩五持国韩六玉汝见赠述诗》一诗中，特别是他对诗歌功用的认识。陈良运先生以为此"可看作宋初诗歌革

---

① 朱东润：《梅尧臣集编年校注》下册，上海古籍出版社，1980年版，P1162。
② 马伯通：《韩昌黎文集校注》，古典文学出版社，1957年版，P153－P154。

命的一份宣言"①，该评价并不为过：

> 圣人于诗言，曾不专其中。因事有所激，因物兴以通。
> 自下而磨上，是之谓国风；雅章及颂篇，刺美亦道同。
> 不独识鸟兽，而为文字工。屈原作《离骚》，自衰其志穷。
> 愤世嫉邪意，寄在草木虫。②

梅尧臣倡导儒家传统的诗学理论强调诗歌在社会政治教化中的"美刺""讽喻"，力主恢复诗"有为而作"的传统。在这个意义上来说，诚如刘克庄在《后村诗话》中所言："本朝诗惟宛陵为开山祖师。宛陵出，然后桑濮之哇淫稍熄，风雅之气脉复续，其功不在欧、尹之下。"③ 实在可说是上承风骚、下开宋风。从中，我们可以看到这种观念来自宋初徐铉、王禹偁到杨亿一脉相承，经过智圆得到强化，至梅尧臣成熟与完善了。

到了黄庭坚，除了强调诗歌体现儒家的政治之道外，提出诗歌不能一味发露。他的《书王知载朐山杂咏后》便体现了这一观念：

> 诗者，人之性情也。非强谏争于廷，怒忿诟于道，怒邻骂坐之为也。其人忠信笃敬，抱道而居，与时乖逢，遇物悲喜，同床而不察，并世而不闻；情之所不能堪，因发于呻吟调笑之声，胸次释然，而闻者亦有所劝勉。比律吕而可歌，列干羽而可舞，是诗之美也。其发为讪谤侵陵，引颈以承戈，披襟而受矢，以快一朝之忿者，人皆以为诗之祸，是失诗之旨，非诗之过也。④

这一番话强调了诗歌应当谨守温柔敦厚，怨而不怒的本分，不能为逞一时之心性对人对事痛下针砭。诗人不当"好骂"。这当然是黄氏历久宦海党争之后的远祸之语，但从中也可以反映出他对诗歌蕴借深厚，含而不露的境界的向往。这种观点与智圆既称诗可"善善，恶恶"，又重视"微有旨而为壮；非狂怀讪时也"乃是一种不期然之合。

三是，平淡为美的诗学审美理念的接续。

重视"平淡"之美，且将"平淡"的内涵拓展为极炼如不炼，意蕴含蓄深宛的审美风格是智圆诗学理论中很重要的一环。这一点也在宋型诗建构过程中

---

① 陈良运：《中国历代诗学论著选》，百花洲文以出版社，1998年版，P346。
② 朱东润：《梅尧臣集编年校注》中册，上海古籍出版社，1980年版，P336。
③ 宋 刘克庄：《后村先生大全集》（二）卷174，四部丛刊初编缩本，上海商务印书馆，P1551。
④ 宋 黄庭坚：《豫章黄先生文集》别集卷5，四部丛刊本。

得到了很好的拓展。参看梅尧臣的诗学理念可证之。

梅尧臣的《林和靖先生诗集序》代表了他的诗学审美理想：

其顺物玩情为之诗，则平淡邃美之令人忘百事也。其辞主乎静正不主乎刺讥，然后知其趣向博远寄适于诗尔。①

在梅尧臣看来，林逋诗的至美在于"平淡邃美"和"静正"，这是一种适合表现诗人澄澈明朗情怀的风格，梅尧臣自己的创作也是以平淡或古淡尔而知名的，他自己的《读邵不疑学士诗卷》一诗就是夫子自道：

作诗无古今，唯造平淡难。譬身有两目，了然瞻视端。
邵南有遗风，源流应未殚。所得六十章，小大珠落槃。②

"唯造平淡难"一句说明了梅尧臣心目中认定诗歌的最高审美理想是什么，而上接《邵南》之遗风说明他希望越过唐人而直追上古自然纯美的风尚。

梅尧臣为诗追求意新语工，久有定论。欧阳修《六一诗话》中记其论诗语曰：

诗家虽率意，而造语亦难，若意新语工，得前人所未道者，斯为善也。必能状难写之景如在目前，含不尽之意见于言外，然后为至矣。贾岛云："竹笼拾山果，瓦瓶担石泉"，姚合云："马随山鹿放，鸡逐野禽栖"等，山色荒僻，官况萧条，不如"县古槐根出，官清马骨高"为工也。③

所谓"状难写之景""含不尽之意"，要求的是在平淡清新的语言形式背后蕴藏有余不尽之意，变直白为含蓄，变拙率为工巧，却又不失天趣。此意被当作为梅氏诗论的精髓深入人心。多年以后，在葛立方的《韵语阳秋》中，这一观点再次被提及并与梅尧臣的作品相映衬："梅圣俞云：'作诗须状难写之景于目前，含不尽之意于言外。'真名言也。观其《送苏祠部通判于洪州诗》云：'沙鸟看来没，云山爱后移。'《送张子野赴郑州》云：'秋雨生陂水，高风落庙梧'之类，状难写之景也。《送马殿丞赴密州》云：'危帆淮上去，古木海边秋。'《和陈秘校》云：'江水几经岁，鑑中无壮颜。'之类，含不尽之意也。"④

---

① 宋 梅尧臣：《宛陵先生集》卷60，四部丛刊缩本，上海商务印书馆，1936年版，P480。
② 宋 梅尧臣：《梅尧臣诗选》，人民文学出版社，1980年版，P205。
③ 宋 欧阳修：《六一诗话》，清何文焕辑《历代诗话》本，中华书局1981年版，P267。
④ 宋 葛立方：《韵语阳秋》卷1，清何文焕辑《历代诗话》本，中华书局，1981年版，P485。

在梅尧臣的"平淡"观念中，包含着一个没有被说出口的词——"琢炼"。《彦周诗话》说："梅圣俞诗，句句精炼，如'焚香露莲泣，闻磬清鸥迈'之类，宜乎为欧阳文忠公所称。其他古体，若朱弦疏越，一唱三叹，读者当以意求之。"① 这里的"精炼"说透了梅尧臣诗虽表面平和冲淡，但他寻求境界的拓展和诗意的涵泳、清淡与博赡相结合的风格已经成熟圆融。

宋调与唐音之不同在于宋人创作时持一种返求于内、敛约心性的态度，没有唐人向外开放，昂首阔步的情调。书斋生涯为主的人生经历使大部分诗人崇尚朴素、自然的文士之美，故而，"平淡"遂成为宋诗中的第一境界。智圆可以说开风气之先。

通过北宋中期文人在诗学范型的接受，诗歌功用观的继承以及诗歌美学风格的吸纳三个方面对智圆诗学观的认同与发扬，我们可以清晰地看到智圆诗学观在宋型诗新质建构过程中的积极理论意义和深远影响。

第二节　雪窦重显的"活法"理论及其影响

"活法"是宋代诗学理论中非常重要的一个概念。该理论的集大成者被公认为为江西诗派诗人吕本中。他在《夏均父集序》中云："学诗当识活法。所谓活法者，规矩备而能出于规矩之外，变化不测而亦不背于规矩也。是道也，盖有定法而无定法，无定法而有定法，知是者，则可以与语活法矣。谢元晖有言，'好诗流转圆美如弹丸'，此真活法也。"② 这一理论的提出在相当程度上纠正了江西诗派过度峭涩生硬的弊端，讲求变化不测而不离规矩，使宋诗拓展出流美圆转的风格。

"活法"理论作为一个带有明显禅宗话语特征的诗学理念，探究其源起，不能忽略北宋文字禅代表人物，雪窦资圣禅寺重显的贡献。

方回《碧岩录序》云："自达摩至六祖传衣，始有言句。曰'本来无一物'为南宗，曰'时时勤拂拭'为北宗，于是有禅宗颂古行世。其徒有翻案法，呵佛骂祖，无所不为，间有深得吾诗家活法者。"③ 此话直指通过重显的创作可以

---

① 宋 许顗：《彦周诗话》清何文焕辑《历代诗话》本，中华书局，1981年版，P384。
② 宋 刘克庄：《刘克庄后村先生大全集》，四部丛刊卷95。
③ 宋 重显颂古．克勤评唱：《佛果圜悟禅师碧巖录》，《大藏经》第48册 No. 2003，东京大藏出版株式会社，1988年，P139。

知道"活法"理论。而重显本人对诗学理论的表述和诗学创作则确实证明了其为"活法"理论更早的建构者和践行者。

那么雪窦重显初步建构的"活法"理论的内涵是什么？重显"活法"理论禅学渊源如何？重显"活法"论的传播及其对宋代诗学的影响怎样表现？

对于"活法"的解释，按照吕本中在前引《夏均父集序》中的概括，应当包含三层意义：其一，"出于规矩而不离规矩"，遵守文本体式的法度，但有变化，变而不失其格；其二，"有定法而无定法"，诗歌的句法，修辞法，布局法能传承前代诗学经验，但师古不泥古，能创新；其三，诗的风格"流美圆转"，自然、畅达、圆融。这样完整的"活法"说在重显的诗学论述中没有集中表述，我们发现，其萌芽已经姿态俱足，充分发露。

雪窦重显诗学观最集中的表现在他的《雪窦显和尚颂古》又名《颂古百则》中。所谓"颂古"，就是对古德公案语录用有韵语的诗偈给与解释与评议，对晦涩难懂的公案语录所进行的语言文字说明，但奉行禅门"不说破"的原则，并不是直接去解释公案的本意或原意，所谓"绕路说禅"。作为"文字禅"的一种重要形式，"颂古"反映了雪窦重显的禅学思想，也因为是"以诗说禅"，故从中体现了他的诗学理念。以下试从《颂古百则》中探析雪窦重显的"活法"理论的建构。

（一）参活句，不参死句。禅宗初立时以"不立文字""见性成佛"为根本主张，但是在其发展过程中，因为积极入世的需求必须寻找到适合其理论传播的中间渠道。因此，"文字禅"便应运而生。语言文字成为禅悟的中介。这样一来，如何看待文字，既从中汲取思想营养又不被文字本身的表达局限所拘束，从而妨碍进入悟道之境即成了一个关键问题。惠洪曾云："心之妙不可以语言传，而可以语言见。盖语言者，心之缘，道之标帜也。标帜审则心契，故学者每以语言为得道浅深之候。"[①] 由此可见，"语言"成为体现悟道浅深的重要标志。在雪窦重显的观念中，以诗悟禅，首重"参活句，不参死句"。普济《五灯会元》卷十五记德山缘密圆明禅师语录云："但参活句，莫参死句。活句下荐得，永劫无滞。一尘一佛国，一叶一释迦，是死句。扬眉瞬目，举指竖拂，是死句。山河大地，更无諪讹，是死句。时有僧问：'如何是活句？'师曰：'波斯

---

① 宋 惠洪：《题让和尚传》，《石门文字禅》. 卷25，《嘉兴大藏经》第23册 B135，台北新文丰出版公司，1987年，P700。

仰面看。'"① 由此可见，所谓"活句"指意在言外之句，直指心性，非逻辑化的表达；而"死句"则是严守字面含义，不离规矩的表述。"参活句"就是要通过对文本题外之旨的发覆，超越文本意障，进入"事事无碍"的禅悟之境，雪窦重显继承了这一理念，通过"颂古"的形式对此加以发扬。

颂古第四则：

一勘破，二勘破，雪上加霜曾险堕。飞骑将军入房庭，再得完全能几个。急走过，不放过，孤峰顶上草里坐。

这则颂古是针对德山见沩山的一段公案而作：

举德山到，挟复子于法堂上，从东过西，从西过东，顾视云："无无。"便出。（雪窦著语云："勘破了也！"）德山至门首却云："也不得草草。"便具威仪，再入相见，沩山坐次，德山提起坐具云："和尚。"沩山拟取拂子，德山便喝，拂袖而出。（雪窦著语云："勘破了也！"）德山背却法堂，著草鞋便行。沩山至晚问首座："适来新到在什么处？"首座云："当时背却法堂，著草鞋出去也。"沩山云："此子已后，向孤峰顶上，盘结草庵，呵佛骂祖去在。"（雪窦著语云："雪上加霜。"）

德山欲与沩山论辩，他深具威仪，兀傲不驯而沩山则静坐闲观，不动声色，堪破"德山。德山具机变，"背却法堂，著草鞋便行"，以为如汉武帝时飞将军李广一般，被匈奴擒获，诈死，却死中求活，终于避免了"险堕"，但他"孤峰顶上"，呵佛骂祖却最终仍然没有跳脱出沩山的预言。这一颂体现出雪窦重显对于禅悟的认知，只有断绝思虑，截断众流，真正消解对语言"意义"的执著和认知的窠臼才能悟到真理，否则即便"死中得活"，也不免仍然落入"雪上加霜"的境地。

颂古四十一则：

活中有眼还同死，药忌何须鉴作家。古佛尚言曾未到，不知谁解撒尘沙。

这是对赵州和尚问投子"大死底人却活时如何？"，投子云："不许夜行，投明须到"的一段机锋而颂。圆悟克勤在《碧岩录》卷五中做了这样的说明："'活中有眼还同死'，雪窦是知有的人，所以敢颂。古人道，他参活句。雪窦

---

① 河村照孝编集：《卍新纂大日本续藏经》，东京株式会社国书刊行会，1975—1989年版，P308。

道，活中有眼还同于死汉相似，何曾死，死中具眼，如同活人。古人道，杀尽死人方见活人，活尽死人方见死人。赵州是活的人，故作死问，验取投子。如药性所忌之物，故将去试验相似。所以雪窦道'药忌何须鉴作家'，此颂赵州问处，后面颂投子。"① 这是一段很精当的评唱。雪窦重显认为，只有逼入绝境，才能"置之死地而后生"，只有完全突破正常的思维方式，关闭语言意义与日常经验的联结通道，打碎文本的障碍，以直觉性来体悟，才能获得佛法真理。

同样的意义还出现在颂古第六十八则：

双收双放若为宗，骑虎由来要绝功。笑罢不知何处去，千古万古有清风。

这是针对三圣慧然和仰山慧寂的一段公案而颂："仰山问三圣：'汝名什么？'圣云：'慧寂。'仰山云：'慧寂是我。'圣云：'我名慧然。'仰山呵呵大笑。"

三圣慧然是临济宗尊宿，仰山慧寂是沩仰宗开山，两者均是深通玄旨、天机圆转之人。故此段机锋颇为锐利。仰山之问，意在言外，问的是"名""实"之辨，三圣之答，借力打力，以"名""实"的消解应对，两者均体现出了超绝的功力。雪窦重显领悟到此，特为拈出，以"双收双放"点明其用心，以"骑虎绝功"表达其境界，以"千古清风"传达其意义：参禅之境在于真旨莫测，无迹可求，所以千载万年，发人玄思。圆悟克勤对此做了进一步说明："所以道，他参活句，不参死句，若顺常情，则歇人不得，看他古人念道如此，用尽精神，始能大悟。既悟了用时还同未悟时人相似。随分一言半句，不得落常情。"其中直接指出超越言意，不落常情为其根本。

由此可见，雪窦重显借用了禅宗公案的文本语汇和表达形式，但将义理的了悟置于文本意义之上，追求字面背后的兴象玲珑和思理超越，将非逻辑化的诠释方式与诗性之美融合到一起，创新了义理表达的方式，促进"诠释"与"体悟"的结合，极大拓展了"颂古"的思想空间。这种做法正是"活法"理论所追求的"出于规矩，不离规矩"的体现。

（二）无机夺机，出人意表。具体来说，在颂古之时，雪窦重显注重采用新颖的喻体和陌生化的表达方式来对公案的主旨予以破解。

颂古第九则：

句里呈机劈面来，烁迦罗眼绝纤埃。东西南北门相对，无限轮锤击不开。

---

① 宋 重显颂古. 克勤评唱：《佛果圜悟禅师碧岩录》，《大藏经》第48册 No. 2003，东京大藏出版株式会社，1988年，P179。

与此颂相关的公案是:"举僧问赵州:'如何是赵州?'州云:'东门西门南门北门。'大凡参禅问道,明究自己,切忌拣择言句,何故?不见赵州举道:'至道无难,唯嫌拣择。'又不见云门道:'如今禅和子,三个五个聚头口喃喃地,便道,这个是上才语句,那个是就身处打出语。不知古人方便门中,为初机后学,未明心地,未见本性,不得已而立个方便语句,如祖师西来,单传心印,直指人心,见性成佛,那里如此葛藤,须是斩断语言,格外见谛,透脱得去,可谓如龙得水,似虎靠山。'"①

这段公案说得非常明白,表达禅悟不要"拣择言句",因为语言只是为后学者提供方便之门,所以"斩断语言,格外见谛"。这个说法与前述"参活句,不参死句"关联紧密,但是其侧重点落在"言语"本身。因为言语是不可避免的,那么怎样才能使言语成为真知本性的传达工具而不成为"意障"呢?雪窦重显给出的解释以无意夺机。赵州以"东南西北"四门回答什么是"赵州",故意斩绝提问中的陷阱,以"无机"夺"机锋",以日常化语境包含无穷思理,以陌生化的表达创造新颖独特,空间开阔的意境。本于此,雪窦重显在颂古之时常常不避俗语、不避家常,具备出人意表的新奇与特立独行的趣味。

颂古第三十九则:

花药栏,莫颟顸,星在秤兮不在盘。便怎么,太无端,金毛狮子大家看。

这则颂古是对云门问答的发明:"僧问云门:'如何是清净法身?'门云:'花药栏。'僧云:'便怎么去时如何?'门云:'金毛狮子。'"所问均是关于本体和出处的大关节,所答却是日常言语、看似不相关的物象。雪窦重显对此的解释颇有趣味"星在秤兮不在盘",意为真理本体在于心,不在于言,如一杆秤,准星在秤杆,不在秤盘;"金毛狮子大家看",意为了悟出入之境的门道在于每个参悟者的修行,路径虽殊,万法归一。无疑,雪窦重显深谙云门说禅之法,用家常之语道出修持之法,即出离物象的执迷,向心灵深处探究真理。

颂古等五十三则:

马大师与百丈行次,见野鸭子飞过,大师云:"是什么?"丈云:"野鸭子。"大师云:"什么处去也?"丈云:"飞过去也。"大师遂扭百丈鼻头,丈作忍痛声。大师云:"何曾飞去。"

野鸭子,知何许,马祖见来相共语。

---

① 宋 重显颂古. 克勤评唱:《佛果圜悟禅师碧岩录》,《大藏经》第 48 册 No. 2003,东京大藏出版株式会社,1988 年,P149。

话尽山云海月情，依前不会还飞去。还飞去，却把住。

这一则公案与颂古均非常活泼。马祖与百丈同行，看见野鸭飞过，马祖故意发问，实则为了考验百丈是否能够通过表层物象明了真如自性。百丈未谙其意，就事论事，马祖扭住他的鼻子，使其疼痛，借此破除他的执迷。颂古活灵活现地将公案情节表达了出来，"野鸭子"三句是场景还原，"话尽山云海月情"，宕开一句，表示马祖之意不在物象本身，而是神观飞越，意生象外。"依前不会"显现出百丈的执迷，没有领悟马祖真意，"还飞去，却把住。"则是简洁地道出了马祖的开悟方式。此则全程贴合公案，不避俗语，不做修饰，行云流水之中真趣自现。

因此，我们可以说，雪窦重显打破了传统修辞形式，用更机变的比喻和日常化的语言来体现禅机和道心，这种"陌生化"的表达方法突破了传统诗歌文本在形式上的拘泥，呈现出新的审美气象。特别是其化俗为雅的修辞手段以及将日常物象融入诗境的手法，更是体现了"活法"理论中"有定法而无定法"之观念。

（三）流美圆融，自然灵动。雪窦重显颂古中喜用跳跃性的表达，或突兀的插入一句对自然景物和生活情态的描写，与前句禅语看似不相关，自然灵动活泼，充满生命力。这使得读者常常不自觉地被带入作者塑造的境界，并且在这境界中生发出无尽想象。

颂古第七则：

江国春风吹不起，鹧鸪啼在深花里。三级浪高鱼化龙，痴人犹戽夜塘水。

这是一首非常完美的七绝，景中含情，象外有境。公案所问是一个传统命题，何为佛，法眼所解是身外无佛，即心即佛。圆悟克勤解曰："法眼禅师，有啐啄同时的机，具啐啄同时底用，方能如此答话。所谓超声越色，得大自在，纵夺临时，杀活在我，不妨奇特。"① 这里所谓的"超声越色"就是摒弃物象干扰，直指心源。而雪窦重显的颂古正是借景喻禅，以对比彰显真意。首句"江国春风"给人一种浩浩茫茫、无所不在、温煦绵软、和合万象之感，"吹不起"则表示沉重，这让读者产生了一种奇妙的体验，到底是什么样的物象，不能为春风所化呢？次句"鹧鸪啼在深花里"，不粘不滞，破空而来。鹧鸪在花丛深处啼鸣，可闻其声，不见其形，仿佛这声音来自天外。两句看似无涉，却有同样

---

① 宋 重显颂古. 克勤评唱：《佛果圜悟禅师碧岩录》，《大藏经》第48册 No. 2003，东京大藏出版株式会社，1988年，P147。

的指向，形色之外，别有机趣。欲求其真，需出离我执。三四两句，用对比手法做进一步阐发，用了禹门鲤鱼化龙的典故。《太平广记》云："龙门山在河东界，禹凿山断门，阔一里馀，黄河自中流下。两岸不通车马。每暮春之际，有黄鲤鱼逆流而上，得者便化为龙。"① 鲤鱼已化龙而去，痴人犹在尸水求鱼，自然无功而返。较之前两句，句子的内涵更为明确：若不能超离象外则与正道佛性无缘。雪窦重显以随物赋形之法造物我两忘，言意俱空之境，丝毫不见通常禅理之诗设象表意，借物喻理之生硬造作的弊端，宛转流美，天真任机。

颂古第三十七则：

三界无法，何处求心？白云为盖，流泉作琴。一曲两曲无人会，雨过夜塘秋水深。

此颂借用盘山宝积和尚"三界无法，何处求心"之语，以比喻法写"性自天然"之意。白云，流泉不加雕琢，自然天成，这份自然，恰是悟禅的至高境界，然而后人过度注重人力之巧，丧失了自然天性，所以"一曲两曲无人会"，失却了从自然中体悟大道的能力，正如夜间雨水落入深塘，若不及时看见，则雨过无痕，无从求索，无径可入悟道之门。全诗境界空灵隽秀，表述流畅自然，无斧凿之痕。故圆悟克勤说，因此颂有人"美雪窦有翰林之才"，可见其功力。

清受登檗谭撰《梵绝老人天奇直注天童觉和尚颂古》序云："颂者，鼓发心机使之宣流也。故其义或直敷其事，或引类况旨，或兴感发悟，以心源为本，成声为节，而合契所修为要。然非机轮圆转不昧，现前起后，得智之亲，境不能作也。"② 很清晰地概括了雪窦重显颂古的文本风格，圆转，畅达，直指心源，因此可以说其深契"活法"理论所主张的美学风格。

通过对雪窦重显颂古的分析我们可以发现，借助这一形式，他以"无为法"为根本，灵活契机，破除我执，诗禅互证，借助"参活句不参死句""呈机夺机"以及天机圆转等手段，通过理论与实践两个层面，在实际意义上初步建立了"活法"理论的相关理论范畴和基本体系。

至于"活法"说的首倡者，有学者提出是西昆体后期诗人胡宿（公元

---

① 宋 李昉等：《太平广记》卷466，〈水族三·龙门〉，《文渊阁四库全书》，上海古籍出版社，2011年，P3839。

② 本瑞：《梵绝老人天奇直注天童觉和尚颂古》，《续藏经》第117册，台湾新文丰出版公司1976年版，p506。

995—1067年)①。研究者拈出胡宿"诗中活法无多子,眼里知音有几人"之句,并通过对其创作的考察,确认其奠定了"活法"理论的基本主张和风格特征。

他的《读僧长吉诗》云:

> 生民类能言,兹文特渊邈,精韫在希微,幽通资写托。状物无遁形,舒情有至乐。自非妙解机,谁抽神奥籥。大士栖缘岩,门前即台岳。翠屏何峩峩。千仞拂寥廓,芝朮被诸峯。烟霞兴众壑,中安仁智居,旁研华竺学。观法识非空,了心无少著。人境既相于,神明信超若。作诗三百篇,平淡犹古乐。于言虽未忘,在理已能觉。天质自然美,亦如和氏璞。贮之古锦囊,访我杼山郭。杼山空崔鬼,然公久寂寞。中间三百年,寂寞无人作。何意正始音,绪余在清角。山旁夏欲休,林英春稍落。吟登苍卞余,归梦华顶数。驾言整巾瓶,仍前侣猿鹤。谁言云无心,还依故山泊。顾予禽鹿姿,缪此縻人爵。居常眣韶音,□骇顿金络。比将亲椒兰,端欲甘藜藿。缅怀净名庵,终寻香火约。

其中提到的长吉之诗"于言虽未忘,在理已能觉""人境既相于,神明信超若",表达的是对长吉出离文本局限而传达义理直指心源的认同;"作诗三百篇,平淡犹古乐""天质自然美,亦如和氏璞",则是对文本风格不加雕饰,自然畅达的赞美。从胡宿的诗学观中我们可以清晰地看到他与雪窦重显之间存在着密切的关联。

当然,雪窦重显并未明确提出"活法"这一概念,而且其理论的侧重点在于"说禅",所以我们不能将其定义为提出"活法"诗学理论的第一人,但是应将其视为创建此理论的先行者。他的"活法"诗学观随着宋代诗学自立进程的展开,逐步发挥其影响力。"活法"理论的确立也是宋代诗学完成自身理论体系建构的重要组成部分。

---

① 邓国军、曾明《诗学"活法"说不始于吕本中——兼论胡宿对西昆体的继承与突破》,《文学遗产》2009年第5期;曾明《胡宿诗学"活法"说探源》,《文学评论》2011年第2期。

第三章

宋文创作中的"务实"取向

南方多元化的经济与文化使南方文人的视野相对开阔,对比北方文人单一性的以文明道的观念来说,更注重文学与实际社会生活的联系,因而,在北宋前期,南方文人无论骈文、散文的创作中都表现出了务实的态度,开启了宋文在主题上直面现实,在写作目的上强调"功用性"的先河。

特别值得指出的是,北宋前期南方作家的骈文中有大量以现实人生为立足点,以联系实际为己任,突破了传统骈文的主题范围的作品传世,其中最有代表性的便是以杨亿为代表的西昆体文人。

对于以杨亿的骈文,在北宋前期的古文家一直当作批判的对象。然而田况在《儒林公议》中却说杨亿:"其他赋颂章奏虽颇伤雕摘,然五代以来芜鄙之气,由兹尽矣!"这个评价是费人思量的。所谓五代芜鄙之气,指的当然是五代以来浇薄的文风,这其中是包含形式与内容两个方面的。以形式言,则指五代之文骨气卑弱,文格不振,学殖浅近。故杨亿起而矫之,风尚一变。《四库全书总目提要》称杨亿骈文"时际升平,春容典赡,无唐末五代衰飒之气"即由此来。就内容说则意为其文能接续风雅传统,歌咏升平。

就杨亿本人的文学目的观来看,他最为重视的观念就是"越风骚而追二雅",也就是将文章创作与政教紧密结合起来。其《温州聂从事云堂集序》中说:"若乃国风之作,骚人之辞,风刺之所生忧思之所积,犹防决川泄流,荡而忘返。"可见,他认为诗用以刺时讽政,是诗人社会性情感的不可遏制的流露。他在《送人知宣州诗序》中更明确地说:"君以治剧之能,奉求虞之寄,所宜宣布王泽,激扬颂声,采谣俗于下民,辅明良于治世。当使《中和》《乐职》之什,登荐郊丘,岂但'亭皋''陇首'之篇,流连景物而已!"诗歌文章的主要创作目的是"宣风化""宣布王泽",有补于世用,能为社会服务,而不仅仅是流连景物,描绘风花雪月。尽管这里所引都是他的论诗语,但诗文观念本来就是互通的。

既然有了这样的理念,作家在进行创作时当然有了以文补时的自觉。在一片雍容和平中,文章自然优游从容,而一旦作者感觉到了对现实政治和社会管理的困惑和不满，他也敢于以文章为劝诫君主、匡正时弊的工具。

从日常为人处事来看，杨亿的性格非常刚介。故欧阳修《归田录》云："杨文公亿以文章擅天下，然性特刚劲寡合。"而《宋史·杨亿传》亦称："盖其清忠鲠亮之气，卒未大施，悉发于言，宜乎雄伟而浩博也。"足见其持节自励，个性坚毅之品性。《续资治通鉴长编》卷八十更记杨亿不愿奉诏为真宗草制册立刘妃为皇后事，一斑窥豹，其人可想。

这样的为人，面对真宗朝时朝廷内部隐患不断、外部强敌窥伺的状况，且作为皇帝的文学近侍之臣，杨亿必然会有许多"动于中而形于言"的制作。正是这些文章突破了传统骈文的主题范畴，也正是这些文章体现出了这位南方文人之翘楚的洞察力和务实精神。

在杨亿的骈文作品中有这样几篇颇值得我们重视。

其一，《景德二年三月试草泽刘牧策二道》。其中第二道，全文过录如下：

问：古者井田之设兵农混焉，居常力耕不离于畎亩，有事调发爰执于干戈，盖三代之旧章历战国而无改。施及秦汉，沿袭渐殊，京师建南北之军，郡国有材官、骑士，内增七校，外置楼船，自是已来不能复古，而况五材并用，谁能去兵？天下虽安，未可忘战，今国家勤修武备，式遏外虞，所以保障黎元，震耀威德，将何以追司马六军之制，遵提封百万之规，免飞刍挽粟之劳，成家给人足之美。寓令于疆畔，其术如何？讲事于蒐苗厥旨安在？愿闻婉画以阐大猷。

这是一道策论试题，但从中我们可以看书杨亿本人对军事、边防问题的关注。"天下虽安，未可忘战"之语很明确地表达了他对国家安全的忧虑。宋廷重文轻武，尽收天下兵权的情形前文已备述，兹不重出。我们必须强调的是，作为一名文学侍从官，认为国家大政应以经济、文教为先，战事乃迫不得已为之，但他同时有着不同寻常的危机意识和切实解决问题的渴望，所以在制作这道策问时才会显得如此语气急迫。事实上，北宋前期，对外患的忧虑是许多政治家内心不可言说的痛。而杨亿公开地表述出来，征求应试者意见，这本身就是一种正视现实的态度。也正因为此，我们越发可以理解陈师道《后山谈丛》卷一中所讲故事背后的意味："契丹侵澶，莱公相真宗北伐，临河未渡，是夕内人相泣……议数日不决。（莱公）出遇高烈武王，而谓之曰：'子为上将，视国之危不一言何也？'王谢之。乃复入，请召问从官。至，皆默然。杨文公独与公同，其说数千言，真宗以一言折之曰：'儒不知兵。'"

在真宗眼里，杨亿不过是个"儒臣"，用备顾问，藻丽升平是其职志，而论及征战则非其长。可是杨亿自己却并不是这样认为的，在日常生涯中，他对军事有关注，也有想法，所以临危才敢直言。

如果我们再辅以杨亿《论灵州事宜》①一文，便可知道他在军事方面曾经做过的探索。在文章中他从灵州的地理环境和历史状况出发，极力主张不出一兵一卒，弃守之，因为这个地区地处荒蛮而难以掌控，固求恢复则难免劳师伤财，且事倍功半。应当说，这个主张不够令人血脉偾张，但针对北宋前期国家的财政状况而言是切实可行的。此文作于太宗年间，由此可见，杨亿长久以来对于边务，多所用心，且保持着清醒务实的态度。比之当时以豪雄自负的柳开，论及边鄙之事则曰"以厚赐足其贪婪""以抚慰来其情，以宽假息其念"②这类不切实际的凿空之论有价值许多。

其二，《次对奏状》。其文论及当时官员的薄禄之弊，直言不讳，切中要害：

国家遵旧制，并建群司，然徒有其名，不举其职。……欲乞按唐制，应九品以上官并定员数。……今群官于半奉之中已是除陌，又于半奉三分之内，其二以他物给之，离于市度十裁得其一二，曾糊口之不及，岂代耕之云足？昔汉宣帝下招云：吏能勤事而奉禄薄，欲其无侵渔百姓，难矣。遂加吏奉，著于策书。窃见今之结发登朝，陈力就列，其奉也不能致九人之饱，不及周之上农；其禄也未尝有百石之入，不及汉之小吏，若乃左、右仆射，百僚之师长，位莫崇焉，目奉所入，不及军中千夫之帅，岂稽古之意哉？

在我们的印象中，宋代官员俸禄优厚，生活宽绰。但在宋初，官员的俸禄实则是比较微薄的。针对这一现象，杨亿指出薄俸难以养廉，呼吁朝廷改善官员的生存状态。这其中当然有杨亿本人的切肤之痛，如"景德初，以家贫，乞典郡江左，诏令知通进、银台司兼门下封驳事"（《宋史》本传），然更多的出于对国家官僚体系稳定性、有效性和官员治政廉洁性的考虑。馆阁之臣历来以清高自许，很少有人会论及如此现实的问题。杨亿放胆直言，一时间"论者嘉之"，说明他讨论的问题是有普遍针对性的。而且，我们注意到，这虽是一篇骈文，但多有散行，以助语气且说理更明晰，这种变化也说明，杨亿在为文之时更多考虑的是传达思想，形式不过外在声色而已。

骈文主题的拓展意味着南方文化中"务实"和"注重事功"的观念得到了发挥。尽管骈文一直受到当时北方古文家的排斥，但是，这种实践还是将南方文人群体的文章观以明确的方式显现出来，逐步融入主流文学意识中。

---

① 宋 吕祖谦：《宋文鉴》卷42，《四部丛刊》影宋端平重刊嘉泰本。
② 宋 柳开：《上言时政表》，《河东集》卷10，《文渊阁四库全书》本。

第四章

科举与文学之互动

第一节 文体之争与文化之争

自西昆体诗、文在文化圈中流传开来,其文坛独尊地位保持了几近20年,大抵从大中祥符元年(公元1008年)《西昆酬唱集》出到天圣五年(公元1029年)。这其中,除了同道中的认同、接受和参与之外,科举发挥的作用不容小视。在这期间,西昆体的主将多次担任了科举考试的试官:大中祥符元年(公元1008年)杨亿知贡举,大中祥符八年(公元1015年)刘筠任同知贡举;天禧三年(公元1019年)钱惟演任同知贡举;天圣二年(公元1024年)和天圣五年(公元1027年),刘筠两度知贡举。科举作为主流文化的风向标,在这20年时间里完全指向了西昆体风格。欧阳修晚年颇悔少作,其《与荆南乐秀才书》云:"仆少孤贫,贪禄仕以养亲,不暇就师穷经以学圣人之遗业,而涉猎书史姑随世俗作所谓时文者,皆穿蠹经传,移此俪彼以为浮薄,惟恐不悦于时人,非有卓然自立之言如古人者。然有司过采,屡以先多士,及得罪已来,自以前所为不足以称有司之举而当长者之知,始大改。其为庶几有立。时文虽曰浮巧,然其为功亦不易也。仆天姿不好而强为之,故比时人之为者尤不工,然已足以取禄仕而窃名誉者顺时故也。"其中以少时为求一第而学作时文,忏悔自责不已。但这恰恰可以证明科举导向的吸引力。

然而,恰恰是这种一枝独秀遭到了来自社会各方,特别是北方文人集团的强烈反弹。南方文人在北宋前期文化建构过程中付出的努力并没有被整个文化圈所接受。以正统自诩的部分北方文化精英站在征服者的立场上对南方文化理念在文学领域中的渗透进行了强烈的反弹。这种反弹从文体层面开始,以科举考试的文章类别之争为核心,而最终归结到文化正统性的认同。

其中,争论的起点与西昆体的兴起有微妙的吻合。

《续资治通鉴长编》"真宗大中祥符元年正月"条下有这样一则记载，冯拯曰："比来自试，但以诗赋进退，不考文论，江浙士人专业诗赋以取科第，望令于诗赋人内兼考策论。上然之。"这条建议表面上看非常普通，但是它反映出一个信号，那就是当时以主流自居的北方文人集团已经注意到南方文化通过科举向宋文化的渗透了。所以载文特别指出"江浙士人"在科举考试中受益于诗赋，要求在考试时加入策论。

然而，对于这个建议，真宗并没有太在意。因为这一年，对于整个王朝来说，更重要的焦点在于"天书降临"。这是一场明显的闹剧，是宋真宗在屈辱的"澶渊之盟"后为了重塑王朝的权威感和强调君权的神圣性而伪造的。在这场闹剧中，他需要大量的文学之士为之粉饰太平，歌功颂德，而在他看来学识渊博的南方文人是能够完美地担当这项工作的。同时，新的诗歌和文章体式雍容典雅也符合盛世气象。所以真宗对于冯拯的建议采取了沉默的态度。甚至，我们可以揣测，真宗并不希望在科举考试中有学子借策论来发挥见解，涉及"天书"这个敏感问题。西昆体的流行除去其自身的文学审美因素外，也颇有时势的因素在。

然而，面对南方文人群体的力量壮大，北方的文化集团始终耿耿于怀。因为在他们看来，南方文化与南朝文化之间总是存在着千丝万缕的联系，是低俗、落后和缺乏正统性的。而且基于征服者的心态，他们并不愿意看到有一股文化势力来与他们争夺话语权。

因而，自西昆体流行以来，争论就一直没有中断过。标榜正统的北方文人集团为强调其立场在文化理念上呈现出了明显的狭隘性和偏执性。在诗文词诸体领域展开了针对南方文人群体的批评。

以诗歌论，表现最典型的当属石介。他的《怪说》（中）可以说是对西昆体诗人和西昆体诗做了从思想渊源到文本表达的全方位批判，不仅当时，而且在后世都成为人们鄙薄昆体风气的主要依据：

杨翰林欲以文章为宗于天下，忧天下未尽信己之道，于是盲天下人之目，聋天下人之耳，使天下人目盲，不见有周公、孔子、孟轲、扬雄、文中子、韩吏部之道；使天下人耳聋、不闻有周公、孔子、孟轲、扬雄、文中子、韩吏部之道。俟周公、孔子、孟轲、扬雄、文中子、韩吏部之道灭，乃发其盲，开其聋，使天下唯见己之道。唯闻己之道，莫知其它。

……夫书则有尧舜典、皋陶、益稷谟……今杨亿穷妍极态，缀风月、弄花草，淫巧侈丽，浮华纂组，刓搜圣人之经，破碎圣人之言，离析圣人之意，蠹伤圣人之道，使天下不为书之典谟……而为杨亿之穷妍极态，缀风月、弄花草，淫巧侈丽，浮华纂组，其为怪大矣。①

依此看来，似乎以杨亿为代表的西昆诗人成了一群不折不扣的文化霸权主义者。他们离经叛道，欲尽掩天下文士之耳目，催生了文坛上下专事吟风弄月、唯作淫文破典的风气。因此，尽管西昆诗人多属儒雅的翰苑才子，却必须承担文风不振、古道沦丧的"七宗罪"。经过石介的大肆渲染，西昆体成了文人心目中的"异端。"

那么，以卫道自居的北方文人他们的诗歌创作又呈现出怎样的局面呢？以有限的资料来看，似乎无法找到关于他们诗歌的比较正面的评价。通常他们给人的印象都是"以古文名而不能诗"（梅尧臣评尹洙语，见《中山诗话》）和"不事章句"（《宋史·穆修传》）。由此可见，至少从创作领域他们无法拿出过硬的资本与西昆体抗衡。

以文章论，南方文人擅长的骈文自然成了北方古文家的攻击目标。如穆修便指责道："今世士子习尚浅近，非章句声偶之辞不置耳目，浮轨滥辙相迹而奔靡有异途焉。其间独敢以古文语者则与语怪者同也。众又排诟之，罪毁之，不目以为迂则指以为惑，谓之背时远名阔于富贵，先进则莫有誉之者，同侪则莫有附之者。"② 当然，这样的指责还是比较浮泛的。更严厉的出于石介。石介的《祥符诏书记》，针对宋真宗祥符年间所下的《诫约属辞浮艳令欲雕印文集转运使选文士看详诏》，再次指斥杨亿道：

然以性识浮近，不能古道自立，好名争胜，独驱海内，谓古文之雄有仲途、黄州、汉公、谓之辈，度己终莫能出其右，乃斥古文而不为，远袭唐李义山之体，作为新制。杨亦学问通博，笔力宏壮，文字所出，后生莫不爱之，然破碎大道，雕刻元质，非化成之文，而古风遂变。③

在石介看来，杨亿等人不为古文是因为见识浅陋，而且好名之心炽烈，所以用骈文引导后学，成一代宗师。这个说法很能代表当时北方文人集团对南方才子成为文坛执牛耳者不能容忍的心态。

即便针对南方文人的散文写作，批评之声依旧刺耳。《后山诗话》记曰："范文正公为《岳阳楼记》用对语说时景，世以为奇。尹师鲁读之曰：'传奇体

---

① 宋 石介：《徂徕石先生文集》，中华书局1984年版，P62－P63。
② 宋 穆修：《穆参军集》卷中，《文渊阁四库全书》本。
③ 宋 石介：《徂徕石先生文集》，中华书局1984年，P219。

尔.'传奇，唐裴铏所著小说也。"从表面上看，尹师鲁的评价没有什么贬义，实则不然。在传统的中国文学理念中，小说是一种不入流的文体，被排斥在主流之外。以之与范仲淹的文章相提并论，骨子里隐含的是一种不屑。《岳阳楼记》骈散结合的手法在正统古文家眼中颇为离经叛道，故有此比。

除了对南方文人的诗文诸体创作进行全盘否定外，北方文人集团认识到要彻底改变南方文化与文学在这个时代的主导地位还必须从科举入手，将风向标的位置纠正过来。按孙复的说法："窃尝观于今之士人，能尽知舜禹文武周公孔子之道者鲜矣。何哉？国家踵隋唐之制专以辞赋取人，故天下之士皆奔走致力于声病对偶之间，探索圣贤之阃奥者百无一二。"①

他们采取的最主要手段就是利用在太学的师长地位和影响力，以孙复为代表的经学家将古文与政治上的正统性，儒学中的尊王意识相融合，他们提倡古文并且使其在成为国家最高学府——太学中最流行文体也就是太学体。因为太学是人才培养的重要基地而太学生则会成为未来科举考试乃至文坛中的一支不容忽视的重要力量。

北方文人对于太学是非常重视的，甚至还主张对太学生的考试区别对待。尹洙《敦学》一文中说："今太学生徒博士授经，发明章句，究极义训，亦志于禄仕而已。及其与郡国所贡士并校其术，顾所得经义讫不一施，反不若闾里诵习者。则师道之不行宜矣，若俾肄业太学者异其科试，唯以明经为上第，则承学之士孰不从于师氏哉？"按照尹洙的想法，太学生不应当与其他地方的贡士一起考试，这样就可以避免他们因为参加科举考试而不能实践在太学中学到的经义。这种想法很能代表当时的北方文化集团想通过垄断太学来垄断思想和文学审美取向的心态。

那么他们提倡的"太学体"究竟是怎样一种文体呢？人们通常的印象是"险怪奇涩"。主导这种倾向的人是石介。张方平曾经这样说："至太学之建，直讲石介课诸生试所业，因其所好尚而遂成风，以怪诞诋讪为高，以流荡猥烦为赡，逾越规矩或惧后学。"② 这是个严厉的指责。然而，石介为何要提倡这样的风气呢？其中固然其个性激切偏执的原因，但更重要的是与他的文章观有关。在石介看来，写文章的目的是为了借此恢复和宣扬儒家道统，宗经复古，所以必须严格保持与时文和时代思想潮流之间的距离，特立独行。他曾经非常自豪低为自己辩护道："今天下为佛老，其徒嚣嚣乎声附合应，仆独挺然自持吾圣人

---

① 宋 孙复：《寄范天章书一》，《孙明复小集》，《文渊阁四库全书》本。
② 宋 张方平《贡院请诫励天下举人文章》，《乐全集》卷20，《文渊阁四库全书》本。

之道；今天下为杨亿，其众晓晓乎一倡百和，仆独确然自守圣人之经。凡世之佛老杨亿云者，仆不惟不为且常力摈斥之。"① 本于这样的理念，石介在为文论文之时不惜以违背传统审美习惯的拗涩险怪风格出之。他和他的同道从文学理论层面上来说是将韩愈作为旗帜的，但究其实质，只是发挥了韩文中非常片面的一端，也就是奇崛险怪。

石介的推行在太学中是取得明显成效的，习此体者甚多。所以当嘉祐二年（公元1057年）欧阳修借科举取士贬抑"太学体"，黜落其中知名者后，"榜出，浇薄之士俟修晨朝，聚噪于马前街司，逻卒不能禁止"②，足见颇为人多势众。

在北宋前期，南北文化集团实际上都借助了科举考试这个环节来宣扬自己的文章观念，传播自身的文化思想。究其实，西昆体或者说南方文人的诸体创作与北方文人集团的"太学体"及其他诗词观念的碰撞、争执背后，仍然是一个"正统"性的争论。

第二节　欧阳修与南北文化融合

宋型文学的自立开始于北宋嘉祐二年（公元1057年），欧阳修知贡举，他借助这一场科举考试推出了自己的文章与文化观，并且得到了广泛地认同。而这场考试之前，欧阳修面临着颇为复杂的南北对峙且各存缺陷的文化状况。

首先，是与西昆体相关。在流行了二十多年以后，西昆体的审美范式对整个社会而言已经是非常熟悉，甚至有一点"审美疲劳"了，人们的内心潜在地期待著一种新范式的出现。

而西昆体本身，也在流行过程中不断承受著来自各方的压力和质疑。这其中有文学层面的，也有文学以外的。

先看文学以外的压力。在前文我们已经提到过，宋真宗在祥符年间的所出的一道诏书，《续资治通鉴长编》卷七一记曰："御史中丞王嗣宗言：翰林学士杨亿，知制诰钱惟演，秘阁校理刘筠，唱和《宣曲》，诗述前代掖庭事，词涉浮靡上曰：'词臣学者宗师也，安可不戒其流宕？'乃下诏风厉学者，自今有属词浮靡不遵典式者当加严谴。其雕印文集令转运使择部内官看详，以可者录奏"。

---

① 宋 石介：《与欧阳永叔书》，《徂徕集》卷15，《文渊阁四库全书》本。
② 元 脱脱：《宋史》"欧阳修传"，《文渊阁四库全书》本。

这则诏书是针对《西昆酬唱集》中的《宣曲》而发，真宗指责唱酬诸人过于"流宕"，这个指责是严厉的。

关于《宣曲》诗指事及其寓意，历来有许多揣测，不过大部分论者都认为其中寓讽宋真宗幸丁香事，上引《续资治通鉴长编》所载后有注："江休复云：上在南衙，尝召散乐伶丁香昼承恩幸，杨、刘在禁林作《宣曲》诗。王钦若密奏以为寓讽，遂著令戒僻文字。"而陆游则认为指的是刘德妃、杨淑妃，《渭南文集》卷三一《跋西昆酬唱集》云："祥符中，尝下诏禁文体浮艳，议者谓是时馆中作《宣曲》诗。宣曲，见《东方朔传》。其诗盛传都下，而刘、杨方幸，或谓颇指宫掖，又二妃皆蜀人，诗中有'取酒临邛远'之句。赖天子爱才士，皆置而不问。独下诏讽切而已。不然，亦殆哉。"王仲荦先生注《西昆酬唱集》于刘绮和诗"国艳或非良"句下按："不独丁香出身散乐伶，即刘、杨二妃亦均出自寒贱……故馆臣所谓'国艳或非良'，不仅指散乐伶丁香，亦兼指刘、杨二妃言之也。"不管寓指何人，论者都一致认为《宣曲》诗有借古讽今的深意。而王嗣宗、王钦若的密奏正是抓住了这一"把柄"，深深触动了真宗的忌讳之心。《四库全书总目提要》更一针见血地指出，真宗下诏，"初不缘文体发也"。但是，客观上来说这道诏书给了反对西昆体的人以口实，石介诸人就是在这个基础上借题发挥的。

就文学本身的因由而言，西昆体诗文在其流行过程中，特别是在其模仿者的创作中暴露出来的问题也越来越明显。这一点，当时人看得很清楚。按田况《儒林公议》云："杨亿在两禁，变文章之体，刘筠、钱惟演从而效之，以新诗更相属和，题曰《西昆酬唱集》""凡亿及刘筠、钱惟演、李宗谔、陈越、李维、刘隲、刁衎、任随、张咏、钱惟济、丁谓、舒雅、晁迥、崔遵度、薛映、刘秉十七人之诗。……诗二百四十长首，皆五七言近体，组织华丽，一变晚唐诗体，专效玉溪，亦足以革风花雪月小巧之病，非才高学博，未易臻此。效之者雕篆太甚，渐失本真，于是有优伶挦扯之诮"①。这段话很清楚地说明了当时一些学习西昆体诗的后来者专以雕琢为功，极力模仿，在体制上比前辈更僵化，也更易为人诟病。西昆体的辉煌已经式微。

作为这个流派的后继者，他们似乎也在寻求某种新变。这样的努力也是率先由来自南方的诗人付出的。以赵抃为例，其诗婉约华美，颇有西昆风范，被视为西昆体后期作家。清人王士禛《渔洋诗话》卷二云："世人谓宋初学西昆体，有杨文公、钱思公、刘子仪，而不知其后更有文忠烈、赵清献（抃）、胡文

---

① 清 胡鉴：《沧浪诗话》注，人民文学出版社，1961年版。

公（宿）三家，其工丽妍妙，不减前人。"其中针对赵抃，他又指出："赵清献亦有似潞公者，殊不类其为人，如《暖风》云'薄袂歌云散，轻盘舞袖低。帘疏荡楼阁，尘暗逐轮蹄。絮乱垂杨道，香流种药畦，春窗恼春思，一枕杜鹃啼'……右数诗掩卷诵之，岂复知铁面所为耶！《老学庵笔记》司马文正五字诗云：'烟曲香寻篆，杯深酒过花'可谓工丽，此与文忠烈、赵清献诗拟西昆相似也。"① 当然，对于赵抃的诗风，人们存在着不同见解。贺裳《载酒园诗话》称："赵清献诗尤尚平淡，然如《除夜宿临江县言怀》'漏促已交新岁鼓，酒阑尤剪隔宵灯'，《和虔守任满入香林寺饯别》'为逢萧寺千山好，不惜兰舟一日留'，亦有清味可啜。"曰"平淡"，道"清味"，似乎与昆体拉开了距离。然而从赵氏创作的大体来看，仍然是昆体家数居多。

不过，与西昆体诸家不同的是，赵抃和其同时代的诗人逐渐开始探索西昆体诗学范型以外的范式，具体表现在面对杨亿心目中的"村夫子"杜甫，赵氏开始重新定位其诗学价值。赵抃《题杜子美书室》一诗对杜甫给予了酣畅淋漓的好评："直将骚雅镇浇淫，琼贝千章照古今。天地不能笼大句，鬼神无处辟幽吟。几逃兵火羁危极，欲厚民生意欲深。茅屋一间遗像在，有谁于世是知音。"假如，忽略作者，我们甚至可以将这首全面揄扬杜甫人格精神和诗学成就的作品当成后来的江西派中人所为。以杜甫知音自许，也是西昆体后期作家中重新寻找诗歌范型的一例明证。

另外一个生动的例子是晏殊。与其他西昆体诗人相比，晏殊更重视剥落文字本身的华彩而追求一种内在的深厚雍容。如其广为人所称道的一首《无题》诗云：

油壁香车不再逢，峡云无迹任西东。
梨花院落溶溶月，柳絮池塘淡淡风。
几日寂寥伤酒后，一番萧瑟禁烟中。
鱼书欲寄何由达，水远山长处处同。

全诗非不用典，但典故融化在诗歌的意境中，水乳交融，非不重视对仗的工切，"溶溶月""淡淡风"似信手拈来，细味之却形象而细腻。全诗似乎是在表现离别后的思念与感伤，但是，咀嚼再三，方知别有深意。诗人力图传达的是一种从失望中寻求希望，又不知希望在何处的深沉的悲哀。这种写法较西昆体诸人笔法更为自然圆熟。

---

① 清 王士禛：《带经堂诗话》卷9，清同治十一年（1873年）广州藏修堂重刊本。

晏殊之所以如此，实则契合他风雅自许的品格。吴处厚《青箱杂记》卷五有一条关于他的记载很能说明问题：

> 公风骨清羸，不喜肉食，尤嫌肥腻。每读韦应物诗，爱之曰："全没些脂腻气。"故公于文章尤负赏识，集梁《文选》以后迄于唐别为集，选五卷，而诗之选尤精，凡格调猥俗而脂腻者皆不载也。公之佳句，宋莒公皆题于斋壁，若"无可奈何花落去，似曾相识燕归来。""静寻啄木藏身处，闲见游丝到地时。""楼台冷落收灯夜，门巷萧条扫雪天。""已定复摇春水色，似红如白野棠花"之类，莒公常谓此数联使后之诗人无复措词也。

可见，就晏殊观念来说，诗歌之美在于"气象"的高华。诗人不需要像暴发户那样将字面堆垛得镂玉雕琼，而是要把"富贵"消融到字面背后，使诗歌初读上去仿佛平淡流美，再三思之得其精髓壶奥。这种看法和做法实际上同杨亿评义山诗时讲究的"包蕴密致"与"演绎平畅"相结合的论调十分吻合。但经过晏殊的强化，可以说，它更符合宋人口味的观念，也更为世人所重视。

然而，西昆体的变化在此时似乎还停留在自发地摸索阶段，无力纠正这个流派走向衰亡的命运。

同时，当时盛行于京师太学体也使欧阳修感到偏离了正途。过于艰涩的文风和过多的意气之争注定了其无法承担成为下一轮文学主潮核心的命运。

早在庆历六年（公元 1046 年），张方平在《贡院请诫励天下举人文章》①中就对太学体提出过严厉批评：

> 景祐元年有以变体而擢高第者，后进传效，因是以习。尔来文格日失其旧，各出新意相胜为奇，至太学之建，直讲石介课诸生试所业因其所好尚而遂成风，以怪诞诋讪为高，以流荡猥烦为赡，逾越规矩或惧后学，朝廷恶其然也，故下诏书丁宁诫励。而学者乐于放逸，罕能自还，今贡院考试诸进士，太学新体间复有之，其赋至八百字已上，而每句有十六、十八字者，论有一千二百字以上，策有置所问而妄肆胸臆条陈他事者，以为不合格则辞理粗通，如是而取之则上违诏书之意，轻乱旧章，重亏雅俗。驱扇浮薄，忽上所令，岂国家取贤敛材以备治具之意耶？

我们必须承认，张方平持论有过苛之处。文章出现长对或赋与策论过长，违背了考试的规制并不值得他发出如此严厉的声讨。其中可能含有他本人因为

---

① 宋 张方平：《乐全集》卷20，《文渊阁四库全书》本。

不满已故的石介强烈诋毁西昆体而借题发挥的意气之辞。然而，我们也看到他是切中了太学体的要害，即"怪诞诋讪""流荡猥烦"。当然，形成这种风气的背后可能有太学师生试图用一种全新的文章形式来承载他们对儒家道统的维护和对性理之学的探索的用意，但无可否认的是这样的文章毕竟违背了审美规范，走上了文质相悖的道路。

根据欧阳发《事迹》中所记载的"嘉祐二年，先公知贡举时学者为文以新奇相尚，文体大坏。僻涩如'狼子豹孙、林林逐逐'之语，怪诞如：'周公伻图，禹操畚锸，傅说负版筑，来筑太平之基之说'"等文字来看，太学体难为世人所接受的原因已毋庸赘言。

欧阳修本人在《送曾巩秀才序》中对太学的风气也多有批评："广文曾生来自南丰，入太学与其诸生群进于有司。有司敛群材，操尺度，概以一法。考其不中者而弃之，虽有魁垒拔出之材，其一累黍不中尺度则弃不敢取。……诿曰：'有司有法，奈不中何？'有司固不自任其责，而天下之人亦不以责有司，皆由其不中法也．不幸有司尺度一失手，则往往失多而得少。呜呼！有司所操果良法耶？何其久而不思革也？况若曾生之业其大者固已魁垒，其于小者亦可以中尺度而有司弃之，可怪也！"欧阳修对太学的量才之法和取舍态度进行了委婉的批评。他认为，主司太学者过多的偏向与自己的"法度"契合的学子，缺乏宽容的心胸。同时，他也对所谓的太学尺度进行了质疑。应当说，欧阳修的批评是中肯的。在石介等人的操弄下，太学对待文风与己不合者显得过于苛刻。

如是，欧阳修必须面对这样一种局势，即西昆体和太学体都无法承载充当时代文学新范型的使命，而且两者都无法为观念对峙的文人群体所接受。

不过，在同一时期，欧阳修也发现了在孙复、石介、尹洙、穆修这个集群之外，南方文人以范仲淹为代表也开始提倡古文了。他在天圣中写的《奏上时务书》中道：

臣闻国之文章应于风化。风化厚薄见乎文章。是故观虞夏之书足以明帝王之道，览南朝之文足以知衰靡之化。故圣人之理天下也，文弊则救之以质；质弊则救之以文；质弊而不救则晦而不彰，文弊而不救则华而将落。前代之季不能自救以至于大乱，乃有来者起而救之。故文章之薄则为君子之忧，风化其坏则为来者之资。惟圣帝明王文质相救，在乎已不在乎人。易曰："穷则变，变则通，通则久。"亦此之谓也。伏望圣慈与大臣议文章之道，师虞夏之风。况我圣朝千载而会，惜乎不追三代之高而尚六朝之细，然文章之列何代无人？盖时之所尚何能独变？大君有命，孰不风从？可敦谕词臣兴复古道，更延博雅之士布于台阁以救斯文之薄,而厚其风化也。

在这篇长文中,范仲淹指出文章关乎教化,所以要上追三代古文以疗救时弊。这个观点并非全新,但是,我们从中能够发现他与当时古文家们存在两个明显差别。其一,他不是从维护儒家道统的角度出发论述文章复古的意义,而是强调文章的现实教化作用。个中差别在于古文家只重视以文传道,文是道的附属品,而范仲淹主张文质并重,给文学自身的存在以合理空间。其二,古文家的复古通道比较单一,从韩愈入手,上及扬雄孟子,而范仲淹的眼界更为开阔,所谓"师虞夏之风",实际上是将师法的对象扩大到了上三代,这样一来,对文章规范的束缚就不会那么紧了。

对于范仲淹的"古文"观念,欧阳修是非常认同的。他本人也是一个古文爱好者。《宋史·欧阳修传》称他:"宋兴且百年而文章体裁犹仍五季余习,锼刻骈偶,澣涊弗振。士因陋守旧,论卑气弱。苏舜元、舜钦、柳开、穆修辈咸有意作而张之而力不足。修游随,得唐韩愈遗稿于废书簏中,读而心慕焉,苦志探颐至忘寝食。必欲并辔绝驰而追与之。"然而,在欧阳修心目中的古文无疑更接近于范仲淹的论断。

此外,一部颇具轰动效应的选本《唐文粹》横空出世。姚铉从选家的角度审视前代文学遗产,并举起了"复古"的旗帜。在序言中他说:

> 今世传唐代之类集者,诗则有《唐诗类选》《英灵》《间气》《极玄》《又玄》等集,赋则有《甲赋》《赋选》《桂香》等集,尚率多声律,鲜及古道,盖新进后生,干名求试者之急用尔。岂唐贤之文迹两汉、肩三代而反无类次,以嗣于《文选》乎?铉不揆昧懵,遍阅群集,耽玩研究,掇菁撷华,十年于兹,始就厥志。得古赋、乐章、歌诗、赞、颂、碑、铭、文、论、箴、议、表、奏、传、录、书、序,凡为一百卷,命之曰《文粹》。以类相从,各分首第门目。止以古雅为命,不以雕篆为工,故侈言蔓辞,率皆不取。

就《唐文粹》而言,在宋初总集中其收录诗歌的数量远不及《文苑英华》,但因其鲜明的诗学观念当时在社会上就引起了很大的反响。姚铉早年与王禹偁交游,受到一定的影响。他力图通过对唐代诗文的编选来扫荡自西昆体诗风笼罩诗坛以来形成的浮靡文风。故而,在序言中他自称"止以古雅为命,不以雕篆为工,故侈言蔓辞,率皆不取",因而极盛于唐世的五七言近体诗均在选家摈弃之列。尽管这种做法有失偏颇,然诚如《四库全书总目》所云:"于欧梅未出之前,毅然矫五代之弊,与穆修、柳开相应者,实自铉始。"

在选编是书的过程中，姚铉以一个选家的眼光对唐代的选本提出了批评："今传世唐代之类集者，诗则有《唐诗类选》《英灵》《间气》《极玄》《又玄》等集，赋则有《甲赋》《赋选》《桂香》等集，率多声律，鲜及古道，盖资新进后生干名求试者之急用尔，岂唐贤之文，迹两汉、肩三代而反无类次以嗣于《文选》乎。"可见他对唐人选本过分追求声律、辞采之美而不循古道的做法有所非议。

当然，尚古并不意味着完全排斥文采，在序末姚氏盛赞唐贤之文"英辞一发，超出千古，琅琅之玉声，粲粲之珠光"，足见他仍然重视文学作品的艺术规律，避免矫枉过正。清人王士祯在《带经堂诗话》卷四中指出："《文选》而下，唯姚铉《唐文粹》，卓然可观，非他选所及。其录诗皆乐府古调，不取近体，尤为有见。"这里的"有见"，很明显是指选家能够兼顾文质，有意识地的纠正当时文坛各执一端的风气。这个为文化界广泛接受的选本无疑成了欧阳修推行新型文学样式和观念的一种助力。

回过头来看，嘉祐二年（公元1057年）的进士科考试对欧阳修而言是个难得的契机，他借此登高一呼，开了宋型文学的风气。当然，这种风气是能够为北方文人集团所接受的，同时带有北宋前期百年间南方文化努力渗透痕迹的样式。

就具体手法言，欧阳修直接利用科举考试的导向性贬斥太学体，纠正可能出现的文学发展道路的偏差。《梦溪笔谈》卷九中详细记录了他的所作所为：

嘉祐中士人刘几累为国学第一人，骤为怪崄之语，学者翕然效之，遂成风俗。欧阳公恶之，会公主文，决意痛惩，凡为新文者一切弃黜，时体为之一变，欧阳之功也。有一举人论曰："天地轧，万物茁，圣人发。公曰："此必刘几也"，戏续之曰："秀才刺，试官刷"。乃以大朱笔横抹之自首至尾，谓之红勒帛。判大纰缪字榜之，既而果几也。

这个举动在当时震动极大。榜文一出，习学太学体者莫不哗然，致有"聚噪"之事。同时，一些心怀不满的学子还多方寻衅，以泄黜落之愤：

至和、嘉祐间，场屋举子为文尚奇涩，读或不能成句。欧阳文忠公力欲革其弊，既知贡举，凡文涉雕刻者，皆黜之。时范景仁、王禹玉、梅公仪、韩子华同事，而梅圣俞为参详官，未引试前，唱酬诗极多。文忠"无哗战士衔枚勇，下笔春蚕食叶声"，最为警策。圣俞有"万蚁战时春昼永，五星明处夜堂深"，亦为诸公所称。及发榜，平时有声，如刘辉辈，皆不预选，士论颇汹汹。未几，诗传，遂哄哄然，以为主司耽于唱酬，不暇详考校，旦言以五星自比，而待吾曹为蚕蚁，因造为丑语。自是礼闱不复敢作诗，终元丰末几三十年。元祐初，虽稍稍为之，要不如前日之盛。然是榜得苏子瞻为第二人，子由与曾子固皆在选中，亦不可谓不得人矣。①

闱中唱和本是文人雅兴，也属常情，此番却成了学子口实。究其根苗，自然不是因为诗句中有多少冒犯读书人的味道，而是因为落第者群情激愤，借故发泄而已。

但是，这决定性的一击收到的效果也是明显的，天下文风为之翕然一变，太学体自此退出了主流文学的领域。这一点，我们可以从被黜落的刘几的后续故事中获知：

复数年，公为御试考官而几在庭，公曰："除恶务本，今必痛斥轻薄子，以除文章之害"。有一士人论曰："主上收精藏明于冕旒之下"。公曰："吾已得刘几矣"。既黜，乃吴人萧稷也。是时试尧舜性之赋，有曰："故得静而延年，独高五帝之寿。动而有勇，形为四罪之诛"。公大称赏，擢为第一人，及唱名乃刘辉。人有识之者曰："此刘几也，易名矣"。公愕然久之，因欲成就其名。小赋有"内积安行之德，盖禀于天"，公以谓"积"近于"学"，改为"蕴"，人莫不以公为知言。②

欧阳修尚以为刘几仍操旧体，殊不知刘几早已改弦更张。为文非但没有旧日痕迹，甚至颇得欧阳修赞赏，足见嘉祐二年（公元1057年）的那场考试其影响力之深。

其实，欧阳修是非常谨慎的，以其对当时政治局势和文坛状况的了解，绝不会贸然行事，必然会有所铺垫。因而，我们注意到，在此次科举前的日常写作中，他对涉及北方文人领袖和他们文化观念地方给予了高度尊重。这里既有真实的认同，或许也是他希望尽可能规避矛盾的一种方式。

欧阳修《六一诗话》里这样称道石延年：

石曼卿自少以诗酒豪放自得，其气貌伟然，诗格奇峭，又工于书，笔画遒劲，体兼颜柳，为世所珍。

---

① 宋 叶梦得：《石林诗话》卷下，清 何文焕：《历代诗话》，中华书局，1981年版，P429-P430。
② 宋 沈括：《梦溪笔谈》卷9，清嘉庆十年（1805年）海虞张学鹏学津讨原本。

在为石延年作墓志铭时，欧阳修更不遗余力地赞美他："曼卿少亦以气自豪，读书不治章句，独慕古人奇节伟行非常之功，视世俗屑屑无足动其意者，自顾不合于世乃一混以酒。然好剧饮大醉，颓然自放。由是益与时不合。而人之从其游者皆知爱曼卿，落落可奇而不知其才之有以用也。"①

另外，欧阳修又有《赠杜默》诗："岂如子之辞，铿锽见镛笙。淫哇俗所乐，百鸟徒嘤嘤。杜子卷舌去，归衫翩以轻。京东聚群盗，河北点新兵。饥荒于愁苦，道路日以盈。子盍引其吭，发声通下情。上闻天子聪，次使宰相听。何必九包禽，始能瑞尧庭。"盛称其作超越世俗，气势不凡，而且传达下情，有助于政治教化。而石延年、杜默二人都是北方文人中颇为知名的反对西昆体颇为有力的"东州逸党"中的成员。

对于石介，欧阳修虽然有不满，但仍对褒扬有加："近于京师频得足下所为文，读之甚善，其好古闵世之意，皆公操自得于古人，不待修之赞也。然有自许太高，诋时太过，其论若未深究其源者，此事有本末，不可卒然语。"② 对石介有失偏颇的言论，欧阳修不是没有察觉，然而他依旧持肯定为主的态度，避免发生直接冲突。

在否定太学体的同时，面对流行多年的西昆体，欧阳修采取的则是改变其外在形色而对其内质进行有机吸收的方式，尽可能地将这一带有浓厚南方文化底蕴的文学样式化入新诗型和新文体建构中。

我们的最后一个问题是，欧阳修提倡的新型古文即以复古为旗号，融合将南方文化与文学观念，亦为北方文人集团接受，并最终成为宋文范式的究竟是怎样一种样式？在他手中开始自具面目的宋型诗又以何种面目横空出世？

在回答这些问题之前，我们必须先明确一个前提——探讨所谓宋型诗和宋文不是单纯着眼于文学体式的转变而指向以文学为表征之一的文化类型的确立。在此种意义上，欧阳修的"变体"也好，"复古"也罢，实则是一场文化革新。他试图改变的是有宋近百年来南北文化发展各执一端的状况，并将南方文化理念正式糅合到主流文化领域，改变长久以来的对立。因而，在阐述其文学观之前，有两段文字不得不看——出于《正统论》（上、下）：

其一：唐受之隋，隋受之后周，后周受之后魏，至其甚相戾也。则为南史者诋北曰虏，为北史者诋南曰夷，此自私之偏说也。

---

① 宋 欧阳修：《文忠集》卷24，《四部丛刊》本。
② 宋 欧阳修：《与石推官第一书》，《欧阳文忠公集》卷66，《四部丛刊》本。

其二：五代之得国者，皆贼乱之君也。而独伪梁而黜之者，因恶梁者之私论也。唐自僖昭以来，不能制命于四海而方镇之兵作已。而小者并于大，弱者服于强，其尤强者，朱氏以梁，李氏以晋，共起而窥唐，而梁先得之。李氏因之借名讨贼，以与梁争中国而卒得之。其势不得不以梁为伪也。而继其后者，遂因之使梁，独被此名也。夫梁固不得为正统，而唐、晋、汉、周何以得之？今皆黜之。而论者犹以汉为疑，以为契丹灭晋，天下无君而汉起太原，徐驱而入汴，与梁、唐、晋、周其迹异矣。而今乃一概可乎？曰：较其心迹小异而大同尔。且刘知远晋之大臣也，方晋有契丹之乱也，竭其力以救难，力所不胜而不能存。晋出于无可奈何则可以少异乎四国矣。汉独不然，自契丹与晋战者三年矣，汉独高拱而视之，如齐人之视越人也，卒幸其败亡而取之。及契丹之北也，以中国委之许王从益而去，从益之势，虽不能存晋，然使忠于晋者得而奉之，可以冀于有为也。汉乃杀之而后入，以是而较其心迹，其异于四国者几何？翊皆未尝合天下于一也。其于正统，绝之何疑？

这两段文字论断非常有力。作为一个史学家，欧阳修习惯于从真相出发还原历史。而且，在北宋前期，论"正统"背后还有非常深刻的文化用意。北方文人集团喜言"正统"，无论是政治上的"尊王攘夷"还是文化上的"道统""文统"，从根苗上来说无非为了表现自己传承的是上三代以来的道德、文化和统治嫡脉，骨子里的优越感十分强烈。而欧阳修之论正统与他们不同，他不问南北，只论人心，因而得出结论：五代皆乱臣贼子之国，于是笼罩在北方文化与思想上的绚丽光环瞬间黯然失色。同出于乱世，没有哪个文化系统更具卓越性和真理性，因而可以平等地在新建构中相互影响，水乳交融。所以，从狭义的角度论，《正统论》未始不是为文化革新来夯实思想基础的。

首先，就诗歌来说，欧阳修与杨亿实际上有一个同样的认知：诗需"才情"。从杨亿和欧阳修分别欣赏的典型人物——李商隐、韩愈和李白三家来看，且不论李白之英才天纵，难描难画。义山与退之其实有相通之处，其通在于"学力"。李商隐之学体现在善用事、善点化，而韩愈之学体现在创作中则见于用韵和使事两端。

韩愈最重字学，诗多用古韵，如《元和圣德》及《此日足可惜》诗全篇一韵，皆古叶兼用。其《赠张籍》诗云："时来问形声"，知籍亦留心韵学者。乃籍诗独不用古韵，惟愈诗七阳至八十三韵，古韵几乎用尽，却无一韵不押得稳帖，视愈之每每强押者过之。①

胡震亨虽带有批评之意，但他也说出了韩愈在"用韵"方面于古叶兼用的特点此即其"储才独富"之处。②

至于用事，贺裳《载酒园诗话》说得直切：

韩诗亦善使事，如《送郑尚书赴南海》曰："风静鹦鹉去，官廉蚌蛤回。"上句用海大风，下用合浦还珠事，何工妙也！《酬天平马仆射》曰："威令加徐士，儒风被鲁邦。清为公论重，宽得士心降。"不惟有奖，兼亦有劝，莫谓韩诗全直。

韩愈和李商隐在为诗重学的共同性已在相当程度上影响了欧阳修对西昆体诗的看法。可以说，他在标榜"革新"的一群诗人中对昆体最为宽容。因此也最能体会昆体之佳处：学不妨诗。

杨大年与钱刘数公唱和，自《西昆集》出，诗体一变，而先生老辈患其多用故事，至语僻难晓，殊不知自是学者之弊。如子仪新蝉云："风来玉宇乌先转，露下金茎鹤未知。"虽用故事，何害为佳句也。又如："峭帆横渡官桥柳，叠鼓惊飞海岸鸥。"其不用故事，又岂不佳乎？盖其雄文博学，笔力有余，故无施不可，非如前世号诗人者，区区于风云草木之类，为许洞所困者也。

在欧阳修看来，昆体诗人以雄文博学入诗抬升了诗品，提高了诗格，虽有"学者之弊"却并无碍其成为开一代新风气者。这一观念的确立对西昆体而言实在意义重大，说明作为宋型诗的初创者，欧阳修看到了昆体对诗学的贡献，并吸纳了它。

当然，这种吸纳主要体现在创作中。叶梦得《石林诗话》卷上曰：

欧阳文忠公诗始矫"昆体"，专以气格为主，故其言多平易疏畅，律诗意所到处，虽语有不伦，亦不复问。而学之者往往遂失于快直，倾囷倒廪，无复余地。然公诗好处岂专在此？如《崇徽公主手痕诗》："玉颜自古为身累，肉食何人与国谋。"此自是两段大议论，而抑扬曲折，发见于七字之中，婉丽雄胜，字字不失相对，虽"昆体"之工者亦未另比。言意所会，要当如是，乃为至到。

---

① 明 胡震亨：《唐音癸签》卷7，《《文渊阁四库全书》》本。
② 明 胡震亨：《唐音癸签》卷7，《《文渊阁四库全书》》本。

明确地宣示出欧阳修的创作"婉丽雄胜""字字不失相对"有得益于昆体功夫之处。以下便是这首诗：

故乡飞鸟尚啁啾，何况悲笳出塞愁。青冢埋魂知不返，翠崖遗迹为谁留。
玉颜自古为身累，肉食何人与国谋。行路至今空叹息，岩花涧草自春秋。

诗中连用蔡文姬、王昭君、刘细君之典故。写崇徽公主之悲"青冢""翠崖"偶俪工切，感慨之意有余不尽。置于《西昆集》中的确很难分辨出真伪。这样的例子在欧阳修的律诗创作中其实尚多，兹不屡举。无怪乎有人在评价欧阳修诗时略带不满地说："欧阳公诗，犹有国初唐人风气。公能变国朝文格，而不能变诗格。及荆公、苏、黄辈出，然后诗格遂极于高古。"假如我们客观地评价一下从昆体到欧阳修的变化，恐怕更多地集中在于后者能自觉地将宋型文化人格打并入诗，而前者无此自觉，若单纯从技巧层面上说，欧梅之于西昆恐怕是取多弃少的。

明人张綖曾说："杨刘诸公倡和《西昆集》，盖学义山而过者，六一翁恐其流靡不返，故以优游坦夷之辞矫而变之，其功不可少，然亦未尝不有取于昆体也。……子美云：'文章一小技，于道未必尊。'作者之言盖如此。夫惟达宣圣游艺之旨，审杜老技道之序，味介甫藩篱之说，而得欧公变昆之意，诗道其庶矣乎！"① 很明晰地道出了两者之间的承与变的关系和因由。

但是，我们需要认识到，西昆体诗之所以不能被称为宋型诗，究其实是因为在欧阳修的诗歌理念中已经主动地将宋型人格理想打并入内，而在昆体诗人中尚无此种自觉。因此，无论在诗学观还是基本创作风貌上两者都有很大不同。西昆体诗人中有立身谨严如杨亿者，以"清忠耿亮之气"闻名于世，但也有汲汲于荣利如钱惟演等，但他们的为人与创作实际上并没有直接联系。诗歌对于他们而言更大成分上是"羔雁之具"或智力游戏。

而唐型诗与宋型诗最大的差别正在于创作者的心态差异。在这一点上孔平仲《谈苑》故事恰可做个注脚：

庆历中，西师未解。晏元献为枢密使，大雪，置酒西园。欧阳永叔赋诗云："须怜铁甲冷彻骨，四十余万屯边兵。"晏曰："昔韩愈亦能作言语，赴裴度会，但云：'园林穷胜事，钟鼓乐清时。'不曾如此会闹。"

晏殊是后期西昆体作家的代表，在他心目中有一个理念根深蒂固：诗是一

---

① 宋 杨亿：《西昆酬唱集序》嘉靖玩珠堂刊本。

种文人清玩。诗所要承担的社会使命感是很有限的。而在作为革新派的欧阳修看来，文人正是要用诗歌来表现儒家的政治理想与人文关怀。欧阳修改革诗风的目的正是要使诗歌创作成为有助于体现文士持节、自励的人格操守的载体。这是他在汲取了西昆诗风中的南方因素后努力开展的"新变"。

其次，说文章观。西昆体诸家长于骈文写作。在这方面积累了大量的理论与实践经验，对此，欧阳修也悄然吸收了它们。

其一，我们注意到杨亿的文章观中最重文采。这是骈文的基本要求，更是作家苦心追逐的目标。杨亿多次在文章中称道他人的文采：《代温大雅谢史馆盛太博启》有云"逸才泉涌，丽藻星繁。……余力沛然，英词焕发，穷万殊之奥迹，究四始之本源。探骊龙以得珠，截文犀而取角"；《答舒州孙推官启》道"或发奋雅言，建裁丽唱；或磨碧翠琐，裁刻好词"。在杨亿看来，只有辞采焕发的文章才能在传播过程中被人们接受。"言以行远，非可以无文。"①

其二，为文需当理气贯通，这样的文章也能流畅。辞采是形色，理路为内核："文采焕发，五色以相宣；理道贯通，有条而不紊。"（《答并州王太保书》）那么理的实质又是什么呢？杨亿也有说明。其《广平公唱和序》曰："故雅颂之隆替本教化之盛衰，侁王泽之下流，必作者之间出。"可见，文章之道在于明辨教化之理。

其三，与诗学观念一致，杨亿主张为文需贯通文史，积学为文。"自非兼该文史，洞达天人，擅博物之称，负多闻之益，则何以掌兰台之秘记，辨鲁壁之古文？克分亥承之非，荣对鬼神之问？"②

应当说，杨亿的这些观念在欧阳修这里都得到了继承。尽管杨亿长于骈文，欧阳修重视古文，但其中暗通款曲。

然而欧阳修最终以提倡"古文"的形式拉开自己的文化融合和文化革新的大幕，他的文学观中究竟有哪些东西可以称为打通南北，兼收并蓄，且具备宋型文学特色的呢？

第一，是作为其文学观的核心"道"。在北宋前期，"道"是沉重的命题，也是一个被广泛讨论的命题。在经历了晚唐五代社会秩序与伦理道德的失坠之后，北宋文化集团逐渐重视起如何重新确定儒家思想的正统和权威地位，匡正秩序，重塑文化人格。因而他们对于道的重要性进行了强化。如柳开在《上王

---

① 宋 杨亿：《景德传灯录序》，高楠顺次郎等《大正藏》第51册2076号，东京大正一切经刊行会1934年，第196b。
② 宋 吕祖谦：《贺刁秘阁启》，《宋文鉴》卷121，《四部丛刊》本。

学士第三书》中指出:"道也者,总名之谓也。众人则教矣,贤人则举矣,圣人则通矣。秉烛以居,暗见不逾于十步。舍而视于日月之光,迩可分,远不可穷。及乎日出之朝宇宙之间,无不洞然矣。众人烛也,贤人月也,圣人日也。"在他看来,道是存在于世界之中的"本然",而众人仅能得其微芒而圣人则与道合一,成为万物之辉光。

出于维护道的权威性和崇高性,北方文人集团对于一切可能对其产生影响的其他学说,如佛老,均予以排斥。孙复《书贾谊传后》中指出,贾谊对景帝谈鬼神是一种阿谀,是对正道的违背,并借此对后学者提出了告诫:"吾惧后世之复有年少才如贾生者不能以道终始,因少有摧踬而谀辞顺? 妄言于天子前,以启怪乱之阶也。"至于石介则更为决绝:"夫中国圣人之所常治也,四民之所常居也,衣冠之所常聚也。而髡发左衽,不士不农,不工不商为夷者半中国可怪也。夫中国道德之所治也,礼乐之所施也,五常之所被也,而汗漫不经之教行焉,妖诞幻惑之说满焉,可怪也。"① 将佛教视为妖言惑众之学。

同时,对于道统的延续,北方文人群的共同看法是:"夫子殁,诸儒学其道得其门而入者鲜矣。惟孟轲氏、荀卿氏、扬雄氏、王通氏、韩愈氏而已。彼五贤者,天俾夹辅于夫子者也。天又以代有空阔诞谩奇险,淫丽谲怪之说乱我夫子之道。故不并生之,一贤殁一贤出,羽之翼之,垂诸无穷,此天之意也亦甚明矣。"② 应当说,这样的承传统系的确立其用意是将许多他们认为不合于儒家思想规范的人排斥在外。

相形之下,南方文人对于道的认知没有如此执着也没有如此纯粹,而是杂糅佛道。如徐铉《池州重建紫极宫碑铭》云:"域中之大曰道,百行之先曰孝。故孝心充乎内,必道气应乎外,于是有聿修之德,追远之怀,扬名显亲之善,集灵徼福之举用于邦国,则臣节著;施于家庭,则子道光以之;为政则民从义以之。"这里很明显地将道家的"道德"观用儒家的孝悌说来解释,儒道兼容。杨亿论道,虽也本于儒家,但他同时亦是一名佛教徒,所以他笔下的"道",亦常述及佛道:"某不佞,窃从事于空宗,为日虽浅,闻道素笃。常服首楞之典,获佩法王之训。乃知世间轮回,杀贪为本。胎化湿卵,强弱相吞,生死循环,互相啖食始由一念之迷惑,遂致万化之纷纶。"③ 文章俨然有高僧气象。

---

① 宋 石介:《怪说》上,《徂徕集》卷5,《文渊阁四库全书》本。
② 宋 孙复:《上孔给事书》,《孙明复小集》卷2,问经精舍本。
③ 宋 杨亿:《答钱易书》,《武夷新集》卷18,《文渊阁四库全书》本。

对于"道"的把握，欧阳修采取的是高张儒家旗帜同时折中包容的态度。他也排斥佛法，认为"佛法为中国患千余岁"，认为佛教的流行是因为王道不兴，因而非一人一力可以排斥之，而当通过"修其本"的方法，在潜移默化中消弭其影响。他举例说："修其本以胜之。昔战国之时杨墨交乱，孟子患之，而专言仁义，故仁义之说胜则杨墨之学废。汉之时百家并兴，董生患之而退修孔氏，故孔氏之道明而百家息。此所谓修其本以胜之之效也。"这种态度是相对温和的，比起北方文人一言及"道"字，就剑拔弩张的态势要更易被广大文化人所接受。

第二，文道关系。在北宋前期，重文与尚道是南北文人集团各自标榜的一块招牌。南人重文，前已备述，而北人则多以文为道之附庸，否认其独立存在的价值。孙复在《上孔给事书》中就明确提出"夫文者道之用也，道者教之本也。故文之作也必得之于心而成之于言，得之于心者明诸内者也，成之于言者见诸外者也，明诸内者故可以适其用，见诸外者故可以张其教"，非常清楚地表达了重道轻文的思想。而欧阳修则主张"文道并重"，对此，前人论述已多，兹不赘述。而我们更在意的是欧阳修如何达到与文并重的地位？他的所谓"文"，是怎样被认可和接受的？

言之无文，行而不远。君子之所学也，言以载事而文以饰言，事信言文乃能表见于后世。《诗》《书》《易》《春秋》皆善载事而尤文者，故其传尤远。荀卿孟轲之徒亦善为言，然其道有至有不至，故其书或传或不传，犹系于时之好恶而兴废之。①

这是一段几乎所有人耳熟能详的话，通常被视为欧阳修为"文"正名的言辞。但是，我们不能忽略的是，他同样是欧阳修关于"文"的定义。

在这里，欧阳修指出《诗》《书》《易》《春秋》善载事，皆有文。可见这个"文"首先是用来负载故事的。而这里的故事，实际上就是儒家之道。所以，文就是道，或者说是道的表现形式。这个说法是符合儒家传统文论中"文质彬彬，然后君子"的理念的。这样一来，重视"文"，就不会被认为是单纯追逐文采词藻了。"文"的推广因为捆绑在"道"的宣扬上而得到了更广泛的认同。

当然，以文为道的说法还是比较空洞的。所以欧阳修又对此做出了补充：

---

① 宋 欧阳修：《代人上王枢密求先集序》，《文忠集》卷67，《文渊阁四库全书》本。

夫学者未始不为道而至者鲜焉。非道之于人远也，学者有所溺焉。尔盖文之为言难工而可喜，易悦而自足。世之学者往往溺之，一有工焉则曰吾学足矣，甚者至弃百事不关于心曰吾文士也职于文而已。此其所以至之鲜也。昔孔子老而归鲁六经之作数年之顷尔。然读《易》者如无《春秋》读《书》者如无《诗》何其用功少而至于至也？圣人之文虽不可及，然大抵道胜者文不难而自至也。（《答吴充秀才书》）

欧阳修认为学者容易被自己的见识所蒙蔽，沉溺在前人经典之中而沾沾自喜。这个批评实则切中了南北双方文人群体的要害，他们取径不同，但是都过于相信文章当楷模前人，甚至以与前人风格相若为喜。在欧阳修看来，为文之道首在于自己对于"道"的理解，只有这样才能在写文章的时候理贯辞顺。所以"文"之目的在于"明道"。另外，文章并不是越古奥越值得学习，《易》与《春秋》、《书》与《诗经》一出上古，一出孔子，而孔子之作显然更适合作为后学者的效法对象，因其更通达且更易理解。这个说法对于专意险怪为文章正宗的"太学体"作家来说也是一种委婉的批评。"文"之价值在于"传道"。

由此，我们可以了解为什么欧阳修的新古文倡导的是一种平易、通达的美学风格了。所谓平易，不是简单或浅陋，而是"自然得之"，以平常心得之。用他自己的话来说："闻古人之于学也，讲之深而信之笃，其充于中者足而后发乎外者大，以光譬夫金玉之有英华，非由磨饰染濯之所为，而由其质性坚实而光辉之发自然也。"① 这样的平易，在南方文人看来，英华灼灼，合乎他们的审美理想；在北方文人看来，道顺理直，亦邻于其卫道境界。所谓通达，不是平铺直叙或率性而为，而是流畅连贯，虽百折千回仍一气通贯。对于这一点，苏洵在《上欧阳内翰第一书》中解释得非常清晰："执事之文章天下之人莫不知之。然窃自以为洵之知之特深，愈于天下之人。何者？孟子之文语约而意尽，不为巉刻斩绝之言而其锋不可犯，韩子之文如长江大河浑浩流转，鱼鼋蛟龙万怪惶惑而抑遏蔽掩不使自露而人自见其渊然之光，苍然之色亦自畏避不敢迫视。执事之文纡余委备，往复百折而条达疏畅无所间断，气尽语极急言竭论，而容与闲易无艰难劳苦之态。"② 在苏洵看来，孟子、韩愈和欧阳修的文章各有其长。孟子简约内敛，锋芒不露；韩愈汩汩滔滔，气象万千且磅礴大气；欧阳修则曲

---

① 宋 欧阳修：《与乐秀才第一书》，《文忠集》卷69，《文渊阁四库全书》本。
② 宋 苏洵：《嘉祐集》卷12，《文渊阁四库全书》本。

折委婉，条理明晰，虽论辩亦无辛苦态，自得而圆润。苏洵之论为知己之言，亦为作家之言。曲折说理，含蓄雍容是南方骈文家们所擅长，雄辩滔滔，理直气壮为北方古文家们之强项，欧阳修各取其长，形成一种新的风格，这正是宋文的风格。在这个意义上未始不能与孟子、韩愈一较高下。

北宋前期，泱泱百年，从边缘走来的南方文化和南方文学在欧阳修的努力下也最终得以成为宋型文化与文学的一个组成部分。

附　录

建隆元年（公元960年）至嘉祐二年（公元1057年）
南方诸地进士登科录
福建

附表1　据《淳熙三山志》《八闽通志》等整理汇录并校订

年份	公元	地名	人名	备　注
建隆元年	960	兴化	翁处易	
			翁处厚	
建隆二年	961	建州	杨澈	
乾德三年	965	福州	陈洪轸	
乾德五年	967	福州	周导	
开宝三年	970	福州	阮环	
		南剑州	张确	
开宝五年	972	兴化	翁处廉	
			翁处朴	
		福州	郑罕	知儋州
		泉州	谢膳	
太平兴国二年	977	罗源	张蔚	
		建安	陈应期	
		瓯宁	章衮	
		崇安	詹褰	
		将乐	廖如壎	
		仙游	郑元龟	
		宁德	郑浮	

续表

年份	公元	地名	人名	备注
太平兴国三年	978	罗源（一作古田）	李蕤	
太平兴国五年	980	闽县	吕奉天	
太平兴国八年	983	闽县	林偡	
		建州	李虚己	籍贯光州，迁建州。工部侍郎
		福清	刘文昊	
雍熙二年	985	泉州	钱熙	
		建州	詹易知	
			李寅	
			吴拱辰	
			张黎叙	
			柳宜	
		兴化	翁处休	
			翁处恭	
		南剑州	陈世人	
			陈世则	
			陈世卿	知广州
端拱元年	988	长乐	陈龟图	
			欧阳回	
			潘吉甫	
			林臻	
		长溪	周希古	
		建州	江拯	太常少卿
			李晏如	
			陈应元	
			叶齐	
		泉州	梁希言	
		连江	李亚荀	度支员外郎夔路转运使
端拱二年	989	泉州	曾会	知明州
			王言彻	
			陈垂象	
			陈从易	知杭州

续表

年份	公元	地名	人名	备注
端拱二年	989	泉州	崔拱	太常卿
			刘昌龄	
			刘易知	
			苏国华	
		建州	阮中度	
			黄震	广东南路转运使
			章瑶	
			张仿	
			张岐	
			张篆	
			杨自牧	六部尚书
		汀州	吴简言	
淳化三年	992	连江	陈纲	
		闽县	林殆庶	度支员外郎秘阁校理知明州
			余贯之	
		长乐	王彬	知汀州抚州终太常少卿
			高复初	
			陈彝	
			李坦然	终朝奉郎大理评事兼水部员外郎
		建州	王冕	
			张正符	
			张仿	历太常博士，工部侍郎
			杨峦	职方员外郎
		福州	阮瑞	
		泉州	陈元稷	
			陈庶尹	
			韩曜	
			吕岩	广东转运使
			蔡丕	
		漳州	陈梦周	
			杨令问	本蜀人
			潘令问	

213

续表

年份	公元	地名	人名	备注
淳化三年	992	南剑州	叶温	
			邓九龄	
			罗鼎	
			张若谷	
咸平元年	998	候官	吴千刃	终太常博士知处州
		莆田	郑褒	
		泉州	李庆孙	
			黄宗旦	
		建州	柳宏	光禄卿
			杨子祯	
			阮昌龄	
			王昱	
咸平二年	999	闽县	连作砖	
		建州	黄旦	
			章楷	
		莆田	陈绛	
		泉州	林渭夫	
			李俊	
			王中孚	
咸平三年	1000	候官	林介	
			黄诰	
		闽县	陈易则	秘书省校书郎
			林陶	
			沈厚载	历潮剑归三州终屯田郎中
			林休复	历知邵武军漳州终阙部员外郎
		建州	章得一	
			章琮	
			章万	
			章琛	
			詹瑞	
			丘贲	
			曹禹昌	

续表

年份	公元	地名	人名	备注
咸平三年	1000	建州	魏幽求	
			吴待问	
			吴应一	
			章頔	
		莆田	方慎言	知广州
			方仪	
		邵武	黄奭	
		汀州	梁颀	
		泉州	石昭	
			吴谓	
			胡肃	
			李蒿	
			朱淑	
			杨令绪	
			蔡中正	
			苏季成	
			陈汝砺	
			王宗闵	
			王元之	
咸平五年	1002	闽县	刘若虚	终屯田员外郎知邵武军
		南剑州	吴济	
		泉州	萧楚材	
		建州	吴曜卿	
			章得象	同中书门下平章事
			詹靖	
景德二年	1005	福清	翁纬	终新会令
		泉州	黄宗望	
			钱蒙吉	
			梁尤言	
			陈播	
		建州	陈知言	
			吴航	永康军通判

续表

年份	公元	地名	人名	备注
景德二年	1005	建州	黄翼	
			黄觉	殿中丞
			章冲	
			章铎	
			章频	
			江任	
			杨倚	
			章可法	
			张为舟	
			刘滋	
		汀州	黄迪	
		福州	张翼	
		兴化	叶宾	
		莆田	方慎从	
		罗源	倪咸	
大中祥符元年	1008	长乐	林敦复	终太常博士
			潘衢	历屯田郎中
			潘征	改名循，终著作郎
		福清	刘天锡	大理寺丞并第三甲同三礼出身
		罗源	张黄裳	
		建州	陈俨	
			黄补	
			黄霖	
			黄观	
			章祐	
			张沔	
			张湜	
			詹庠	
			曹修古	
		泉州	胡靖	
			陈时中	
			张裕	
			曾寿	

续表

年份	公元	地名	人名	备 注
大中祥符元年	1008	泉州	蔡黄裳	
			刘设	
			陈诂	秘阁校理
		汀州	伍祐	太常博士
			林务滋	
			陈宗道	
		南剑州	洪徇	
			余寔	
			余谔	
		漳州	苏颀	
		兴化	陈拱	
			蔡俞	
		闽县	林太素	历相州节度推官并甲科
			陈晔	终宜兴主簿
			陈庄	终赞善大夫
			陈宗奭	终大理寺丞知惠安县
			陈清	蕲州司理惠州归善令
			林祥	终石城县并第四甲学究
大中祥符二年	1009	泉州	宋程	台州通判
			郭咸	
		邵武	上官升	
		建州	王希	
			徐陟	
			陈徇	
大中祥符四年	1011	兴化	陈正辞	
		泉州	刘适	
大中祥符五年	1012	闽县	刘晔	都官员外郎
			陈简能	潮建漳泉四州推官
			林咸德	屯田郎中
			刘若冲	秘书丞
			林太微	殿中丞
		泉州	陈统	
			曾愈	

续表

年份	公元	地名	人名	备 注
大中祥符五年	1012	邵武	上官师旦	
		建州	徐奭	两浙路转运使 翰林学士 权知开封府
			曹修睦	
			章徙	
			王并	
			陈商	
			章佹	
			张演	
			刘济	童子科
		兴化	方偕	
			李昂	
			李冕	
			陈端	
		南剑州	江虚舟	
			廖淮	
大中祥符八年	1015	福清	林高	屯田员外郎
		候官	王甲	
		建州	王述	
			柳寔	
			黄珪	
			黄鉴	苏州通判
			章大蒙	
			章俢	
			张泌	刑部尚书
			刘夔	吏部侍郎
		泉州	吴均	
			曾公度	
			林贞干	改名林升
			陈从直	
			黄虚舟	
			谢微	
			黄肇	
			钱贞吉	

续表

年份	公元	地名	人名	备注
大中祥符八年	1015	兴化	林徽	
			陈深	
		南剑州	宗若谷	
			鲍光	
		闽县	童颖	
		连江	黄鳌	六岁应童子举赐出身
大中祥符九年	1016	福清	蔡伯俙	四岁应童子举，赐出身除东宫伴读历司门郎中
天禧元年	1017	建州	杨伟	
天禧三年	1019	闽县	鲍稷	
			沈兆	
		福州	蔡龟从	
		建州	柳三复	
			徐的	荆湖南路安抚使
			黄援	
			张式	
			程适	
			童成功	
			詹鸾	
		泉州	陈木	
			苏绅	翰林侍读学士
			崔正则	
			杨湘	
			萧沆	
			谢启	
			陈渐	
			许朝宗	
			曾充	
		南剑州	廖淳	
			罗觉	
		候官	王平	侍御史
			陈象	

续表

年份	公元	地名	人名	备 注
天圣二年	1024	候官	陆广	朝奉郎司封员外郎
		永福	张沃	饶州都曹
		闽县	许忱	
		建州	王初	
			任凯	
			宋咸	
			黄可	
			黄孝先	博州通判
			黄帖	
			黄昱	
			黄凝	
			黄铸	
			詹保辅	
		泉州	吕造	
			柯庆文	
			洪俨	
			陈嘉谟	
			崔丽则	
			张汧	
			曾公亮	同中书门下平章事
			谢伯初	
			谢伯景	
			苏璹	
			蔡昌宗	
			苏仲昌	
		福清	翁损	
		兴化	林瑀	
			廖钧	
			郑充	
		南剑州	李干	
			廖处平	
		连江	林卫	

续表

年份	公元	地名	人名	备注
天圣四年	1026	建州	杨纮	
天圣五年	1027	闽县	李平	都官员外郎
			黄贲	库部郎中
		漳州	余晔	
			苏逢	
		南剑州	李参	
		建州	阮逸	
			黄补知	
			黄晋	
			黄稷	
			章维	
			章岷	
			杨仪	
			魏巽	
			吴方	
			吴京	
			吴育	
		兴化	林伟	
			王献可	
			陈用知	
			陈铸	
			蔡衮	（与泉州蔡衮同名）
			刘师古	
			宋堂	
		泉州	林杞	
			洪仪	
			陈顺孙	
			张惟德	
			曾公奭	
			赵箴	
			蔡衮	
			杨克昌	
			陈日宣	

续表

年份	公元	地名	人名	备注
天圣五年	1027	泉州	陈舜俞	
			陈积中	
			盛奇	
			许贽	
			蔡黄中	
			刘半千	
			柯湜	
		长乐	周辅	都官员外郎知华州
			池泽民	
		候官	江阶	虞部员外郎
天圣八年	1030	闽县	刘奕	屯田员外郎通判润州
			韩丙	秘书省校书郎梧州推官
			刘异	屯田员外郎
			李述	秘书丞知韶州
		兴化	方任	
			方峻	
			陈动之	秘书丞
			陈说之	
			游振	
			蔡襄	
			郑子庄	
			陈溥	
		建州	丘荷	
			吴诚	
			翁纪	
			翁纯	
			黄孝恭	大理寺丞
			黄展	
			章岘	
			章资	
			张鉴	
			童志贤	
			杨仲元	

续表

年份	公元	地名	人名	备注
天圣八年	1030	建州	杨翊	
			柳垂象	
			吴师服	
		泉州	宋宜	
			蓝圭	
			蓝丞	
			谢伯强	
			郑方	
		邵武	黄垍	
			龚会元	
		南剑州	吴辅	
景祐元年	1034	长乐	林嗣复	太常博士
		福州	林孟	
		建州	王俞	
			柳三接	
			柳永	
			连舜元	
			吴秘	
			吴评	
			陈良	
			陈升之	
			黄孝立	
			章君陈	
			章俞	
			章造	
			张洞	
			张容	
			张谟	
			彭钲	
			吴育	
			李格	
		兴化	王洞	
			方倪	

续表

年份	公元	地名	人名	备注
景祐元年	1034	兴化	方龟年	
			李昭扬	
			徐冶	
			陈可	
			陈利和	
			陈良	
			陈昭素	
			张平叔	
			叶傅	
			贾价	
			蔡高	
			蔡准	
			郑伯玉	
			郑邻	
			方正中	
			刘拯	
			徐交	
			黄侨	
			叶芳	
			方峤	
		泉州	王果	
			宋穆	
			柯颖	
			林植	
			林祯	
			陈成务	
			陈侁	
			黄炳	
			黄豫	
			许当	
			杨晕	
			储卿才	
			苏玠	

续表

年份	公元	地名	人名	备注
景祐元年	1034	泉州	蔡巽	
			郑慈	
			王昊	
			王祐	
			石选	
			黄伟	
			戴昌符	
			苏绅	
			吕璹	光禄卿
		南剑州	吴煦	
			张拟	
		福清	林概	太常博士 集贤校理
			翁 操	
			翁 鉴	
		闽县	林憸	太常少卿
			卓佑之	秀州判官
			陈浩	朝散大夫知连州通判
			郑同文	
宝元元年	1038	长乐	林肇	屯田郎中
			潘仁杲	
		福清	翁彦升	职方郎中知归州
		侯官	郑洙	
		闽县	湛俞	以屯田郎中为本路转运判官
			陈序	承忠郎
			李惟肖	知秀州户曹
		莆田	丁彦先	
			方蓁	
			李昭用	
			林让	
			吴世延	
			洪牧	
			黄琦	
			杨伯华	

续表

年份	公元	地名	人名	备注
宝元元年	1038	兴化	陈安国	
			薛利和	
			留万	
		邵武	危序	
			萧汝翼	
		建安	阮适	
			阮邈	
			章岵	
			章佺	
			张为宜	
			杨纬	
		瓯宁	陈鼎	
			黄升	
			黄师古	
			魏宏	
		崇安	游奎	
		浦城	吴充	
			张诜	
		泉州	李惟几	
			张翃	
			陈宗元	
			崔黄臣	
			杨洙	
			谢伯初	
			苏纮	
			苏缄	
			王公佐	
			石震	
			陈嘉猷	
			陈德荀	
		南剑州	李繨	
			余浼	
			宋琪	

续表

年份	公元	地名	人名	备注
宝元元年	1038	南剑州	宗琪	
			宗璋	
		龙溪	苏迪	
			林曼	
		永泰	朱鼎臣	大理丞
庆历二年	1042	连江	李处厚	屯田员外郎终朝奉郎提举淮南等六路茶税
		候官	陈襄	枢密直学士
			陆廙	
		闽县	萧汝霖	
			苏畋	朝官员外郎
			林温	
			王纶	都官员外郎
			刘升	
		邵武	上官凝	
			李诰	
			黄汝奇	
			虞肇	
		泉州	王友直	
			石仲甫	
			吕夏卿	
			吕乔卿	
			李颇	
		兴化	邱子云	
			吴秉	
			吴乘	
			郭琪	
			宋渝	
			许章	知建州
			许程	
			许积	
			郑之尤	
			郑伯英	
			林策	

续表

年份	公元	地名	人名	备注
庆历二年	1042	兴化	陈衍	
			陈鉴臣	
			郑茜	
		晋江	丘升	
			周万	
			侯世仪	
			陈械	
			陈补	
			陈锐	
			许端	
			童孝扬	
			曾公定	
			杨拯	
			蔡若水	知建康军
			蔡奕	
			郑广	
			郑谔	
			李晟	
			陈万	
			郑兼济	
		建州	丘与龄	
			阮陶	
			阮遵	
			吴简	
			何辟非	
			林术	
			徐九思	
			陈立	
			陈洙	
			黄握	
			杨缅	
			谢策	

续表

年份	公元	地名	人名	备 注
庆历二年	1042	南剑州	李纬	
			郑先	
庆历六年	1046	福清	黄子春	朝散郎
		候官	江震	通判通州朝请郎
		怀安	刘俌	朝请大夫
			刘易简	著作郎
		闽县	林琪	终朝奉郎
			刘彝	知桂州
			陈预	
			林世矩	楚州教授
			王茂先	
			林国华	
			黄贽	
		福州	陈奇	
			陈规	
		邵武	上官拯	
			高照	
		建安	吕百能	
			吴绛	
			柳况	
			夏噩	
			翁肃	历知五州
			陈倩	
			黄子华	
			张谊	
			叶悃	
			魏式	
		浦城	章祈	
		瓯宁	吴见推	
			章京	
			张安雅	
			张达权	
			叶北	

续表

年份	公元	地名	人名	备注
庆历六年	1046	瓯宁	叶敦	
			邹何	
			刘泌	
			杨焕	
			魏轲	
		泉州	王仪	
			王赟	
			石绛	
			吕元	
			林允中	
			林济和	
			陈谘	
			许齐	
			曾轸	
			杨注	
			杨绶	
			蔡若拙	
			卢承	
			苏勉	
			苏衮	
			谢子房	
		兴化	方士宁	
			丘舜元	
			余象	
			林汝平	
			林英	
			林谘	
			陈淳	一作皇祐元年
			陈琪	
			陈照	
			陈藻	
			黄从正	
			许颖	

续表

年份	公元	地名	人名	备 注
庆历六年	1046	兴化	许懋	知福州
			郑伯喈	
			刘孝基	
			陈辑	
		南剑州	李绎	
			范迪简	
			林积	淮南转运使
			张俣	
			叶斐恭	知严州
			杨师颜	
			廖山甫	
		龙溪	林修	
			陈箴	
		永福	张泽	朝奉郎，知长泰县
皇祐元年	1049	长乐	李川	吏部员外郎
			林䍐	广州司理
			高选	
			潘季简	
		福清	李敷	奉议郎
			刘处约	通直郎殿中丞
			王硕	
			王励	
		邵武	吴公达	
			游烈	知兴化军
		古田	魏昂	朝请郎大理评事
		莆田	王公辅	
			方遵度	
			方简宸	
			李昭文	
			林俛	
			徐谔	
			陈启基	
			黄允	

续表

年份	公元	地名	人名	备 注
皇祐元年	1049	莆田	黄长裕	
			欧阳愿	
		兴化	方次彭	知梅州
		仙游	丘子谅	
			吴演	
			陈公言	
			陈惇	
			陈闸	知莱州
			蔡丘	
			郑升	
		建安	连希元	
			陈郛	
			陈与京	
			陈潜	
			陈瀚	
			黄默	
			黄严	
			张伯玉	知太平府
			杨仲孺	
			游景先	
			刘洵	
		建州	陈冽	
		崇安	王鬲	
			柳允	
		瓯宁	吴申	知舒州
			施彬	
			徐昂	
			徐洪	
			张详	
			杨景修	
			詹常	
		晋江	石仲攸	
			林获	

续表

年份	公元	地名	人名	备注
皇祐元年	1049	晋江	陈昌侯	
			曾绠	
			杨允中	
			杨绾	
			谢中规	
		同安	石庚	京东路转运使
			石遵	
			苏结	
		剑浦	胡试职	
			杨介石	
		沙县	曹宝臣	
			张公庠	
		将乐	廖子孟	
		龙溪	陈皓	
			曾华旦	
			萧汉臣	
		汀州	雷宣	
		候官	刘靖	迪功郎
		连江	谢宋臣	归安主簿
			赵谷	承事郎试大理评事知浦城县
		闽清	黄稹	知循惠潮汀漳五州终朝请大夫
			萧开	承议郎
		闽县	萧杰	
			陈中庸	
			孙奕	福建路转运使
			林谊	汉川令
			丁士衡	广州掾
			刘延之	
			林卞	知山阳县
			吴元瑜	
		永福	柯伯华	

续表

年份	公元	地名	人名	备注
皇祐五年	1053	长乐	潘整	迪功郎
		福清	许原	承事郎知政和县
		候官	陈君章	朝议大夫
			黄嘉会	朝奉郎
			曾伉	左司员外郎
			郑穆	
		连江	林彭年	儒林郎，真州郎曹
		闽县	林揄	知山阴县
			湛庸	惠州司理
			吴君瑜	兴化尉
			吴周卿	大理评事知黄梅县
			许叔达	
		永福	张肩孟	朝散郎，通判歙州
		南剑州	王知微	
			罗仲元	
		泉州	钱效	
			刘敏	
		晋江	李若讷	
			李泾	
			李湜	
			郭纲	
			陈汝义	知应天府
			陈说	
			萧伯仪	
			陈德昭	
		莆田	方子容	知惠州
			方孝锡	
			方齐卿	
			吴评	
			陈奎	
			黄俞	
			郑介卿	知濠州
			郑希韩	知道州

续表

年份	公元	地名	人名	备注
皇祐五年	1053	莆田	郑叔明	
			郑季膺	
			方慎交	
			游慥	
			蔡禹谟	
		仙游	李昂	
			蔡顼	
			郑尹	
			丘从	
			郭尹	
		建州	叶康直	
			黄中庸	
		瓯宁	丘同	
			周可封	
			陈绚	
			张聘贤	
			游奎	
		崇安	柳淇	太常博士
			翁万	
			翁缜	
			彭仲熊	
		建安	徐伯琥	
			郭友贤	
			陈传	
			章辟强	
			章颖	
			张傅	
			叶式	
			虞举元	
		浦城	黄莘	知汝州
		汀州	伍择之	
			吴庚	
		龙溪	林载周	

续表

年份	公元	地名	人名	备注
皇祐五年	1053	邵武	上官汲	
			吴处厚	
			黄仪	
			叶祖谊	
			危雍	
嘉祐二年	1057	长乐	林密	知潮州
			林密	知潮州
			林开	秘书省校书郎
		福清	林旦	监察御史,终朝议郎直祕阁河东运使
			林希	同知枢密院事终资政殿学士金紫光禄大夫,谥文节
		古田	陈格	秘书丞
		候官	陆长倩	朝散大夫
			曾默	太子中允为本路运使
			陆衍	朝请郎通判郓州
			王向	峡石主簿
			王回	忠武军节度推官知南顿县
			陆宪元	知祥符县
		闽县	张宗闵	从政郎建阳令
			李皇臣	朝议大夫知婺州
			黄彦	
			许齐	
		福州	陈奕	
			张应	
		南剑州	吴潜	
			陈皋谟	
		邵武	上官基	
			上官垲	
			孙迪	
			黄通	
		晋江	吕惠卿	参知政事
			陈思	
			陈辟	

续表

年份	公元	地名	人名	备注
嘉祐二年	1057	晋江	张纪	
			辜肃	
			杨汲	
			蔡洵	
			苏随	
		南安	柯世程	
		莆田	林子春	
			林伸	
			林冕	
			林辅德	
			陈若宾	
			陈侗	
			顾寀	
			王世卿	
			方洞	
			宋并	
			俞则之	
		仙游	郑少连	
		惠安	陈沼	
			黄庠奕	
			崔宋臣	
			谢履	
		浦城	章衡	状元
			丘高	
			杨昭述	
			詹枢	
		崇安	翁仲通	
		建安	李弼	
			徐昉	
			陈沂	
			陈戬	
			陈让贤	
			范觊	

续表

年份	公元	地名	人名	备注
嘉祐二年	1057	建安	黄先	
			黄任	
			黄洙	
			彭次云	
			杨长聘	
			刘泾	
			魏洙	
		建阳	陈郛	
		龙溪	李中孚	

江西

附表2 据《江西通志》等整理汇录并校订

年份	公元	地名	人名	备注
建隆三年	962	湖口	马适	翰林
		饶州	章诚	
开宝五年	972	永新	何画	凤翔牧
		吉州	刘鹗	
太平兴国二年	977	洪州	陈恕	参知政事尚书左丞
		筠州	丁絪	
太平兴国五年	980	宜黄	乐史	特赐第一人,雍熙二年赐进士及第,榜附太平兴国五年一甲进士下
太平兴国八年	983	奉新	涂倈	
		筠州	胡平	
		南丰	曾致尧	户部郎中
		宜黄	李简尧	
			李简能	
雍熙二年	985	鄱阳	窦随	
			窦端	
			谢思恭	
		临川	吴表征	
		庐陵	彭度	
		新淦	孙冕	知苏州
		新喻	萧方	
		袁州	易少仪	
		南城	陈彭年	兵部侍郎
		安福	康珣	
		宣州	凌策	工部侍郎
		饶州	章端	
		婺源	张延干	
端拱二年	989	奉新	胡克顺	秘书丞
			胡用之	

续表

年份	公元	地名	人名	备注
端拱二年	989	分宁	姜屿	
		分宁	陈灌	谏议大夫
		德安	刘日章	工部侍郎
		临川	李太冲	
		临川	熊同文	
		宣州	赵稹	原籍单州。枢密副使
		宣州	杨国华	
		宣州	梅询	知许州
		庐陵	彭应求	
		庐陵	刘顾	
		萍乡	许载	员外郎
		宜黄	胥正伦	大理卿
		宜黄	胥正平	
		永新	段鹄	大理丞
		洪州	莫铉	
		洪州	魏清	
		袁州	姚道古	
淳化三年	992	筠州	闻见昌	
		江州	陈延赏	
		江州	郑天益	
		湖口	李景和	
		吉水	曾干度	
		庐陵	欧阳载	
		庐陵	曾硕	
		永新	颜严	
		新喻	王钦若	同中枢门下平章事
		袁州	李仪	
		袁州	胡从义	员外郎
		袁州	胡咸秩	知汀州建州
		袁州	戴国贞	
		袁州	刘说	
		金溪	吴敏	都官员外郎

续表

年份	公元	地名	人名	备注
淳化三年	992	南城	危拱辰	光禄卿
		南丰	曾士尧	
			曾铠	太常少卿
		洪州	莫旭	
			莫升	
			徐赏	
		虔州	黎仲吉	
		宜黄	乐黄中	
			乐黄目	谏议大夫
			乐黄裳	太常博士
咸平元年	998	宜黄	乐黄庭	太常博士
		泰和	张景休	南阳判
		吉水	解希文	
		乐平	黄端	安福招讨使
		南丰	曾易直	
		南康	刘元亨	德平簿
咸平三年	1000	安仁	董温其	殿中侍御史
		德化	郑文哲	
		奉新	胡用庄	通判江州
			戴益	
			涂及	
		赣县	刘光厚	
		湖口	刘澄	蕲州尉
		会昌	赖克绍	
		吉水	朱毅	
		建昌	洪待用	
		临川	蔡为善	
			王贯之	尚书主客郎
		南城	元守文	知州
		南丰	曾易从	
			邓希颜	大理司直兼侍御史
		宁都	余仲吉	
		萍乡	何朝宗	

续表

年份	公元	地名	人名	备注
咸平三年	1000	饶州	张可正	
			张可敬	
			黄梦松	户部侍郎
			沈士廉	
		清江	张曄	
		筠州	郑覃	
		泰和	刘济川	
		新淦	潘舜卿	
			马宪	
		新喻	刘立本	
		星子	张季	郎中
		吉州	欧阳晔	
			欧阳颍	
			欧阳观	泰州判官
			曾颜	
			曾颙	
			曾容	
			傅应中	
			刘京	户部侍郎
		洪州	魏庄	
		宁都	周熏	驾部郎中
咸平四年	1001	南康	重轲	童子科
		抚州	陈炫	童子科
咸平五年	1002	信州	桂轲	殿中丞
		抚州	吴有邻	
景德二年	1005	奉新	刘拱	兵部尚书
			胡用时	潮州尹
			胡顺之	屯部员外郎
			胡用礼	道州刺史
		浮梁	金鼎臣	掌昭信节度书记
		德安	刘希元	
			陈度	太子中书

续表

年份	公元	地名	人名	备 注
景德二年	1005	湖口	周玙	
		宜黄	胥济	
		泰和	尹绛	衡州通判
		永新	郭巽	
		新喻	李咨	枢密院事
			李宗源	
		新淦	饶利用	
		临川	晏殊	同中书门下平章事
		南城	江白	职方员外郎
			陈正	
			周瑾	
景德四年	1007	江州	夏竦	枢密使
大中祥符元年	1008	德安	刘希孟	
			徐灏	
			刘维翰	
		吉水	彭齐	太常博士
			毛应佺	太平通判
			解文让	
		临川	饶奭	
		南昌	袁抗	少府监
		南城	黄晓	职方员外郎
			徐仲儒	
		石城	许褒	
		新喻	刘立之	益州路转运使
		袁州	易纶	
			李衢	屯田员外郎
大中祥符四年	1011	吉州	黄敖	应童子科
		抚州	晏颖	
大中祥符五年	1012	饶州	徐实托	
大中祥符八年	1015	分宁	黄茂宗	节度判官
			莫踦	
		奉新	涂会	

续表

年份	公元	地名	人名	备注
大中祥符八年	1015	吉水	杨丕	工部员外
		建昌	黄凤岐	大理寺丞
		饶州	章世白	
		临川	王倚	
			蔡宗晏	知南剑州
			王真卿	
			王益	
		庐陵	王居白	
		虔州	孙长孺	知浔州
			黄中	
		南城	饶光辅	
			熊博	
		彭泽	黄鈇	枢密使
		铅山	李淇	
		新喻	萧贯	兵部员外郎
			萧贡	
			萧贺	
		星子	陈巽	太子宾客
		永丰	刘汝楫	
			董淳	
		永新	郭震	
		袁州	易随	
天禧三年	1019	筠州	魏京	
			蔡用之	
		洪州	胡用舟	
		德安	郑谯	
			王务本	
		余干	章世宣	
		泰和	王赘	户部侍郎
		吉水	萧定基	兵部侍郎
		新淦	何禹	
		新喻	曾万	
			刘立德	

续表

年份	公元	地名	人名	备注
天禧三年	1019	新喻	刘立言	
		饶州	李钦	
		袁州	易著明	左班殿直
		南城	危佑	太常博士
		南丰	曾舜举	
天圣二年	1024	分宁	王固	
			余贯	知宣州
		临川	余白	
		鄱阳	吴伸	兵部尚书
		安仁	周珣	兵部尚书
		金溪	吴芮	
		南丰	曾易占	知玉山县
			夏易曾	
		泰和	郭仲堪	
			周中复	
		吉水	毛洵	太平通判
		新喻	刘立礼	
			杨申	光禄卿
		袁州	夏侯锡	屯田郎中
		赣县	刘钧	洪州司理
		南城	蔡充	司封员外郎
		南丰	曾睪	
天圣五年	1027	安仁	汤夏	
			黄策	
		分宁	南宫诚	
		临川	李高	
			饶鼎	
		庐陵	彭思永	户部侍郎
			欧阳寅	
		南昌	胡宾于	
		南城	陈肃	丰城令
			黄知良	邕州判官
		南丰	瞿元亨	

续表

年份	公元	地名	人名	备注
天圣五年	1027	鄱阳	沈璋	
			吴仅	
			胡光	工部侍郎
			王宿	
		清江	廖访	
			张经	
			聂言	
		泰和	张谭	
		武宁	叶顾言	朝奉大夫
			萧本	太常博士
			余规	
		新喻	吴极	
			萧固	刑部郎中
			萧贽	屯田郎中
			萧泳	
		永丰	王炳文	
		永新	龙舜举	
			左颜	
天圣八年	1030	安仁	周铨	通判
		分宁	黄注	邓州南阳簿
		浮梁	金汝臣	太常博士
			臧几道	陈留尉
		高安	刘涣	颍上令
		吉水	解希孟	
		龙泉	蒋贲	盐铁判官
		庐陵	欧阳修	
			欧阳千曜	
		南城	瞿珣	
			陈谏	员外郎
		虔州	曾奉先	
		新淦	谢堪	
		宜黄	乐滋	
		临川	晋沆	

续表

年份	公元	地名	人名	备 注
天圣八年	1030	德安	夏安期	
		永新	刘沆	
			段惟亿	
景祐元年	1034	南昌	吴温	
		新余	欧阳宾	
		南城	元陈	
			叶良	
		奉新	胡真卿	
			胡况	都水少监
			闵汾	
		分宁	黄庠	
			黄渭	
		筠州	吴太元	都官员外郎
			李绛	
		乐平	马遵	御史
		浮梁	李覃	员外
			臧论道	郎中
		德安	杨易简	
			徐赟	
			郑诒	
			许待问	
		湖口	萧琛	御史
		宜黄	吴彦先	
			胥正臣	
			胥伸	
			乐宾国	
		泰和	刘存	
			郭之美	
			郭铨	集贤殿学士
		吉水	毛偕	
			曾奉先	
		永丰	董师德	
			董洙	

续表

年份	公元	地名	人名	备注
景祐元年	1034	永丰	董师道	
			董仪	
			董汀	
		龙泉	罗觉	知定州
		新淦	何若谷	
		新淦	朱景旸	职方郎中
			李奇	职方员外郎
宝元元年	1038	丰城	李秉	宿州刺史
			过昱	都官郎中
		分宁	黄淳	
		筠州	蔡仲舒	太子中允
		德兴	舒源	
		余干	徐绍	
			姚一鹗	
			姚宜先	
		浮梁	臧永锡	秘书监丞
		贵溪	桂叔宪	
		弋阳	沈邈	刑部郎中
		贵溪	许几	
		临川	吴蒙	
		庐陵	刘偿	
		永新	阮宗道	
		信丰	叶松	
		永丰	艾君瑜	
		南城	李冠卿	县尉
			过昱	
		南丰	刘煅	员外郎
庆历二年	1042	新建	夏旻	
		分宁	徐民先	
			莫景	
			黄庶	
			南宫觌	
		武宁	叶敷文	

续表

年份	公元	地名	人名	备 注
庆历二年	1042	丰城	何延世	知潮州
			李冕	舒州司理
		鄱阳	黄巽	郎中
			刘宇	秘书丞
		余干	章縠	
		浮梁	王仲舒	太子中允
			金君卿	太常博士
		德兴	董渊	太常少卿
			张彦方	朝散大夫
		安仁	易定基	安乡县尉
		建昌	洪亶	
		德安	刘嘉正	
		铅山	虞太宁	御史
		临川	王安石	同中书门下平章事,荆国公
			张杰	
			江任	
			刘臻	
		宜黄	胥世澄	
		泰和	严震	常州推官
		吉水	萧汝励	
			罗日宣	
		永丰	董俊	
			曾朝阳	知忠州
			萧宗古	
			邹勋	
		龙泉	郭师愈	
		永新	段惟修	
		清江	萧询	
		乐平	陈峤	
		新淦	陆起	
			孔延之	司封郎中
		新喻	刘敩	
		抚州	李阳孙	殿中丞

续表

年份	公元	地名	人名	备注
庆历二年	1042	袁州	李观	知太平府
		虔州	李希甫	
		南城	胡舜元	
			马仲甫	
			何潜	工部侍郎
			廖夷清	
			胡穆之	
			许维则	
庆历六年	1046	德安	石茂祥	
			梅玠	
		德兴	董庄	
			祝唐	
			祝虞	
			祝谏	
			祝许	
		都昌	邵庆	知处州
		分宁	余高	归州司户
		丰城	李襄	
		赣县	曾公尹	
			刘炳	
		湖口	周程万	
		吉水	萧汝谐	官至台谏
		建昌	李师纯	
			吴铸	
		临川	裴煜	知润州、扬州
			蔡元振	
			蔡宗贺	
			王沆	
		庐陵	项卫	
			段叔献	
			欧阳千度	
			刘庚	

续表

年份	公元	地名	人名	备注
庆历六年	1046	南昌	袁陟	殿中丞
			彭度	
			彭应	
		南城	傅天翼	
			刘扶庆	大理寺丞
			傅容	
		南丰	曾叔卿	著作郎
			蔡冠卿	知饶州
		鄱阳	熊弁	
			熊本	龙图阁待制
			张奕	
			李唐辅	
			徐纬	
		铅山	虞太微	翰林学士
		清江	萧伯英	
			阮赛	
			欧阳宗越	
			胡昱	
		新喻	刘敞	
			刘攽	
			萧注	知桂州
		宜黄	侯叔献	河北水陆转运使
		永丰	曾匪	
			李鉴	
			董倚	
			黄文辉	
			邹德盈	
		袁州	李拱	
			李稷	
			李士燮	职方员外郎
			袁迩臣	
			李矩	

续表

年份	公元	地名	人名	备注
庆历六年	1046	星子	宋福三	
			查元修	
		泰和	胡衍	知梧州
皇祐元年	1049	南昌	游赘	
			陈胧	
			陈世昌	
		新建	夏昱	京兆府法曹参军
		分宁	余从周	吏部侍郎
			黄雍（雍）	
		筠州	刘嵩	太子中允
		高安	刘恕	秘书丞
		星子	查文规	太子洗马
		建昌	李宗晏	
			李常	御史中丞
			周良卿	
			葛文通	
		临川	王安仁	
			朱价	
			王衮	
			晏崇让	
			江巨源	
		宜黄	戴经臣	
		庐陵	王建中	福建路转运使
			李洵	
		泰和	王亿	知酸枣县
			萧良肱	
			谭繇	
		吉水	杨淳师	
			刘良肱	
			毛君卿	童子恩科
		永丰	董唐臣	
			董偁	
			董伋	

续表

年份	公元	地名	人名	备 注
皇祐元年	1049	永丰	董偕	
		铅山	虞太熙	
		龙泉	蒋概	知大名府
		清江	胡向	袁州司理
			廖鼎臣	
			胡舜举	知南剑州
		新淦	何洎	
			宋球	
			陈公琰	知醴陵县
		赣县	刘景	
		大庾	张醇	
		南城	许抗	福建转运使
			李山甫	枢密院副使
			曾谊	知处州
			邓润甫	端明殿学士
		玉山	叶虞仲	
皇祐五年	1053	崇仁	吴山甫	
		德安	郑谭	
			郑杨庭	
		德兴	万师诏	御史
			汪谷	
			董休	利州判官
		都昌	皇镇	衡州知府
			詹珍	
		分宁	王纯中	知铭州
			黄浚	司理参军
			黄序	道州通判
		赣县	桂珣	
		虔州	孙立节	
		洪州	莫磐	
		贵溪	桂公述	
			桂询	
			桂颖	

253

续表

年份	公元	地名	人名	备注
皇祐五年	1053	湖口	黄西陂	
		吉水	严颢	知河源令
			刘言武	
		建昌	许昌龄	
		乐平	程博文	
			金材	都官郎中
			王复古	吏部郎中
			马康民	
		临川	饶珙	
			晏升卿	
			饶琦	
		庐陵	江注	
			曾公范	
		南昌	叶公望	
		南城	单咨	
			邓陟	
			于伯达	
			陈次山	
			陈陟	
			陆坦	
			王尚贤	
		南丰	曾易则	
			曾炳	
			刘湜	校书郎
		宁都	郑獬	状元翰林学士（祖父商籍安陆）
			孙立节	桂州节度判官
		鄱阳	李仲堪	
			刘定	知江宁府
		信丰	曾矩	
		清江	李方	
			吴颖	
			萧澄卿	

续表

年份	公元	地名	人名	备注
皇祐五年	1053	新淦	邓舜咨	
		新喻	刘孜	
		信丰	黄克荷	
			叶材	
		宜黄	徐复	
		永新	吴瑾	徐州通判
			刘瑾	
		袁州	张拱之	
		泰和	胡叔源	
嘉祐二年	1057	安仁	黄翊	
			陈晞	
		德安	王韶	观文殿学士
		德化	周牧	
		德兴	汪浃	吏部郎中
		分宁	黄孝宽	
			黄湜	
			黄灏	
		浮梁	程筠	户部郎中
		吉水	胡辟	
			萧汝器	
		建昌	洪规	
			李宗复	
		乐平	程中立	
			马修辅	通山尉
		临川	蔡承禧	
			王正辞	
			潘洙	
			蔡元导	推官
			邓考甫	提点开封府
		龙泉	萧世京	吏部员外
		庐陵	张恪	
		南昌	王华	

续表

年份	公元	地名	人名	备注
嘉祐二年	1057	南城	吴干	
			王无咎	
		南丰	曾巩	中书舍人
			曾布	尚书右仆射兼中书侍郎
			曾牟	
			曾阜	
		鄱阳	熊皋	
		清江	李鹗	
			傅爕	少府少监
			李中	
		泰和	郭元通	
		兴国	李浑	秘书省校书郎
		永新	张君卿	

浙江

附表3 据《浙江通志》《会稽志》《宝庆四明志》等整理汇录并校订

年份	公元	地名	人名	备注
干德三年	965	东阳	黄澜	
太平兴国二年	977	缙云	陈宗道	
太平兴国八年	983	萧山	冯锴	
雍熙二年	985	衢州	徐泌	起居舍人
端拱元年	988	开化	程宿	状元
		杭州	卢稹	
端拱二年	989	杭州	杨大雅	集贤学士
		余杭	盛度	参知政事
		嘉兴	谢炎	主簿
		明州	杨说	
		明州	王慈	
		永康	胡则	兵部侍郎
淳化三年	992	富阳	谢涛	太子宾客，两浙转运使
		杭州	杨蜕	
		杭州	钱昆	秘书监
		明州	李泳	
		衢州	赵湘	原籍邓州
		开化	徐寅亮	一作咸平二年
咸平元年	998	钱塘	唐肃	龙图阁待制
		钱塘	盛京	工部侍郎
		杭州	凌震	翰林学士
咸平二年	999	杭州	钱易	翰林学士
		越州	陈捷	
		东阳	黄汕	
		开化	徐寅亮	殿中侍御史
		开化	江钧	太常少卿
咸平三年	1000	钱塘	沈同	
		乌程	叶参	光禄卿

续表

年份	公元	地名	人名	备注
嘉祐二年	1057	黄岩	杜垂象	职方郎中
			陈甲	
		杭州	元守文	
		建德	王冕	
		淳安	黄务本	
			邵焕	员外郎
咸平四年	1001	湖州	丁逊	贤良方正制科
咸平五年	1002	明州	许铉	
景德二年	1005	余杭	元奉宗	屯田员外郎
		杭州	鲍当	
		淳安	吴涟	
		临安	郎简	尚书工部侍郎
		长兴	周畋	
		慈溪	卢慎微	
		奉化	张合	
		建德	葛昂	
			孙敏	
		睦州	徐舜俞	
大中祥符元年	1008	山阴	杜衍	同平章事兼枢密使
		（两浙路）	鲁有伦	
		杭州	宁直	
大中祥符二年	1009	临安	姚拱	太子右赞善
		缙云	詹骙	翰林学士
			施奭	
			吴禹	
大中祥符四年	1011	苏州	富严	刑部郎中 秘书监
大中祥符五年	1012	钱塘	关鲁	
		嘉兴	闻人偘	
		鄞	葛源	
		奉化	王周	知明州
		山阴	傅营	
			陆鬈	

续表

年份	公元	地名	人名	备注
大中祥符五年	1012	衢州	汪随	知兴化军
		开化	江镐	知处州
		建德	许埋	
		丽水	徐陟	
大中祥符七年	1014	钱塘	林宥	
		永康	胡楷	
大中祥符八年	1015	钱塘	沈周	
		富阳	谢绛	知制诰
		德清	沈严	
		鄞	沈偕	
			许恽	
		会稽	齐廓	秘书监
		萧山	王丝	兵部员外郎
		衢州	冯天锡	
			詹中正	
			祝程	
		桐庐	余华	翰林检校
天禧二年	1017	钱塘	钱暧	
天禧三年	1019	嘉兴	闻人建	工部尚书
			吕谔	
		德清	卢革	光禄卿
		睦州	王言	
		山阴	傅莹	
		会稽	孙沔	枢密副使
		新昌	石待旦	稽山书院山长
			胡仲元	著作郎
		衢州	蒋炳	
			王言	
		开化	江稹	
		建德	许浞	
		寿昌	郑大荣	

续表

年份	公元	地名	人名	备注
天圣二年	1024	临海	王珏	屯田郎中
		嘉兴	吕询	给事中
		鄞	沈兼	
			李奕	
		萧山	卜伸	
		临海	王琥	都官郎中
		黄岩	刘浩	太常少卿
		西安	陈审言	
		寿昌	王稷	
		永嘉	朱士廉	明州司理
		龙泉	周文象	
		庆元	吴谷	大理评事
天圣五年	1027	鄞	虞协	
			李弈	
		嵊	史纶	屯田员外郎
		新昌	石待举	通判保州
		武义	张肃	祠部郎中
		常山	汪杰兴	
		江山	祝应言	节度使
			祝夔	
		开化	江越	
			江起	
		建德	葛冈	
		淳安	邵炳	秘书郎
		永嘉	鲍轲	御史
		龙泉	鲍大易	
天圣八年	1030	钱塘	元绛	参知政事太子少保
			唐询	
		长兴	朱武	都官员外郎
		鄞	朱公绰	
			施渥	
		会稽	齐唐	职方员外郎

续表

年份	公元	地名	人名	备注
天圣八年	1030	湖州	张先	
		开化	江镒	
		淳安	项宣	
		桐庐	方楷	
景祐元年	1034	余杭	陆诜	知成都
		嘉兴	吕评	
		归安	刘述	侍御史
		长兴	王赓	
		安吉	吴可几	
		鄞	许敏	
			苗振	
			沈言	
		奉化	刘孝先	
		萧山	沈衡	郎中
		嵊	史叔轲	刑部侍郎
		西安	汪溥	
			赵抃	参知政事
			刘牧	屯田员外郎
			马日宣	
			卢成范	
		新昌	石元之	
			石亚之	
			石待致	推官
		常山	汪文兴	
		开化	江楫	
		桐庐	皇甫辽	
		寿昌	郑通	监丞
		义乌	杨澄	
		永嘉	朱士衡	著作佐郎
		龙泉	吴戬	
			叶仲舒	
			鲍安上	
		庆元	吴毅	知濠州

续表

年份	公元	地名	人名	备注
宝元元年	1038	钱塘	钱彦远	知润州
		嘉兴	闻人安道	知南康军
		鄞	王昇	
			丁渐	
		山阴	褚珵	
		新昌	石秀之	
			石温之	
		会稽	沈绅	
		西安	蔡仲偃	
		江山	叶纾	太常博士
			毛维藩	员外郎
			周源	职方员外郎
			周旻	直秘书阁
		开化	江铸	鸿胪少卿
庆历二年	1042	钱塘	崔以	
			苏梦龄	
			任知诰	
			钱明逸	端明殿学士
		归安	俞可	
			臧纬	
			俞汝尚	青州佥判
			刘逄	一作刘达
		鄞	沈起	天章阁待制
			申屠会	
			周造	
		会稽	朱奎	
			徐纮	
		萧山	王泌	
		嵊	茹约	
		新昌	石牧之	知温州
			石衍之	仙居令
			石象之	太子中允
			袁毅	县丞

续表

年份	公元	地名	人名	备注
庆历二年	1042	金华	郑祥	知饶州
		永康	楼閟	闽县令
		浦江	于正封	
		西安	郑琰	
		江山	毛惟瞻	知筠州
		开化	江棣	太常博士
			程迪	都官郎中
		淳安	倪天秩	
		桐庐	方载	
		缙云	吕应辰	
		寿昌	吴仲举	朝散大夫
		永嘉	侯正臣	屯田郎中
庆历六年	1046	钱塘	吴默	
			叶昌龄	
			叶昌言	
			杨端	
			强至	祠部员外郎
			蔡说	知泰州
			朱炎	
			钱彦元	制科入四等，起居舍人
		富阳	谢景初	屯田郎中
		临安	杨蟠	知寿州
			臧元卿	
			张稚圭	
		于潜	马元辅	
		嘉兴	韩泂	
			陈舜俞	屯田员外郎
		归安	李軻	
		长兴	朱定	
		鄞	王该	
			俞翶	
		明州	李抚辰	
			周处厚	

续表

年份	公元	地名	人名	备注
庆历六年	1046	慈溪	冯准	
		象山	陈诜	
		山阴	梁佐	
		会稽	何玠	
			朱琮	
			陈惟湜	
		金华	应舜臣	太常少卿
		东阳	吴卿	御史中丞
		永康	楼定国	职方员外郎
		西安	徐迈	
			蔡元康	
			梁蕴	
		常山	吴琡	
			王介	
		江山	祝绅	秘书丞
			毛规	
		建德	倪天镇	
		寿昌	胡楚材	
		永嘉	周豫	司封郎中
			蒋宁	宣德郎
		睦州	王庭坚	
		缙云	詹迥	
皇祐元年	1049	钱塘	沈邈	右谏议大夫
			周范	
			关景茶	
			关杞	
			关希声	
		盐官	吴君平	
		富阳	谢景温	礼部侍郎
			孙式	
		临安	张思纯	
		于潜	张翱	
		萧山	王霁	

续表

年份	公元	地名	人名	备　注
皇祐元年	1049	嘉兴	沈中复	
			王照	
			钱长卿	
		归安	丁伯初	
			姚舜谐	
			丁�títulos	
			徐绛	
			周之彦	
		长兴	陈枢	知泉州
			徐宗吉	
		德清	卢秉	龙图阁学士
			沈伸	
		湖州	刘握	
		安吉	郎淑	
		鄞	王该	
			沈降	
			俞翱	
			李抚辰	
			杜谙	
			郭暨	
		余姚	胡穆	
		会稽	闵希声	
			余叔良	
			任秉	
		诸暨	朱方	
			冯滋	
		越州	杨度	
		新昌	王醇	
			石麟之	
		金华	陈确	职方员外郎
			楼观	通判漳州
			徐晋卿	

续表

年份	公元	地名	人名	备注
皇祐元年	1049	永康	徐纲	御史中丞
			徐纪	侍御史
		西安	盛约	
			蒋光廷	
			毛祖平	翰林院直学士
		常山	吴涛	太常寺卿
		江山	毛抗	祠部郎中
			毛国华	婺州推官
			周纶	
			毛维甫	
		淳安	项随	
		桐庐	皇甫朝光	
		睦州	王庭筠	
			胡之彦	
			胡英材	
		永嘉	王开祖	
皇祐五年	1053	钱塘	裴维甲	
			韦骧	知明州
			陈安道	
		盐官	陆起	
		富阳	谢景平	秘书丞
		于潜	韦逊	
		归安	李恂	
			莫士光	
		长兴	周景贤	知莱州
			周之道	刑部侍郎
		德清	沈振	
		安吉	姚孝孙	秘书丞
		会稽	韩希文	
			应瑜	
			张琦	
			李燮	
		奉化	楼郁	大理评事

续表

年份	公元	地名	人名	备 注
皇祐五年	1053	鄞	周师厚	
			向晞	
			卢隐	
		象山	陈诰	
		明州	陈淙	
		余姚	顾临	吏部侍郎龙图阁学士
		嵊	姚甫	
			茹开	
		临海	方瑷	安仁令
		兰溪	范谔	开封尹
		东阳	滕元发	龙图阁学士知扬州
		义乌	王固	初名王冏
		永康	徐无党	
			陈惕	
		西安	陈晃	
			曹子文	
		江山	毛恺	秘书丞
		开化	江桧	
			江朴	
		淳安	邵景初	
			邵灿	
		睦州	包舜宾	
			许升卿	
		建德	盛侨	
		寿昌	王中敏	
		永嘉	王景山	
		丽水	应敢	
			蔡景祐	
		龙泉	何琬	龙图阁学士
			周镛	
嘉祐二年	1057	钱塘	杨完	
			钱大顺	

续表

年份	公元	地名	人名	备注
嘉祐二年	1057	盐官	叶温叟	
		临安	陈已	
			陆覃	
		于潜	黄显	
		新城	许广渊	复州刺史
		嘉兴	胡闾	
			吕全	
		归安	莫君陈	
			施硕	
			张修	
		鄞	于锐	
			刘仲渊	
		象山	陈辅	安吉令
			陈諒	
		山阴	王渊	
			褚理	
			傅传正	
			唐轂	
		会稽	余京	
		诸暨	章蒙	县令
		新昌	石深之	
			石景渊	
			石麟之	
		永康	徐无欲	郡博士
		武义	张巽	道州参军
		西安	戴洙	
			徐庠	
			郑晋	
			郑旭	
			赵扬	
		常山	景桓	
		江山	祝宝	

续表

年份	公元	地名	人名	备注
嘉祐二年	1057	睦州	方扬远	
			包廊	
			徐任	
		淳安	方仲谋	殿中丞

汇录并校订
苏南[①]

附表4 据《吴郡志》《姑苏志》《江南通志》整理汇录，参校《常州府志》和《镇江府志》

年份	公元	地名	人名	备注
开宝四年	971	苏州	陈矜	
端拱元年	988	苏州	龚识	
端拱二年	989	苏州	刘少逸	
淳化三年	992	长洲	丁谓	同中书门下平章事，封晋国公，秘书监、谏议大夫
		吴县	凌咸	
		吴县	陆元圭	
		昆山	龚纬	
		江阴	葛昭华	大理寺丞
咸平二年	999	常州	李谌	工部尚书
咸平三年	1000	武进	李起	
		武进	丁咸序	
		武进	盛贲	
		武进	王盘	
		润州	刁湛	
		苏州	谭应	
		吴县	胡尧佐	
		吴县	许洞	
		吴县	郑为	
		吴县	龚纪	
		昆山	龚会元	
		吴江	郑载	知福州
		江阴	沈缄	
		常熟	许式	

---

① 江苏地分长江南北，本处仅据苏南情况进行统计。

续表

年份	公元	地名	人名	备注
景德二年	1005	武进	张处仁	
			钱治	
			胡晏	
			张收	
大中祥符元年	1008	吴县	唐俨	
		苏州	范巨	
		润州	刁渭	
			邵饰	
		武进	王简	
			强弼	
大中祥符五年	1012	武进	张铸	光禄卿
		润州	吴遵路	
			顾祥	
		江阴	葛宫	工部侍郎
		宜兴	蒋堂	礼部侍郎
大中祥符八年	1015	长州	胡献卿	
		苏州	范仲淹	参知政事
		常州	邵梁	
		武进	李仲偓	南唐中主李璟孙
			张昷之	光禄卿
			王枢	
天禧三年	1019	吴县	钱象先	吏部侍郎
		长洲	郑修	秘书丞
		常州	邹元庆	
			钱尚	
天圣二年	1024	吴县	吴感	殿中丞
		长洲	叶清臣	
		昆山	郑戬	
			龚宗元	
		江阴	李乔	
		武进	陆咸	
			胡宿	
			孙彝甫	

续表

年份	公元	地名	人名	备注
天圣二年	1024	武进	华参	
			曹平	
			刁绎	
天圣五年	1027	吴江	李瑀	
		吴县	范琪	
		丹阳	邵仲宣	
			张太易	
		武进	陈万	
			冯璪	
天圣八年	1030	吴县	郑条	
		长洲	范师道	
			林茂先	
			林袭明	
		常熟	陈之武	
		武进	林瞻	
			李缄	
		丹阳	邵景仙	
			刁约	一作二年
景祐元年	1034	吴县	程师孟	
			郑戬	
			祝熙载	
			李琪	
			陆徽之	
			陆景	
		丹阳	陈浚	
		武进	马元康	
			丁宗臣	
			丁宝臣	
			许上善	
			程昌言	
			王景芬	
			孙中孚	
			萧傅	

续表

年份	公元	地名	人名	备注
景祐元年	1034	武进	陈锡	
			孙及甫	
			胡意	
宝元元年	1038	吴县	郑戬	
		润州	陈谏	终官光禄寺卿
		常熟	陆绛	更名陆绲
			龚沂	
		嘉定	郑君平	
		苏州	陈之奇	
		武进	潘好礼	
			陈亢	历知南安县
			孙献臣	
			徐良佐	历知德清县
			裴若讷	
		江阴	沈遵	
		丹徒	陈汝奭	原籍泉州晋江,徙居润州丹徒
			张子方	
		丹阳	邵泌	
			丁竦	
庆历二年	1042	吴县	黄颂	
			李瑜	
			许奇	
		苏州	李之仪	
			孙规	
		武进	胡宗尧	
			孙奕	
			胡缜	
			李钧	
			陈传	
			朱诰	
			张次立	

续表

年份	公元	地名	人名	备 注
庆历二年	1042	润州	诸葛赓	
			郭震	一作六年，特奏名进士第一名，赐同《九经》出身
			苏颂	右仆射兼中书侍郎，太子少师
			张倜	
			章嶙	
			洪洞	
		江阴	曹棐	
			葛密	
			葛瑾	
		江宁	李琮	刑部侍郎知瀛洲
庆历六年	1046	吴县	崇大年	
			郑方平	
		长洲	范钧	
		无锡	钱顗	
			张奕	
			王翔	
		武进	张瑗	
			孙昌龄	
			胡朝宗	
			张天经	
			陆起	
			胡宗阳	
			张著	
			施肃	
			严君贶	
		丹徒	张知章	
		丹阳	谭黉	
			王存	元祐间任尚书右丞、左丞；绍圣初官正谏议大夫
			陈涣	
			蔡煜	秘书丞

续表

年份	公元	地名	人名	备 注
皇祐元年	1049	吴县	侍其玮	
			陈之祥	
			李庭芝	
			范纯仁	尚书右仆射兼中书侍郎
		常熟	张侨	
		苏州	李育	
		武进	钱公辅	知扬州
			潘龙礼	
			施辨	
			裴若水	
			潘与稽	
			王彝直	
			余康使	
			钱公瑾	
		润州	姚辟	
			丰友章	
		江阴	葛汝平	
皇祐五年	1053	吴县	郑汝平	
			支咏	
			郭鼎臣	
			钱藻	
		长洲	钱深	
		吴江	陈之元	
		苏州	范世京	
			朱何	
			郑民彝	
		润州	葛良嗣	
			雷豫	
			顾方	
		武进	宣阒	
			奚若冲	
			邵叔庠	
			张天占	

续表

年份	公元	地名	人名	备注
皇祐五年	1053	武进	陈大顺	
			朱伯玉	
			强相如	
			陈齐	
			曹振	
嘉祐二年	1057	太仓	郏亶	
		常熟	陆元规	
		武进	胡宪臣	
			孙云	
			苏舜举	
			严助	
			丁隝	
			张思	
			胡信臣	
			胡象德	
			姚仲容	
			张巨	
		润州	刁璹	
			邵衡	
			陈龙辅	
		宜兴	蒋之奇	
			单锡	

广东

附表 5　据《广东通志》等整理，并校订

年份	公元	地名	人名	备注
建隆元年	960	番禺	谭恒	
建隆四年	963	连州	何祯	
太平兴国二年	977	潮州	谢言	御史
太平兴国八年	983	连州	邵晔	知广州
雍熙二年	985	连州	唐元	知光州
			黄碬	
端拱元年	988	连州	欧阳正	
		河源	古成之	
端拱二年	989	连州	骆安世	
咸平元年	998	南海	成禹昌	
咸平三年	1000	顺德	霍启光	
		连州	骆安国	
			吴世范	
			欧阳豫	监察御史
		乳源	胡宾王	翰林学士
景德元年	1004	南海	周克明	殿中丞
景德二年	1005	连州	李士廉	
		连州	何汝贤	
		连州	欧阳企	
		连州	欧阳哲	
		海阳	林从周	度支员外郎
大中祥符元年	1008	南海	冯元	户部侍郎
		连州	欧阳皋	
大中祥符三年	1010	潮阳	许申	湖南路转运使
大中祥符五年	1012	连州	雷昭爽	
大中祥符八年	1015	潮州	林冀	
			林成	
		连州	唐静	

续表

年份	公元	地名	人名	备注
天禧三年	1018	泷水	谭伯仓	
天圣二年	1024	泷水	梁复	
		曲江	余靖	工部尚书
		曲江	王式	大理寺丞
		曲江	黄正	知惠州
		龙川	王汝砺	工部尚书
		翁源	梅鼎臣	
		南雄州	许彦先	安抚使
		南雄州	许致	
		南雄州	邓骧	
天圣五年	1027	连州	黄象先	
		海阳	黄程	太子中舍
		曲江	王陶	
		曲江	邓戩	殿中丞
		龙川	曾楷	翰林权直
		翁源	梅佐	知藤州
天圣八年	1030	连州	雷俨	
		曲江	余靖	
		兴宁	罗孟郊	翰林学士
景祐元年	1034	连州	唐炎	赞善
		连州	唐应期	
		南雄州	赵奎	
		潮州	郑禋	
		潮州	郑夔	
		潮州	刘莫	
		潮州	许因	太子中舍
宝元元年	1038	连州	陈咏	
		南雄州	谭惟几	
庆历二年	1042	连州	黄昌黎	
		南海	王隽	
庆历六年	1046	番禺	梁纪	鄂州判
		连州	雷庠	

续表

年份	公元	地名	人名	备 注
庆历六年	1046	乐昌	谭必	
		龙川	陈世宗	翰林待制
			刘致一	儒林郎
皇祐元年	1049	南海	邓诰	
		番禺	何邃	
		潮州	许闻一	
		南雄州	邓中立	
皇祐五年	1053	南雄州	谭佚	
		保昌	徐信	
		乳源	邓堂	知白州
		曲江	谭昉	
		电白	李作	
		潮州	胡仲堪	
			秦度	
			卢洞	
			许开	
		博罗	卢邵义	
		连州	李贶	
			夏昉	
嘉祐二年	1057	南海	姚宗卿	
		番禺	徐元更	
			余仲荀	
		博罗	李中复	通直郎
		潮州	邝靖	
			林东美	
		保昌	李邵	
			戚晖	
		乐昌	李渤	
			谭允	
		曲江	龚贵	
		翁源	巢迪	
		始兴	邓戒	
			邓辟	

主要参考书目

一、古代著作

总　集

文苑英华．李昉等编．中华书局，1966年版
唐文粹．姚铉编．（文渊阁）《四库全书》本
宋文鉴．吕祖谦编（文渊阁）《四库全书》本
九僧集．释希昼编．清初毛氏汲古阁影宋抄本
西昆酬唱集注．杨亿等著，王仲荦注．中华书局，1980年版
西昆酬唱集笺注．杨亿等著，郑再时笺注．齐鲁书社，1986年
瀛奎律髓汇评．方回编，李庆甲校．上海古籍出版社，1985年版
宋诗钞．吴之振编．中华书局，1986年版
全宋诗．北京大学出版社，1991年起陆续出版
宋大诏令集．司义祖点校．中华书局，1962年版

别　集

唐

韩昌黎文集文集校注．韩愈著，马其昶校注．上海古籍出版社，1987年版
长江集新校．贾岛著，李嘉言校．上海古籍出版社，1983年版
白居易集笺校．白居易著，朱金城笺校．上海古籍出版社，1988年版
樊南文集．李商隐著．《四部丛刊》本

宋

徐公文集．徐铉著．《四部丛刊》本

小畜集. 王禹偁著. （文渊阁）《四库全书》本
咸平集. 田锡著. （文渊阁）《四库全书》本
林和靖先生诗集. 林逋. 清初毛氏汲古阁刻本
河东先生集. 柳开著.《四部丛刊》本
孙明复小集 孙复著（文渊阁）《四库全书》本
乖崖集. 张咏著. （文渊阁）《四库全书》本
武夷新集. 杨亿著. （文渊阁）《四库全书》本
逍遥集. 潘阆著. （文渊阁）《四库全书》本
河南穆公集. 穆修著.《四部丛刊》本
徂徕集. 石介著. （文渊阁）《四库全书》本
元献遗文. 晏殊著. （文渊阁）《四库全书》本
文恭集. 胡宿著. （文渊阁）《四库全书》本
宋景文集拾遗. 宋祁著.《武英殿聚珍丛书》本
欧阳文忠公全集. 欧阳修著.《四部丛刊》本
宛陵集. 梅尧臣著. （文渊阁）《四库全书》本
镡津集. 释契嵩著. （文渊阁）《四库全书》本
东坡诗集注. 苏轼著. （文渊阁）《四库全书》本
栾城集. 苏辙著. （文渊阁）《四库全书》本
淮海集. 秦观著. （文渊阁）《四库全书》本
广陵集. 王令著. （文渊阁）《四库全书》本

清

钝吟杂录. 冯班著. 清稻香楼本
牧斋有学集. 钱谦益著. 上海古籍出版社，1996年版
海日楼札丛. 沈曾植著. 中华书局，1962年版

诗话笔记

宋

法藏碎金录. 晁迥著. （文渊阁）《四库全书》本
儒林公议. 田况著. （文渊阁）《四库全书》本
杨文公谈苑. 杨亿述，宋庠录，李裕民辑校本. 上海古籍出版社，1993年版
吟窗杂录. 陈应行编. 中华书局，1997年版

六一诗话. 欧阳修著. 中华书局,1981 年版《历代诗话》本
青箱杂记. 吴处厚著. 中华书局,1985 年版
湘山野录. 释文莹著. 中华书局,1984 年版
中山诗话. 刘攽著.《历代诗话》本
蔡宽夫诗话. 蔡居厚著. 中华书局,1980 年版《宋诗话辑佚》本
诗史. 蔡居厚著.《宋诗话辑佚》本
潘子真诗话. 潘淳著.《宋诗话辑佚》本
冷斋夜话. 释惠洪著.《四库全书》本
山谷题跋. 黄庭坚著.《津逮秘书》本
潜溪诗眼. 范温著.《宋诗话辑佚》本
后山诗话. 陈师道著.（文渊阁）《四库全书》本
岁寒堂诗话. 张戒著. 中华书局 1983 年版《历代诗话续编》本
风月堂诗话. 朱弁著.《历代诗话续编》本
沧浪诗话. 严羽著.《历代诗话续编》本
沧浪诗话注. 胡鉴著. 清光绪七年广州刻本
云麓漫钞. 赵彦卫著. 古典文学出版社,1957 年版
诗人玉屑. 魏庆之著. 上海古籍出版社,1978 版
苕溪渔隐丛话. 胡仔著. 人民文学出版社,1984 年版
韵语阳秋. 葛立方著.《历代诗话》本
诗林广记. 蔡正孙著. 中华书局,1992 年版
后村先生大全集. 后村诗话. 刘克庄著.《四部丛刊》本

明

艺苑卮言. 王世贞.《历代诗话续编》本
诗薮. 胡应麟著. 中华书局,1962 年版
唐音癸签. 胡震亨著. 上海古籍出版社,1981 年版

清

围炉诗话. 吴乔著. 上海古籍出版社,1983 年版《清诗话续编》本
载酒园诗话. 贺裳著.《清诗话续编》本
宋诗纪事. 厉鹗著. 上海古籍出版社,1981 年版
石洲诗话. 翁方纲著. 人民文学出版社,1981 年版
竹林问答. 陈仅更著.《清诗话续编》本

贞一斋诗话. 李重华著.《清诗话续编》本

史书方志书目

史 书

新唐书. 宋祁等著. 中华书局，1975年版
宋史. 脱脱等著. 中华书局，1977年版
资治通鉴. 司马光著（文渊阁）《四库全书》本
续资治通鉴长编. 李焘著. 中华书局，1979年起陆续出版
文献通考. 马端临著.（文渊阁）《四库全书》本
宋元学案. 黄宗羲著. 中国书店，1990年版

书 目

郡斋读书志. 晁无咎著. 清光绪十年长沙王先谦刻本
四库全书总目. 纪昀等著郡斋读书志.（文渊阁）《四库全书》本

方 志

总 志

元和郡县志. 李吉甫著.（文渊阁）《四库全书》本
太平寰宇记. 乐史著.（文渊阁）《四库全书》本
元丰九域志. 王存著.（文渊阁）《四库全书》本
舆地广记. 欧阳忞著.（文渊阁）《四库全书》本
方舆胜览. 祝穆著.（文渊阁）《四库全书》本
明一统志. 李贤等著.（文渊阁）《四库全书》本
钦定大清一统志. 和珅等著.（文渊阁）《四库全书》本

地方志

吴郡图经续记. 朱长文著.（文渊阁）《四库全书》本
干道临安志. 周淙著.（文渊阁）《四库全书》本
淳熙三山志. 梁克家著.（文渊阁）《四库全书》本
吴郡志. 范成大著.（文渊阁）《四库全书》本
新安志. 罗愿著.（文渊阁）《四库全书》本
剡录. 高似孙著.（文渊阁）《四库全书》本
会稽志. 施宿等著.（文渊阁）《四库全书》本

赤城志. 陈耆卿著. （文渊阁）《四库全书》本

宝庆四明志. 罗浚著. （文渊阁）《四库全书》本

景定严州续志. 郑瑶、方仁荣著. （文渊阁）《四库全书》本

景定建康志. 周应合著. （文渊阁）《四库全书》本

咸淳临安志. 潜说友著. （文渊阁）《四库全书》本

至元嘉禾志. 徐硕著. （文渊阁）《四库全书》本

无锡县志. 王仁辅著. （文渊阁）《四库全书》本

姑苏志. 王鏊著. （文渊阁）《四库全书》本

畿辅通志. 李卫等著. （文渊阁）《四库全书》本

江南通志. 赵宏恩等著. （文渊阁）《四库全书》本

江西通志. 谢旻等著. （文渊阁）《四库全书》本

浙江通志. 曾筠等著. （文渊阁）《四库全书》本

福建通志. 郝玉麟等著. （文渊阁）《四库全书》本

广东通志. 郝玉麟等著. （文渊阁）《四库全书》本

水利

吴中水利书. 张国维著. （文渊阁）《四库全书》本

四明它山水利备览. 魏岘著. （文渊阁）《四库全书》本

三吴水考张内蕴. 周大韶著. （文渊阁）《四库全书》本

吴中水利全书. 张国维，蔡懋德著. （文渊阁）《四库全书》本

二、现代著作

中国思想史·七世纪至十九世纪中国的知识、思想与信仰. 葛兆光著. 复旦大学出版社，2000 年版

汉字的魔方. 葛兆光著. 辽宁教育出版社，1999 年版

斯文：唐宋思想的转型. 包弼德著，刘宁译. 江苏人民出版社，2001 年版

北宋文化史述论. 陈植锷著. 中国社会科学出版社，1992 年版

中国文化史. 柳诒征著. 上海古籍出版社，2001 年版

中国文学史之宏观. 陈伯海师著. 中国社会科学出版社，1995 年版

白话文学史. 胡适著. 上海古籍出版社，1999 年版

中国古典文学接受史. 尚学锋等著，山东教育出版社，2000 年版

文化建构文学史纲. 林继中著. 海峡文艺出版社，1993 年版

中国诗学批评史. 陈良运著. 江西人民出版社，1997 年版

中国诗学思想史. 萧华荣著. 华东师大出版社，1996 年版
中国诗学. 叶维廉著. 生活·读书·新知三联书店，1992 年版
中国诗学之精神. 胡晓明著. 江西人民出版社，1990 年版
禅与诗学. 张伯伟著. 浙江人民出版社，1992 年版
隋唐五代文学思想史. 罗宗强著. 中华书局，1999 年版
中唐诗歌之开拓与新变. 孟二冬著. 北京大学出版社，1998 年版
五代作家的人格与诗格. 张兴武著. 人民文学出版社，2000 年版
宋代文学思想史. 张毅著. 中华书局，1995 年版
两宋文学史. 程千帆、吴新雷著. 上海古籍出版社，1991 年版
两宋文化史. 杨渭生等著. 杭州大学出版社，1998 年版
宋代美学思潮. 霍然著. 长春出版社，1997 年版
宋代文学通论. 王水照主编. 河南大学出版社，1997 年版
宋代诗学通论. 周裕锴著. 巴蜀书社，1997 年版
宋代诗学. 张思齐著. 武汉大学出版社，2000 年版
宋代诗歌史论. 韩经太著. 吉林教育出版社，1998 年版
宋诗之承传与开拓. 张高评著. 台北文史哲出版社，1990 年版
宋诗派别论. 梁昆著. 商务印书馆，1938 年版
北宋新旧党争与文学. 萧庆伟著. 人民文学出版社，2001 年版
北宋文人与党争 沈松勤师著 人民出版社 2004 年 12 月
元白诗笺证稿. 陈寅恪著. 上海古籍出版社，1978 年版
韩柳欧苏古文论. 陈幼石著. 上海古籍出版社，1983 年版
李商隐的心灵世界. 董乃斌著. 上海古籍出版社，1992 年版
韩孟诗派研究. 毕宝魁著. 辽宁大学出版社，2000 年版
王禹偁事迹著作编年. 徐规著. 中国社会科学出版社，1982 年
苏轼研究. 王水照著. 河北教育出版社，1999 年版
江西诗派研究. 莫砺锋著. 齐鲁书社，1986 年
黄庭坚评传. 黄宝华著. 南京大学出版社，1998 年版
江湖诗派研究. 张宏生著. 中华书局，1995 年版
文学理论. 韦勒克、沃伦著，刘象愚等译. 生活·读书·新知三联书店，1984 年版
管锥编. 钱钟书著. 中华书局，1979 年版
谈艺录. 钱钟书著. 中华书局，1984 年版
七缀集. 钱钟书著. 上海古籍出版社，1994 年版

宋诗选注. 钱钟书著. 人民文学出版社, 1989 年版
叙述学. 董小英著. 社会科学文献出版社, 2001 年版
汉语节律学. 周祖谟著. 语文出版社, 2001 年版
汉语诗体学. 杨仲义、梁葆莉著. 学苑出版社, 2001 年版
意象探源. 汪裕雄著. 安徽教育出版社, 1996 年版
中国古代句法理论的发展. 王德明著. 广西师大出版社, 2000 年版
玉轮轩古典文学论集. 王季思著. 中华书局, 1982 年版
宋诗话考. 郭绍虞著. 中华书局, 1979 年版

后 记

　　唐宋文学的转型是中国文学史中的一个绝大命题，这个转型的起点如何、终点在哪里、转型之"型"究竟如何概括等自然非我这样一点浅薄的研究所能给出圆满解释。

　　本书着眼经济与文学的互动，将文学自身规律的探究置于南方经济圈形成的大背景下，通过考察经济因素的变化勾勒出该时期经济模式的转化对文学审美和艺术创作规律的路径，为北宋文学转型找到有重要价值的社会动因，为传统宋代文学的研究寻找一个新的增长点。

　　研究旨在打破将宋前期百年文学仅视为唐宋文学发展过程中薄弱的过渡环节的传统观念，赋予其新的文学史定位，同时尽可能接近历史真实的还原宋代诗文开始自新之路的文化环境及立足基础，从而丰富对文学自身规律演化与发展的认识。

　　北宋前期南方经济圈域文化特质的形成与中国文化近世化进程有密切关联。诗文作为主流文学载体，有效地负载着文化转型的信息。在当今全球范围的文化转型、文化对接的背景下，本书将对我国经济社会变革和文化建设，对正确处理传统性和现代性的关系等问题，提供富有效用的启示。